フィデューシャリー・デューティーと利益相反

フィデューシャリー・デューティーと利益相反

Fiduciary Duty and Conflict of Interests

神作裕之
【編】

友松義信
佐藤令康
溜箭将之
松尾直彦
加毛 明
小出 篤

岩波書店

は し が き

1　本書の目的・対象

　金融の分野においても、フィデューシャリーおよびフィデューシャリー・デューティーへの関心が高まっている。もっとも、フィデューシャリーおよびフィデューシャリー・デューティーという言葉が、必ずしも法的な意味において用いられているわけではない。本書は、本来の意義である法的規範としてのフィデューシャリー・デューティーが、米国において、様々な金融機関のどのような行為に対して適用されているのか、さらに、代表的なフィデューシャリーである信託受託者が営む信託業務に対して監督法上どのような規制がなされているのかを整理・検討し、日本に対する示唆を得ることを目的とする。金融の分野におけるフィデューシャリーおよびフィデューシャリー・デューティーについて、米国が実務面でも理論面でももっとも豊かな経験を積んでいる国の1つであることは疑いない。本書は、米国におけるフィデューシャリー法に関心のある研究者と金融とりわけ信託業務に造詣の深い実務家が複数回開催した研究会の成果をまとめたものである。

　フィデューシャリー・デューティーとは、信託における受託者の義務を淵源とする。契約関係または事実関係に基づきある者がその裁量的判断や裁量的行動に基づいて他の者に対し大きな影響を与える場合において、当該ある者をフィデューシャリー(受認者)という。フィデューシャリー・デューティーとはフィデューシャリーに課される法的義務であって、利益相反に係る規律を中核とし、義務違反に対しては多様かつ実効的な法的救済が認められる。

　米国において金融機関がフィデューシャリーであるとしてフィデューシャリー・デューティーを課されるのはどのような場合であり、その義務違反に対してどのような救済が認められているのか。また、フィデューシャリーの中核に位置する受託者として信託業務を営む金融機関や金融商品を販売する業者、さらには資産運用業者について、米国においてどのような金融監督法上および金

融制度法上の取扱いがなされているのであろうか。

　本書は、銀行・証券会社・信託銀行・投資会社など様々な金融機関がフィデューシャリー・デューティーを課される場合だけでなく、顧客と金融機関との間に広義の利益相反状況が生じる場合について、どのような民事法的な規律が適用され、また、金融監督法・金融制度法上どのような取扱いがなされているかを、沿革を含め様々な角度から多面的に検討することにより、フィデューシャリーおよびフィデューシャリー・デューティーの法概念としての意義を明らかにすることを目指している。それとともに、法的拘束力はないものの、社会的・職業的な行為規範としてのいわば「広義のフィデューシャリー・デューティー」がどのような文脈で用いられ、どのように機能しているのかについても、あわせて検討する。

2　法的規範としてのフィデューシャリー・デューティーと「広義のフィデューシャリー・デューティー」

　近年、とくに金融の分野で、フィデューシャリーあるいはフィデューシャリー・デューティーの重要性が強調されている。その背景には様々な要因がある。第1に、フィデューシャリー・デューティーの中核は利益相反に係るコントロールにあるが、社会経済の複雑化や分業の発展、金融をはじめとする様々な事業活動のグループ会社化などにより、利益相反のコントロールがきわめて複雑かつ困難になる一方、その重要性が増している。第2に、とくに金融の分野では、金融商品や金融サービスが顧客の利益のために提供されるべきことを再確認し、そのような実務を築き上げようとしている。第3に、金融機関が顧客の利益のために業務を運営することが、持続的な社会の発展や投資先企業の発展をもたらし得るという考え方ないし期待がある。

　なお、ここにいうフィデューシャリー・デューティーには、法的拘束力はないけれども人々の行動を拘束する社会規範、すなわちソフトロー上の規範としての「広義のフィデューシャリー・デューティー」が含まれている。ソフトローとしての「広義のフィデューシャリー・デューティー」には、ベスト・プラクティスの発展の余地を確保するとともにそれを促進する可能性があると認識

されている。さらに、コンプライ・オア・エクスプレインの規範と併せて金融事業者の活動の透明性を高めることにより、フィデューシャリーとしての行為規範の質と実効性が確保されることが期待される。

金融庁が2018（平成30）年に策定した「顧客本位の業務運営に関する原則」は、「金融事業者が顧客本位の業務運営におけるベスト・プラクティスを目指す上で有用と考えられる原則を定めるもの」であり、その目的は、「金融事業者が自ら主体的に創意工夫を発揮し、ベスト・プラクティスを目指して顧客本位の良質な金融商品・サービスの提供を競い合い、より良い取組みを行う金融事業者が顧客から選択されていくメカニズム」を実現することにある。「顧客本位の業務運営に関する原則」が提示するのは、法的拘束力はないソフトローとしての規範である。後述するコーポレートガバナンス・コードやスチュワードシップ・コードと同様に、同原則も、プリンシプルベース・アプローチを採用している。金融事業者は、プリンシプルに基づいて自らが業務運営に際し従うべき規範を創設しそれを実践するとともに、コンプライ・オア・エクスプレインのルールに基づいてプリンシプルに従わない場合にはその理由や代替策について説明すべきものとされる。

また、同原則は、金融監督行政との関係でも注目される。すなわち、金融庁の「変革期における金融サービスの向上にむけて——金融行政のこれまでの実践と今後の方針（平成30事務年度）」（平成30年9月）において、「金融機関経営者が「顧客本位の業務運営に関する原則」を自らの理念としてどのように取り入れ、その実現に向けた戦略を立て、具体的な取組みに結び付けているか、また、こうした理念・戦略・取組みが営業現場においてどのように浸透し、実践されているか等について、金融機関経営者・取締役等と対話を行い、深度あるモニタリングを実施する」と記載されている。ソフトロー上の規範とその実践、および金融事業者と監督当局との対話に基づく深度あるモニタリングが目指されているのである。

注目すべきは、「顧客本位の業務運営に関する原則」は、法的拘束力はないものの、規範の内容としては、法的規範であるフィデューシャリー・デューティーに基づく規律を下敷きにしている点である。同原則は、7つの原則から構成されている。すなわち、原則1が【顧客本位の業務運営に関する方針の策

定・公表等】、原則 2 が【顧客の最善の利益の追求】、原則 3 が【利益相反の適切な管理】、原則 4 が【手数料等の明確化】、原則 5 が【重要な情報の分かりやすい提供】、原則 6 が【顧客にふさわしいサービスの提供】、および原則 7 が【従業員に対する適切な動機づけの枠組み等】である。原則 1 および 2 が述べる顧客本位の業務運営や顧客の最善の利益の追求は、利己的ではなく利他的な規範であるフィデューシャリー・デューティーの特質をなすものであって、自己の利益の最大化を目指す通常の契約関係とは一線を画している。また、原則 3 の利益相反に対するコントロールや原則 4 と 5 の情報提供に係る規範もまた、信託法理を反映したものである。

　しかし、このような同原則に基づく非法的規範は、信託法上の受託者・金融事業者の（善管）注意義務の解釈に影響を及ぼす可能性がある。そのことは、ソフトローによってベスト・プラクティスが発展していく余地を確保しようとしていることと表裏の関係にある。「顧客本位の業務運営に関する原則」に基づき実務が行われる結果として、注意義務の内容や範囲が変容する可能性があるのである。また、利益相反管理態勢整備義務など監督法上の規制に関連してハードローとより直接的に連結する可能性がある。さらに、「顧客本位の業務運営に関する原則」が、金融監督行政に影響を与え、実務と金融監督行政の間に新たな関係をもたらす可能性がある。理論的にも、法的意味における「狭義のフィデューシャリー・デューティー」と非法的なソフトロー上の規範である「広義のフィデューシャリー・デューティー」との関係を的確に理解し、相互の役割分担や連携・協調によって持続的発展を目指す社会に資する規範上の枠組みを構築することは、重要な課題であると思われる。

3　本書の構成

　本書は、第 I 部「総論」と第 II 部「各論」から成る。第 I 部「総論」は 2 章、第 II 部「各論」は 5 章から構成されている。巻末の Appendix に米国判例の調査結果についての資料を掲げる。

　第 I 部　総論

第1章「フィデューシャリー・デューティーから見る米国金融機関の歴史〔友松義信〕」

第2章「フィデューシャリー・デューティー、利益相反に係る米国金融機関を取り巻く環境〔佐藤令康〕」

第II部　各論

第3章「米国金融機関に対する司法判断の状況〔溜箭将之〕」

第4章「信託兼営銀行の利益相反管理の考え方〔松尾直彦〕」

第5章「法人における事実認識の有無に関する法的判断の構造〔加毛明〕」

第6章「米国における投資商品の販売とフィデューシャリー・デューティー〔小出篤〕」

第7章「資産運用業者のフィデューシャリー・デューティーとスチュワードシップ責任〔神作裕之〕」

Appendix

米国判例の調査結果

4　本書の概要

　第I部「総論」では、フィデューシャリー・デューティーに係る理論と実務がもっとも発展しており、日本もその大きな影響を受けている米国について、金融制度、金融商品および金融サービスの3つの観点から鳥瞰する。

　第II部「各論」では、米国の金融機関がフィデューシャリーであると認定されるのはどのような場合か、その場合にどのような法的義務と責任を課されるか、判例法理を中心に紹介および分析がなされた後、信託業務を兼営する金融機関に対する制度的枠組みおよび監督法上の取扱いについて沿革に即して検討がなされる。さらに、法人に情報が法的に帰属するとはどのような場合か、その法的判断の枠組みについて米国法とドイツ法を比較対照しながら深く掘り下げた考究がなされる。金融商品の販売・仲介の局面と資産運用の局面に分け、金融商品の販売・仲介の局面において米国の金融機関にはどのような法的義務

が課され、資産運用の局面においてはとくに保有する株式の議決権行使やスチュワードシップ行動に関連してどのような法的義務が課されているかを概観する。スチュワードシップ行動に係る規範については、米国においても、近時ソフトローであるスチュワードシップ・コードの重要性が増しているので、その動向や背景について検討する。

　巻末に Appendix として、米国判例の調査結果を掲げる。この資料は、本書の各論考をお読みいただくにあたって適宜参考にしていただくと幸いである。

　以下、各章の概要を述べる。

　第 1 章「フィデューシャリー・デューティーから見る米国金融機関の歴史〔友松義信〕」においては、米国を、大きく 4 つに時代区分し、米国金融機関の歴史をフィデューシャリー・デューティーの観点から振り返る。すなわち、①大恐慌(1929 年)以前の金融黎明期、②1930 年代以降の F. ルーズベルト政権で諸改革が行われた時代、③1970 年代から 20 世紀末までの規制緩和の時代、および④21 世紀に入り規制緩和に軌道修正が加えられている現代にいたるまでの 4 つの期間に区分した上で、信託兼営銀行、証券会社および投資会社・投資運用会社の 3 つの業界について、その制度的・監督法的規制を鳥瞰する。

　各国の法や規制は、その国の経済社会情勢を、それも歴史的背景や事情を踏まえて立法・制定されるものであるから、米国の法や規制をそのまま日本に輸入して良いというものではない。しかし、歴史を振り返りながら、当時の人々がどのようなことを実現するためにその法や規制を制定したか、その結果、どのような事態となり、その後修正等を加えられることとなったかを知ることは、日本における法や規制を考えていく上で参考になる。そこで、米国金融機関に係る百年強の歴史を、信託銀行、証券会社、投資会社・投資運用会社の 3 つの業態について、「フィデューシャリー・デューティーがいつ、どのような形で議論されるようになったか」その変遷を俯瞰する。

　はじめに米国経済および社会情勢の推移を全般的に振り返った後、銀行の中で、信託業務を兼営する銀行、即ち信託銀行に焦点を絞り、そこでのフィデューシャリーを巡る歴史を考察する。信託銀行を採り上げる理由は、信託業務がフィデューシャリー業務と位置付けられ、それに対応するための規制が課されてきたからである。数のうえでは信託業務を営む銀行は銀行全体の一部を占め

るに過ぎないが、大手行や地域の有力銀行の大半は別会社によるにせよ、何らかの形で信託およびそれに付随するサービスを手掛けており、実質的意味としては大きいと言えるからでもある。そして、グラス・スティーガル法によって銀行と証券の分離政策がとられるようになっても、信託業務を橋頭堡として証券運用（年金の受け皿としての信託商品）に参入したり、情報隔壁を中心とする利益相反管理態勢の構築を通じて投資銀行業務に参入したりするなど、規制全般は、緩和ないしその修正という方向で進んだものの、顧客との利益相反に係る規制に関しては、逆に強化されていった経緯を示す。銀行規制は、全般を通じて銀行の健全性や信用秩序の維持の観点から行われるが、信託業務や投資銀行業務を営む銀行には、フィデューシャリーの法理が適用されるから、規制の指導原理もフィデューシャリー・デューティーが中心となるというのである。

　これに対し、証券会社の歴史は、投資家保護が中核的指導原理となる。投資家保護の観点からフィデューシャリーの法理が適用されることもあるが、個別的問題であったり、インサイダー規制のような限定的局面においてであるとする。ただし、手数料の自由化（1975年）を契機に競争が激化し、受動的注文の取次ぎから、積極的な助言、推奨行為による取引が拡大していくにつれ、そのような行為を行う者はフィデューシャリーではないかという議論が湧き上がる。米国労働省のフィデューシャリー・ルールであったり、米国SECのベスト・インタレスト・ルールといった昨今の規制強化の議論は、このような金融商品販売における投資家保護の観点から、フィデューシャリー・デューティーが採り上げていると見るべきであると指摘する。

　他方、投資会社、投資運用会社の歴史は、規制がほとんどないと言って良い時代に、1929年の世界恐慌の大打撃を受けたことから、1940年の投資会社法等が制定され、概ね同時期から投信を運用する投資顧問会社や投資会社の取締役等はフィデューシャリーであるとされた。それ以降は、主として個別に発生した不祥事への対応等を中心に、これらフィデューシャリーとされた者がどのようにしてその役割を適切に果たすようになるかが議論の中心になったとする。

　金融機関は、その商品・サービスが多様化、グローバル化する中で、顧客の選択により、相互に密接に絡み合ったり、影響を与え合いながら、取引が行われていくから、それに対応する規制も相互に影響を与えながら、法や規制が緩

和されたり、強化されていったと考えられる。全ての法・規制がフィデューシャリーの法理に繋がるとはいえないが、重要なものには、フィデューシャリーの法理に繋がるものが多く、今後も当面はその観点から議論を考えることの重要性を指摘する。もっとも、健全性に係る自己資本規制等は、今回の考察からは除外している。

第2章「フィデューシャリー・デューティー、利益相反に係る米国金融機関を取り巻く環境〔佐藤令康〕」では、米国における金融機関の利益相反に関し、私法・司法、行政(監督法制)および市場の各分野について、適宜、日本の状況と比較しつつ、概観するとともに、米国の動向の特徴を抽出する。すなわち、法や規制は、それぞれの国の社会状況、経済環境等の中で相応しい形でこそ機能するものであることを踏まえ、米国の金融機関をとりまく「私法・司法」「行政」「市場」の3つの領域について、主にフィデューシャリー・デューティーという観点に軸足をおいて確認を行い、日本との状況の違いの理解をより的確なものとすることを試みる。

「私法・司法」では、米国の司法制度や紛争解決制度や私法環境の日米での違いを調査した上で、金融機関の利益相反に関係する判例を検討する。その結果として、米国では金融機関が情報隔壁を設置することにより、同一の金融機関で利益が相反する業務を行うことを認める一方で、忠実義務が免責されるかどうかは、単に情報隔壁を設置しているだけでは不十分で、有効に機能していることを示す必要があるという実質に踏み込んだ判断がなされていることを指摘する。金融商品の販売に関しては、日米ともに金融機関が顧客の信頼を濫用する行為に私法上の責任を認めていること、そして、それが必ずしもフィデューシャリー・デューティーから導き出されているとは考えられてこなかったことを明確にする。

「行政」では、銀行、証券会社、投資信託、投資顧問について、監督当局や自主規制機関、行政当局による業規制および行為規制、行政処分の実施状況について日米の比較を行う。監督当局や行政の規制の状況は、日米で分野ごとに似ている場合もあれば前提が大きく異なっている場合もあり、比較をする際には十分な注意が必要だが、銀行が信託業や資産運用業を行う場合は情報隔壁の

設置等の利益相反管理態勢の構築を求めている点は同じである。また、金融商品の販売では、米国では連邦レベルだけでなく州レベルでも規制強化が行われており、一部の州ではセールス競争の実施のみで行政処分が下される等、より厳しい規制が課されていることを指摘する。

「市場」では、日米での規制の在り方の異同に対する理解を深めるために、金融サービスがどのような市場（規模、構造や慣行）で提供されているかを調査する。信託財産、投信や投資顧問の財産規模は米国のほうがはるかに規模が大きいこと、また投信の販売チャネルも日本では銀行での窓販の割合が一定程度を占めるが、米国では DC 制度での販売が多く、銀行は主要な販売チャネルとはなっていないことなどを明らかにする。

検討を通じて得られた知見として、米国では利益相反管理態勢構築において情報隔壁の設置や顧客への利益相反の開示が重要視されていること、リテール向け投資商品の販売では、日本と同様に米国でも規制が強化されていることが挙げられる。そして、この規制強化は金融機関がリテール顧客に投資商品の提供を行う場合には、情報格差に基づく利益相反行為が生じやすいことが背景にあると指摘する。

第 3 章「米国金融機関に対する司法判断の状況〔溜箭将之〕」は、米国の金融機関を巡るフィデューシャリー・デューティーの状況を主として判例に基づき描写し、そこから得られる日本法への示唆について論じる。とくに、フィデューシャリー・デューティー違反に対してどのような法的救済が与えられるかについて実際の裁判例を調査分析する。

フィデューシャリーの概念は開かれており、判例を通じて、現在も米国社会において、対象範囲が拡大を続けている。しかしながら、多くの判例の蓄積があり、また相当数の制定法が制定されており、基本的考え方はかなり固まっているともいえる。近年の米国では、金融機関に対し、フィデューシャリー・デューティー違反を訴えるケースが多くなってきているが、伝統的な銀行取引や通常の証券仲介はフィデューシャリーに該当しないと言われており、事案としては金融機関のフィデューシャリー・デューティーが否定された事案が圧倒的に多い。ただし、多くの事案が仲裁で処理され公表されていないという事情に

留意する必要がある。また、中間的判決においてフィデューシャリー・デューティー違反が認められ、クラス・アクションの認証が認められると、最終的な損害賠償額は膨大なものになり得るため和解が促進されるのに対し、否定されると原告の訴訟追行への意欲が萎えるため、中間的判決が実質的に紛争の帰趨を決する分水嶺であるとされる。調査対象にした判決では、手続的争点を巡る争いが多くを占めていたと指摘されている。

例外的にフィデューシャリー・デューティーが認められるのは、金融機関が顧客への助言によって特別な信頼を生じさせたり、利益相反の立場にあるにもかかわらず適切な情報開示を怠ったりした場合である。

米国において金融機関がフィデューシャリーと認定された場合に、その違反に対する法的救済としては一般的に損害賠償が認められる場合が多いが、利得の吐出しや報酬の返還などの救済もあり得る。もっとも、米国でも利得吐出しの救済の法的性格や懲罰的賠償が認められるかどうかについては、必ずしも明確でないとされる。

さらに、米国の行政機関が法律の規定に基づき、民事訴訟、刑事訴訟、行政手続の形式で訴訟を提起する場合があるが、民事訴訟との整合性がとれているとは限らず、時々の政治状況や社会情勢によって振幅が見られる。

このような不明確性の下、金融実務は、部門間に情報隔壁を設けたり、情報開示や顧客から同意を取得し、あるいは顧客と責任限定契約を締結したりして、予防法学の観点から様々な対応をしている。

他方、日本においても、かつて有力であった考え方、すなわち忠実義務とは善管注意義務を敷衍したものにすぎないという考え方から脱却して、利益相反禁止を中心とする法的思考様式が広く定着しつつあり、また、下級審の裁判例には、忠実義務に違反した場合の法的救済として、利得吐出しを認めたと解する余地のある裁判例もあると指摘する。

第4章「信託兼営銀行の利益相反管理の考え方〔松尾直彦〕」は、日米の信託銀行制度の沿革を丹念にたどり、それぞれの規制の考え方を明らかにする。日本法は、同一の法人において銀行業務と信託業務の兼営を認めた上で、利益相反管理を行うものである。すなわち、信託業務を担う法人を分離独立させなけ

ればならないという「エンティティ分離」の考え方は採られていない。信託の機能としては、概ね資産運用であり、資産運用サービス提供業者の忠実義務の観点から利益相反の問題が取り上げられ、信託銀行の運用部門と法人営業部門の間の利益相反に着目した規制がなされている。

　米国についても、経緯や沿革を踏まえつつ、金融機関が信託業務を兼営した場合の監督法・制度上の規制の概要と特徴が明らかにされる。銀行には、信託業務を兼営する銀行と兼営しない銀行とがある。金融機関が銀行業と信託業をともに営む場合には、米国においても信託業における資産運用を含めエンティティ分離という考え方は採られておらず、兼営を認めた上で兼営に伴う利益相反問題について詳細な指針が定められている。

　結論として、日本の信託銀行は、引き続き銀行業務と信託業務を併営し、同一法人内で運用部門と法人営業部門を有する場合には、金融庁の「顧客本位の業務運営に関する原則」における利益相反の適切な管理のプリンシプルを踏まえ、米銀の利益相反管理に関する指針をも参考にしつつ、顧客の最善の利益を図る観点から、ベスト・プラクティスを目指して主体的に創意工夫を発揮することが求められると指摘する。

　第5章「法人における事実認識の有無に関する法的判断の構造〔加毛明〕」は、広義の情報産業の一種である金融業において、とくに利益相反やコンプライアンスという観点から、顧客の情報をどのように管理すべきかを検討する前提として、法人による事実認識の有無を法的に判断する際の思考枠組みについて論じる。米国については、代理法第3次リステイトメントにおける認識帰属の法理や学説の状況を参照し、さらにドイツ法における法人による事実認識の有無に関する議論の展開について検討した上で、日本法と比較する。すなわち、日本法については、法人の悪意・過失の判断における民法101条1項の意義、ならびに法人の事実認識を正当化する根拠およびその法的構造について検討を行い、残された課題を指摘する。

　民法101条1項の特色は、法人の悪意と過失についてある自然人に着目して自然人の場合と同様の判断枠組みを採用する点にあるが、ある自然人がある事実を認識したことにより法人が適切な行動をとることを法的に要請される場合

と、法人のために一定の事実の調査義務を負う場合とは一致せず、後者の場合には当該自然人が事実を認識できなかったこと自体が直ちに法人の過失を基礎付け得るとする。しかし、そのことを正当化するためには、重要な法的地位が当該自然人に与えられていた必要があるとする。法人から与えられた職務に関連して自然人が事実を認識した場合には、原則として法人が当該事実を認識したものと評価されるというのが米国法およびドイツ法の議論状況であり、法人が当該情報に関して利益を得ているという観点から、基本的に正当である。ただし、職務関連性の判断においては情報取得の機会は考慮すべきでなく、情報取得の時期も重視すべきではないとする。他方、問題となる情報が法的重要性を有することが必要である。法人による事実認識が否定される消極的要件として、①情報取得者の守秘義務と②情報取得者の背信行為が挙げられる。

法人内部に保存された情報の参照については、そのような仕組みを法人が設けることが法的に要請されるとし、情報を利用しないことに合理的な理由がある場合には法人による事実の認識が否定されることがある。たとえば、情報利用の物理的制約や、情報を保存していた記録媒体の天災等による滅失・損傷がその具体例として挙げられる。また、情報の利用に法的制限がある場合にも、法人の事実認識が否定され得る。そのような例として、インサイダー情報の利用禁止、個人情報保護法の規定、および守秘義務などが挙げられる。なお、情報隔壁はそれ自体情報の不利用を正当化するわけではないとし、法的根拠に基づく情報隔壁が適切に機能する限りにおいて正当化し得る。

最後に、法人の事実認識の問題は、法人内部における情報管理と密接にかかわるとともに、法人の雇用形態によっても影響を受けると指摘する。

第6章「米国における投資商品の販売とフィデューシャリー・デューティー〔小出篤〕」は、米国における金融商品の販売規制の分析を通じて日本法にどのような示唆が得られるかを論じる。日本の金融機関の監督官庁である金融庁は、昨今、金融機関に「顧客本位の業務運営」をすることを促し、国民が安心して資産形成できるような環境整備に努めている。

米国については、ブローカー・ディーラー、投資助言者、銀行という各チャネルについて、顧客に対して金融商品の販売の際にどのような義務を負うかを

概観する。ブローカー・ディーラーは、証券法・証券取引法の詐欺禁止の一般規定を看板理論によって解釈することで①公正取引義務と②注意義務を負うと解され、さらに自主規制機関である FINRA のルールによって③顧客適合性の義務も負うと解される。これらの点は、投資助言者がフィデューシャリー・デューティーに基づき課される義務と実質的に重複するが、ブローカー・ディーラーは一般的なフィデューシャリー・デューティーは負わないと解されているため、投資助言者と異なり、顧客の最大利益を図る義務や利益相反について当然の開示義務は負わないとされてきた。また、銀行によるミューチュアル・ファンドなどの金融商品の販売については、証券法のみならず銀行法などにおいて規制がなされており、リスク管理や適合性ルールなどが定められている。

　労働省が年金商品の販売勧誘に携わる者にフィデューシャリー・ルールを導入して投資家保護を図ろうとする動きなどがある。ブローカー・ディーラーに包括的にフィデューシャリー・デューティーを課す労働省のルールが裁判所によって無効とされた後、本年(2019 年)6 月 5 日に SEC の Regulation Best Interest が承認されるにいたった。Regulation Best Interest によってブローカー・ディーラーに新たに課されることになった「最大利益の義務」は、リテール顧客に証券を推奨する場合に、既存の適合性ルールを超えた拡大された新たな行動基準を課す。具体的には、ブローカー・ディーラーは、①開示義務、②注意義務、③利益相反における義務、④遵守義務が果たされれば最大利益の義務は果たされたものとされる。なお、手数料については、特定した上で開示することで、コミッションベースの手数料を受け取ることが可能とされている。

　このような「最大利益の義務」の考え方とその内容は、日本の「顧客本位の業務運営」を考える上で参考になる。米国の証券販売において、フィデューシャリー・デューティーが果たしている役割は、国民に対してリスク商品が十分に浸透し、金融機関もその販売によって十分な収益を上げており、規制の内容は、金融機関がそうした業務を行うインセンティブを十分に有していることを前提にしている。そして、金融機関の収益の根源は、ブローカー・ディーラーなどの投資助言に対して適切な手数料が支払われていることにあると指摘する。Regulation Best Interest も、そのような実態を踏まえて、利益相反の特定と開示という方法で対応しようとしている。

日本では、金融機関の販売手数料が販売額の何パーセントというように固定化し、しかも高額であることが問題視されている。各金融機関が適切な金融商品販売のインセンティブを有し、顧客の最大利益を図った販売・推奨を競い合い、それに対して顧客が適切な手数料を支払うというモデルを構築する必要があるとする。日本では、金融機関の意欲をそぐ過大なコンプライアンスコストがかかるような規制をすることは、顧客本位の業務運営の目指す方向性にふさわしいといえず、プリンシプルベース、ソフトローベースの現在の「顧客本位の業務運営のあり方」が適切であると論じる。

第7章「資産運用業者のフィデューシャリー・デューティーとスチュワードシップ責任〔神作裕之〕」は、米国における資産運用業者のフィデューシャリー・デューティーについて扱うとともに、近時米国においても実践されている非法的規範としてのスチュワードシップ・コードの導入について紹介する。

米国においては、年金資金や投資信託の資金は、多くの加入者や投資家から集められたものであり、その運用に携わる者は、投資家の利益を最大化することが求められる。米国において資産投資運用者や投資助言者は、一般にフィデューシャリーであるとされ、運用全般に関し、託された資産を投資目的に従って最大化することが求められている。フィデューシャリーが多額の資金を企業の発行する株式等に投資している年金基金や投資信託は、その結果、今や企業の大株主となるに至った。そのような状況の下では、その資産をさらに維持拡大していくためには、企業に一層発展してもらい企業価値を高める必要が生じる。

それゆえ、資産運用業者の議決権の行使やエンゲージメントが重要な論点となっており、現在、機関投資家のスチュワードシップ責任として活発に議論され実践されている。もっとも、信託法第3次リステイトメントには、受託者のフィデューシャリー・デューティーについて、運用投資の結果保有する株式について議決権を行使しなければならない義務や、スチュワードシップ活動をしなければならない義務については言及がなく、むしろ、それに係るコストとベネフィットを比較考量する必要があるとされる。他方、投資会社法や従業員退職所得保障法(ERISA)などの特別法において、資産運用業者等に議決権行使や

スチュワードシップ行動に関係する一定のフィデューシャリー・デューティーが課されている。

このような状況の下で、米国では、2018年1月1日から民間が主導するスチュワードシップ・コードが施行され、米国を代表する資産運用業者等がそれに従っている。米国においてソフトロー上の規範であるスチュワードシップ・コードが急速に普及している背景に何があるのか、また、スチュワードシップ活動は、米国において厳格に適用されている法的意味におけるフィデューシャリー・デューティーと抵触するおそれがあるが、この論点はどのようにして克服されようとしているのか、米国の状況を紹介する。法的意味におけるフィデューシャリー・デューティーが厳格かつ広範に適用されているため、米国においてはそれと「広義のフィデューシャリー・デューティー」であるスチュワードシップ責任との関係が切実な問題として議論されており、日本はそこから大きな示唆を得られるであろう。

Appendix には、米国判例の調査結果を収録する。

調査対象の裁判と分類の視点は次のとおりである。すなわち、2000年から2017年末までを対象期間とし、米国の法律事務所などが利用する判例検索システムから"financial institution"と"fiduciary duty"をキーワードとする検索をし、588件を抽出した。さらに、金融機関が訴訟当事者となっており、判決文においてフィデューシャリー・デューティーに関し、何らかの判断を行っているもの260件を抽出した。このように抽出された判決の内容を、「事件の概要」、「フィデューシャリー・デューティーに係る論点」および「当該論点に対する裁判所の判断」の3つの観点から分析した結果を整理したものである。

なお、①米国金融機関のフィデューシャリー・デューティーに関する詳細な年表と②米国金融機関のフィデューシャリー・デューティーを巡る環境を整理した図表を下記 URL に掲げている。ご参照頂けると幸いである。

http://iwnm.jp/061350

2019年7月

神作 裕之

目　次

はしがき

I　総　論

第1章｜フィデューシャリー・デューティーから見る
　　　　　米国金融機関の歴史　⊙友松義信 ⋯⋯⋯⋯⋯⋯⋯⋯⋯⋯⋯ 3

　1　緒論　3
　2　信託兼営銀行の歴史　10
　3　証券会社の歴史　30
　4　投資会社・投資顧問会社の歴史　44

第2章｜フィデューシャリー・デューティー、
　　　　　利益相反に係る
　　　　　米国金融機関を取り巻く環境　⊙佐藤令康 ⋯⋯⋯⋯⋯ 59

　はじめに　59
　1　私法・司法　59
　2　行政　69
　3　「市場」について　99
　おわりに　105

II　各　論

第3章｜米国金融機関に対する
　　　　　司法判断の状況　⊙溜箭将之 ⋯⋯⋯⋯⋯⋯⋯⋯⋯⋯⋯ 111

　1　フィデューシャリー・デューティーの認定　111

xxii 目　次

2 フィデューシャリー・デューティー違反認定の効果　120
3 フィデューシャリー・デューティー違反を争う意味　133
4 日本法との比較　140

第4章 信託兼営銀行の利益相反管理の考え方 ⊙松尾直彦 147

はじめに　147
1 信託銀行制度の沿革と考え方　147
2 銀行の信託業務にかかる利益相反管理のあり方　152
3 米国における銀行の信託業務にかかる利益相反管理　158
おわりに　169

第5章 法人における事実認識の有無に関する法的判断の構造 ⊙加毛 明 171

はじめに──検討の対象と理由　171
1 事例を通じた課題の設定　172
2 ドイツ法研究を手掛かりとした我が国における学説の展開　179
3 第3次リステイトメントにおける認識帰属の法理　201
4 課題の検討　216
おわりに──残された課題　226

第6章 米国における投資商品の販売とフィデューシャリー・デューティー ⊙小出 篤 229

はじめに──わが国の「顧客本位の業務運営に関する原則」と
　　　　　「フィデューシャリー・デューティー」　229
1 米国における投資信託(ミューチュアル・ファンド)販売チャネル　234
2 投資信託の販売に対する証券規制　236
3 ブローカー・ディーラーの手数料　245
4 ドッド・フランク法913条とその後の展開　247
5 銀行によるミューチュアル・ファンドの販売について(補論)　254
まとめに代えて　258

目　次　xxiii

第7章｜資産運用業者のフィデューシャリー・デューティーとスチュワードシップ責任　⊙神作裕之……………………… 261

はじめに　261

Ⅰ　スチュワードシップ活動への期待の背景と問題の所在　262

Ⅱ　米国における資産運用業者のスチュワードシップ責任　264
　1　民事法上の規律
　　──思慮ある投資家の準則とスチュワードシップ活動　264
　2　監督法上のスチュワードシップ責任　271

Ⅲ　米国の最近の動向──実務と理論　281
　1　米国におけるスチュワードシップ・コードの策定と動向　281
　2　分析　283
　3　スチュワードシップ活動に影響を与える法制度　286

おわりに　288

Appendix　米国判例の調査結果　291

索　引

I

総論

第1章

フィデューシャリー・デューティーから見る
米国金融機関の歴史

友松義信

1　緒論

　本章は、米国金融機関の歴史をフィデューシャリー・デューティーまたは利益相反の観点から概観する。歴史をふり返る目的は、各国の法や規制は、各時代の経済的要因や社会的・文化的要因等の影響を受けながら議論・立法・制定され、実社会の法規制等に反映されるものであり、フィデューシャリーの法理や利益相反への対応における議論・検討をより正確に理解するうえで有益と考えるからである。

　以下では、米国の経済・金融史全般について大きな流れを確認した後、銀行業界のうち信託兼営銀行、証券会社、投資会社・投資運用会社の3つの業界、業務領域を順に見ていくこととする。

　米国の歴史を考察する際には、独立前の植民地時代から順にみていくのが一般的であるが、フィデューシャリー・デューティーおよび利益相反の観点から金融機関の歴史を考察するという本章の目的に鑑み、①大恐慌(1929年)以前の金融黎明期、②1930年代以降のF・ルーズベルト政権による諸改革が行われた時代、③1970年代から20世紀末までに規制緩和が段階的に進められた時代、④21世紀に入り、その規制緩和に軌道修正が加えられた時代(現代まで)、と大きく4つに分けて鳥瞰することとする。

(1) 大恐慌(1929年)以前

　この時期の米国は、英国の植民地という立場から独立を果たし(1776年)、南

北戦争、産業革命を経て、第一次世界大戦(1914〜1918年)後には世界の経済大国となった時代である。その間、いくつかの恐慌や経済事件を経験はしたが、金融機関に対する規制は全般に緩く、比較的自由な時代が続いた。ただし、銀行に対しては、周期的に発生する恐慌に伴う銀行破綻、取り付け騒ぎから預金者を保護する必要があったため、比較的早い段階から銀行の健全性を確保するための法規制が州レベルで存在した。さらに工業化が進展するに伴い銀行の設立が相次いだことを受け、19世紀の半ばには連邦レベルでも、国法銀行法(1864年)を制定するなど、免許付与とセットの形で健全性確保のための法規制が整備されていく。そして19世紀末から20世紀にかけて、金融安定のための中央銀行的存在が必要とされるようになり、20世紀はじめには連邦準備法が制定(1913年)され、その中で銀行業務や信託業務を営む者の権限と監督機関の権限などが明記されるに至る。これに対し証券業界は、米国産業界が鉄道、鉄鋼、石油、化学、自動車など、さまざまな業種においてビッグ・ビジネスと呼ばれる大企業が急拡大する時代となり、社債、株式等の有価証券が多数・大量に発行されたことを受けて、州レベルでは証券規制が敷かれるようになる。しかしこの段階では合衆国全体をカバーする連邦ベースの規制はまだなかった。他方投信業界は、まだ勃興期で、20世紀に入るまでは英国等外国の投資家が電力、鉄道会社等に投資する際の受け皿として使われるのが主であり、「狂騒の20年代」と呼ばれる1920年代に入るまでは、受け皿となる国内投資家層が十分に形成されていなかったから、大きな産業にまで発展しておらず、規制もほとんど行われていなかった。

　フィデューシャリーの法理、利益相反への対応という問題に関しては、企業の取締役やパートナーシップ制のパートナーなどがビジネス関係の裁判で、個別にフィデューシャリーと認定されるケースはあったものの、一つのビジネス全体がフィデューシャリーの業務とされたのは、信託会社と商業銀行の信託部門のみであった。連邦ベースでフィデューシャリー業務に対する規制が登場したのは、連邦準備法に規定(11条(k)項)が手当てされた1910年代のことである。それ以外は、個々の事案毎に、信認関係があったか否か、顕在化した利益相反が詐欺や不法行為を構成するものであったかが議論され、個別の特殊ケースとして紛争が解決されていた。

（2）ニューディールの諸改革とその後の安定期（1930年代から1960年代まで）

　ニューヨーク株式市場の大暴落（1929年）に端を発する大恐慌は、米国の経済・社会に深刻な影響をもたらした。再発防止のための原因分析・追及が行われ、金融機関に対しては、抜本的ともいえる規制が新たに導入された。金融機関は顧客・投資家の利益より自己の利益を優先させ、行き過ぎた行為によって恐慌に伴う被害を増大させたと糾弾され、ニューディール時代の諸改革と呼ばれるいくつかの規制枠組みが打ち建てられたのである。

　まず銀行業界に関しては、証券業務を禁止するという形で規制がかけられた。すなわち、グラス・スティーガル法（1933年）によって、株式等に係る証券業務を兼営することが禁止され、利益をあげるために過度なリスク・テイクをして銀行経営の健全性を毀損させないようにすること、銀行取引を通じて証券取引の投資家に損失を転嫁させないようにすること、が求められた。一方、証券業界に対しては、証券と証券市場に対する規制の中で半ば間接的な形で規制がかけられた。すなわち、証券の発行者には証券法（1933年）によって投資家が正しく証券の価値を判断できるような情報の開示を発行者に義務付けるとともに、証券取引所法（1934年）によって、流通市場における証券取引が公正な環境のもとで行えるよう法の整備が図られた。そして市場の番人およびルールメーカーとして SEC[1] を設置し、原則としてすべての市場参加者に対しルール遵守を義務付ける一方、そこで重要な仲介機能を担うブローカー・ディーラーに対しては、行為規制として適合性の原則と看板理論を課した。これに対し投信業界には、運用会社の過度のリスク・テイクと利益相反が大恐慌に大きく影響を与えたとして、投資ファンドを規制する投資会社法（Investment Company Act of 1940）と運用者を規制する投資顧問法（Investment Advisers Act of 1940）が1940年に制定され、投資会社の取締役に独立性が求められるなど、投資家のために運用者を監督する仕組みが規制の中心に据えられた。いずれの規制も、顧客や投資家の被害を増大させた原因を分析し、その原因に対し、最も現実的で効果が得られる規制をそれぞれに課そうとしたものである。

　これらの改革諸法が本格的に適用・運用されていくのは第二次世界大戦後の

---

1) Securities and Exchange Commission の略語。（米国）証券取引委員会。投資家保護のため、インサイダー取引など、証券取引に係る違法行為を取り締まる。証券取引法規を所管する連邦政府機関。

6   1　緒論

ことである。法が整備された直後に第二次世界大戦となり、戦時体制下に米国経済・社会全体が組み込まれたからであった。しかし、戦後、米国経済は次第に回復し、朝鮮戦争の頃より高度成長期に入る。米国企業は好景気を享受し、証券マーケットも比較的安定的に上昇を続けていたから、不祥事件はいくつか発生したものの、各業態ともに構造問題とされるまでには至らず、概ね順調に業容を伸ばしていった。この時期は、ニューディールの諸改革が金融の各分野で確立し、安定運用されていった時期と言える。

　ところで企業年金は、第二次世界大戦中から、雇用安定の観点から法整備が行われた。戦後の好景気という追い風も受けて新たに年金制度を立ち上げる企業が増え、1950 年代から順調に掛金が積みあがっていった。1960 年代になると、相当な規模となり、その運用を担っていた商業銀行の信託部門や保険会社は、株価やマーケットに影響を与える存在となる。商業銀行の信託部門は、信託財産の運用を通じて証券業務を営む存在となり、その後 70 年代に入ると、そのプレゼンスの大きさゆえに利益相反が議論されるようになっていく。

　フィデューシャリーの法理、利益相反の観点からは、投資会社の取締役や投資顧問業者がフィデューシャリー・デューティーを負うことは比較的早くから、判例が認めるところであったが、銀行に対しては、預金取引、融資取引が伝統的にフィデューシャリーではないとされていたこともあり、フィデューシャリー・デューティーではなく利益相反への対応としての銀行業務と証券業務の兼営禁止というかたちで法の枠組みができたこと（ただし、信託部門の業務は従来どおりフィデューシャリー・デューティーを負うとされている）、ブローカー・ディーラーに対しては、フィデューシャリー・デューティーより緩やかといわれる看板理論、適合性の原則等によって、その行動が律せられることとなったことを確認しておく。

（3）スタグフレーションからニューエコノミーへ（1970 年代から 1990 年代まで）

　1950 年代から 60 年代にかけて、朝鮮戦争とベトナム戦争を経験した米国は、経済全体としては高度成長、好景気を享受したが、1970 年代に入ると、スタグフレーション（インフレの中で景気が沈滞している状態）が誰の目にも明らかになってきた。戦後の復興をリードしてきた米国企業は、各国経済の安定化、外国

企業の成長により国際競争力が低下したことから、競争力確保のために企業買収による規模の拡大、コングロマリット化、グローバル化に取り組むようになっていく。また企業の成長発展と平仄をあわせるように広がった従業員退職年金がこの頃になると、大きな資産規模となり、株式市場における重要な存在となるなど機関化現象が顕著となってくる。これらの環境の変化に伴い、米銀は、企業の業務展開を金融面から支える投資銀行(Investment Banking)業務、証券化(Securitization)業務が重要となり、次第に投資銀行業務、証券化業務への参入を企図するようになる。

　1970年代は規制緩和の時代と呼ばれることが多いが、第二次世界大戦後の世界経済を主導してきたブレトン・ウッズ体制[2]の維持が困難になったニクソン政権は、変動為替相場制への移行に続いて金本位制からの離脱を決定し、定期性預金の金利最高限度の廃止をはじめとするさまざまな金融規制の改革を検討、実施した。すると、規制緩和による副作用も顕われ、銀行業界は、金利の自由化により、1980年代に住宅ローン等を収益基盤とするS&L業界等中小金融機関の利鞘の縮小、逆ザヤに苦しむこととなり、経営体力のある大銀行等への合併や資本集中が進展した。その中で、グラス・スティーガル法施行後も商業銀行に認められていた信託部門がプレゼンスを増大させ、証券業務への再参入が目指されたが、投資家保護の観点から、信託部門と銀行部門との間に潜在的に存在する利益相反を適切にコントロールする規制が求められるようになり、多様な金融サービスを手掛けることに伴う管理体制の強化も求められることとなる。

　一方、証券業界は、手数料の自由化に伴い、ディスカウント・ブローカーが登場するなど、機関投資家に対する手数料競争が熾烈となり、CMA[3]のような証券を使った金融サービスの提供やソフトダラー[4]等のサービス競争による取引獲得が激化していった。また情報開示と公正な市場作りのもとで戦後、個

---

2) 1944年にニューハンプシャー州のブレトン・ウッズで開催された国際会議で合意された、アメリカ合衆国ドルを基軸通貨とする固定為替相場制による経済体制。国際通貨基金(IMF)、国際復興開発銀行(IBRD)が設立され、自由で多角的な貿易体制作りが図られた。

3) Cash Management Account の略。MMFの預り口座に、クレジットカードや小切手の決済機能と現金の引き出しや当座貸越の機能を付加された証券口座のこと。発売当時、銀行預金の金利は上限規制があったがMMFはこれを上回る高利回りで運用されていたため大ヒットした。

人投資家の取り込みやその後の機関投資家の取り込みを図る中で、いくつかの社会問題化した不公正な販売への個別の対応に加えて、インサイダー取引への対応を強化したが、手数料が自由化（1975年）されて以降、収益基盤を確保するための推奨行為が重要となり、証券販売時の推奨行為と投資顧問業者の助言行為との線引きが曖昧となった。

また投信業界においては、品揃えの多角化とガバナンスの強化を通じての年金資金の取り込みが進展したが、投資家保護の観点からファンド・ガバナンスの強化が求められ、独立取締役の権限が強化されていった。

投信業界を除けば、銀行業界、証券業界ともに、これまで手掛けていた業務分野とは若干異なる業務分野に業務のウエイトをシフトして行く中で、顧客保護、投資家保護の観点から、利益相反への対応やフィデューシャリー・デューティーを負うか否かが議論されたのである。銀行業務から証券業務を分離するというグラス・スティーガル法（1933年）から、原則として兼営を認めようというグラム・リーチ・ブライリー法（1999年）への移行は、その象徴で、業務の参入自体は認めつつ、それに伴う弊害が生じないよう各金融機関にセルフ・コントロールさせるという方式がとられた。

（4）規制緩和の修正（2000年以降）

レーガノミックスと呼ばれた減税、高金利政策と財政拡張政策が功を奏したこともあり、1990年代の米国はニューエコノミーと呼ばれるほど好景気が続いたが、2000年を超えたあたりから、少しずつ綻びが目立つようになる。再び投資銀行業務に参入していった大手商業銀行は、証券会社との間で競争が激化し、証券の引受け等を行うプライマリー業務での報酬率が急速に低下していった。そのため、自己勘定を使ったトレーディング業務に力点を移していった[5]。21世紀初頭に相次いだエンロン事件（2001年）等の会計不正事件に対しては、サーベンス・オクスリー法（2002年）によって内部統制システムの構築を企

---

4) サービスとフィーが対応関係にないサービスあるいはそれを受けること。例えば、運用機関が証券売買等の発注先である証券会社が提供する売買執行以外のサービス（例：情報サービス、各種物品の提供）を売買委託手数料の中で支払う仕組みなど。

5) 大川和則「欧米大手行ビジネスモデルの変遷と将来展望」（みずほリポート、2017年4月7日）7-9頁。

業に求めることでひとまず対処されたが、加熱した住宅市場におけるサブプラ
イム・ローン問題からリーマン・ショックと呼ばれる世界的な金融危機（2008
年）が起こると、金融機関のトレーディング業務による過度な収益追求、利益
相反が問題としてクローズアップされるところとなり、ドッド・フランク法と
ボルカー・ルール等によって金融規制が強化された。また証券業界に関しては、
第二次世界大戦後に誕生したベビーブーマー世代が退職時期を迎え、401（k）[6]
等が大量のロールオーバーを迎えたこともあり、その受け皿商品の提供が証券
業界の大きなビジネスチャンスになると捉えられ、これまでフィデューシャリ
ー・デューティー問題としてくすぶっていた証券販売に対する規制強化がクロ
ーズアップされることとなる。この問題への対応として、ERISA[7]を所管する
労働省（Department of Labor：DOL）が年金受給者保護の観点から提案したフィ
デューシャリー・ルール[8]は裁判で無効とされたが、新たに SEC からベスト・
インタレスト・ルール[9]が提案されている。投信業界は、規制対応としては、
ファンド・ガバナンスを SEC が推奨する基準を実質的に達成する状況まで対
応しているため、直接的な規制強化の動きは今のところ見られないが、DOL
のフィデューシャリー・ルール、SEC のベスト・インタレスト・ルールの影
響を受けて運用報酬の引き下げ圧力が強まっており、インデックス・ファン
ド[10]が伸長し、業界構造が変革しつつあるというのが直近の状況である。
　したがって現在は、20 世紀末までに行われた業態規制の緩和と業務規制の

---

6)　米国の確定拠出個人年金の一つ。内国歳入法 401 条 k 項によって、一定の要件を満たすことに
　より、運用益に対する課税が繰り延べられる従業員が投資を選択できる仕組み。
7)　従業員退職所得保障法。Employee Retirement Income Security Act の略称。以下、エリサ法。
8)　US Department of Labor, Employee Benefits Security Administration 29 CFR Parts 2509, 2510,
　and 2550 RIN 1210–AB32 Definition of the Term "Fiduciary"；Conflict of Interest Rule—Retire-
　ment Investment Advice（April 8, 2016），DOL のフィデューシャリー・ルールは、商工会議所か
　ら有効性を巡って訴訟が提起され、無効判決が確定している。
9)　SEC, 17 CFR Part 240 Release No. 34–83062, Proposed Rule：Regulation Best Interest（2018），
　https://www. sec. gov/rules/proposed/2018/34–83062. pdf（2019 年 6 月 4 日最終検索），SEC のレ
　ギュレーション BI は 2018 年 4 月に草案が公表され市中協議中。
10)　ファンドの基準価額が東証指数などのある指標（インデックス）と同じ値動きとなるように運用
　を目指す投資信託のこと。当該ファンドがベンチマークとする指数に採用されている銘柄群と全く
　同様の銘柄構成を採り、ファンドへの組み入れ比率も株価指数への影響度に比例した割合となる。
　個別に組み入れる銘柄選択のためのアナリストによる分析や投資判断を必要としないことから、一
　般的に運用報酬が低く抑えられている。

10   2 信託兼営銀行の歴史

組み合わせによるセルフ・コントロールをベースとした金融規制に修正が加えられる時期といえる。

　以下では、各業界の規制の推移を軸にもう少し詳しく見ていくこととしたい。

2 信託兼営銀行の歴史

(1) 本節の視座──信託業務を兼営する商業銀行を採り上げる理由

　米銀の歴史をフィデューシャリー・デューティーおよび利益相反への対応という観点から見ると、複数業務をあわせ営むことにより、潜在的に生ずる利益相反、すなわち、銀行業務と証券業務、信託業務との兼営の関係で論じられる場合が多い。米銀全体から見ると、信託兼営銀行は一部を占めるにすぎないが、幅広い金融サービスを提供することができることから、大手行は自行内で、あるいはグループ金融機関として、信託業務を営むことが多い。銀行の行為規制を検討する際、銀行の健全性や利用者の利便性、サービス向上の観点からだけでなく、利益相反回避の観点からも検討することができるという考察スコープを拡くとることができる。そこで以下では、かかる視座に立ち、米銀のうち信託業務を兼営する商業銀行にスポットライトをあて、その歴史を概観する[11]。

(2) 前史──連邦準備法が制定(1913年)されるまで

　米国の銀行業は、独立当初から1913年に連邦準備法が制定されるまで、中央銀行が存在しない中で成長・発展を遂げてきた。第一合衆国銀行(1791〜1811年)と第二合衆国銀行(1816〜1836年)[12]といった準中央銀行的存在が一時的に設

---

11)　以下の文献を参照した。西川純子/松井和夫『アメリカ金融史』(有斐閣、1989)、川口恭弘『米
　　国金融機関規制法の研究』(東洋堂山新報社、1989)、青山和司『アメリカの信託と商業銀行』(日本
　　経済評論社、1998)、高月昭年『米国銀行法』(金融財政事情研究会、2001)、春田素夫「アメリカの
　　信託会社──連邦準備法成立以前」(鈴木鴻一郎教授還暦記念『資本論と帝国主義論』(下)(東京大学
　　出版会、1971)265-285頁)、坂本正『金融革新の源流』(文眞堂、1997)268-305頁、George E. Bar-
　　nett, *State Banks and Trust Companies since the Passage of National-Bank Act*, in STATE
　　BANKS AND TRUST COMPANIES AND INDEPENDENT TREASURY SYSTEM (NATIONAL MONETARY COMMISSION,
　　1911) PP. 9-195.

12)　The First Bank of the United States および Second Bank of the United States は、私企業である
　　が、アメリカ合衆国連邦議会公認の期間限定で設立・存続が認められた銀行。連邦政府の財政を行
　　うために設置され、連邦税などを取り扱った。

立運営された時期はあったものの、この頃、銀行券は商業銀行が発行していた。したがって銀行券は、通貨としての機能だけでなく、貸出の機能も果たしていたが、預金の受け入れにより、徐々に預金を通じて信用創造が行われるようになっていく。また銀行の設立・許認可に関しては、当初、英国の銀行制度と同様、ネガティブ・リスト方式が採用され、銀行の権限や業務範囲に関する詳細な規定がなかったために、個別に禁止または制限がされていない限り、自由に業務を行うことができた。しかし、銀行制度が普及するにつれ、銀行の倒産や銀行券の償還不能が発生するようになり、経済の安定と信用秩序維持に関し、銀行券の安全性確保が最大の課題といえる状況となったため、19世紀中頃あたりから[13]、その銀行がどのような権限を有し、どのような業務範囲で業務を行うか等について個別限定的に定め、書かれていないことは認めないというポジティブ・リスト方式に転換していった。

その嚆矢ともいえる1838年ニューヨーク州銀行法は、準則主義[14]を採用した。それまでの銀行法は、一般に授権法[15]と解され、銀行法に規定がない業務や活動は無効とされていた。また議会から個別にチャーター[16]を付与されてはじめて、業務が正式に営めるとされていたため、銀行を設立する柔軟性が欠け、手続きも煩瑣であることから、1830年代頃から州が定める手続きと要件を満たせば営業を認めるという準則主義が採用されるようになったのである。

米国の法人は、州法に基づき設立され、登録されるのが一般的で、銀行も、州法銀行(State Bank)からスタートした。その後、1863年国法通貨法と1864年国法銀行法によって連邦議会が銀行に設立の免許を与えることができるようになり、国法銀行(National Bank)が登場する。同時にこの頃、監督当局が銀行業務を認可する権限証書の発行を受けるまでは業務に着手できないという免許主義が確立し[17]、現在の州法銀行と国法銀行が共存する二元体制ができた。

---

13) 高月・前掲注11) 27頁、1825年のニューヨーク州に始まり、全米に拡大していった。
14) あらかじめ法律で一定の要件を定めて置き、その要件を満たした場合には原則として設立を認めるという考え方。
15) ここでは、法人に行うことができる権限を付与する法律という意味で使っている。
16) 国王等権限を持った者が権限を付与する勅許状のこと。ここでは議会が法人等に権限を付与すること、または付与した旨を記載した書類のことを指す。
17) 高月・前掲注11) 43頁。

銀行券の発行機能は、当初、国法銀行も州法銀行も持っていたが、1866 年以降、州法銀行が発行する銀行券に 10% の税が課されるようになり、事実上国法銀行に発行機能が集約されるようになっていく。州法銀行は、コルレス制度などを活用して銀行預金の調達を図り、信用創造を行ったが、それが過度に行われるケースも発生するようになり、経済の安定性を損ないかねない状況となった。かかるリスクを払拭するため、連邦政府は、銀行券の発行機能を政策的に国法銀行に集中するとともに、支払準備や不動産担保融資の禁止、貸出制限（単一の対象先には資本金の 10 分の 1 までとする）などを課すことにより、国法銀行の健全化を図ろうとした。資本蓄積がまだ進んでおらず、景気変動の波も大きい中で、信用秩序維持のための健全性確保に重点が置かれた規制色の強いところから、銀行規制はスタートした。

これに対し信託会社は、州法に基づき設立された金融機関で、当初は、保険会社が信託業務も営むという形でスタートした[18]。南北戦争（1861～1865 年）前は、個人向け信託を中心に業務を営んでいたが、南北戦争後、法人向けの信託業務を幅広く手掛けるようになり、徐々に参入者が増えていく。ニューヨーク州で、1882 年に信託会社に銀行監督官への報告義務が課され、1887 年には一般信託会社法が制定されると、他の州もこれに追随するところが相次ぎ、1890 年代以降、急速に成長した。

当時の信託会社には、銀行券の発行権限は付与されておらず、手形交換所への加盟も認められていなかったが、州法銀行に比べて規制が緩やかで、預金に対する支払準備が義務付けられていなかったから、預かった資金をフルに投資に回すことができたうえに、信託業務以外にも多様な業務を営むことができた。例えば、コマーシャル・ペーパーの割引はできないものの、コマーシャル・ペーパーの買取や証券担保貸出が認められていたし、手形交換所加盟銀行に預金を預けることにより、銀行を通じて間接的に小切手の決済をすることができたから、実質面で見れば、銀行券を発行すること以外、商業銀行とほとんど同じ業務ができた。加えて当座預金に付利をしていたために資金吸収の拡大に成功、少ない預金準備によって商業銀行より多くの資金を貸出しに振り向けることが

---

18)　1822 年設立の Farmer's Fire Insurance and Loan Company が第一号といわれている。

できたから、20世紀初頭以降は多様なニーズに応えながら急速に業容を伸ばして行った。そのため、信託会社と商業銀行との競争条件の同質化が求められるようになり、1900年、ペンシルバニア州で信託会社の銀行業務兼営を認める判決が出ると、信託会社に銀行業務の兼営を認める州が広がっていった。当時、通貨監督官であったリッジリーは、1904年の報告書においてこのような状況について、信託会社と称していながら、実質銀行業務のみを営む者が多いとしている[19]。

　しかし1907年にニューヨークのニッカーボッカー信託が破綻したのを契機に金融パニックが起こると、信託会社、保険会社を含めた金融再編の動きが起こる。銀行の信用秩序を適切に保つための仕組みが強く求められるようになったが、ニューヨークの大銀行による金融支配につながるのではないかとの警戒が強く示され、議論の結果、連邦準備法が制定(1913年)された。すなわち、英国のように、一つの中央銀行を設置して米国全体をコントロールするのではなく、ニューヨーク、サンフランシスコ等全国を12のブロックに分け、各地に連邦準備銀行を配置し、それらの合議体によってコントロールするという制度が採用されたのである[20]。国法銀行はこの連邦準備制度への加盟が義務付けられていたが、州法銀行や信託会社も一定要件の下で加盟が認められていたため、大手の信託会社は次々と加盟した。すると、国法銀行にも信託業務の兼営を求める動きが加速、1918年の連邦準備法の改正[21]で国法銀行による信託業務兼営が明確に認められるに至り、銀行業務を兼営する信託会社と、信託業務を兼

---

19)　William Barret Ridgely, *Government Control of Banks and Trust Companies,* 24 ANNALS AM. ACAD. POL. & SOC. SCI. (1904), P. 23.

20)　1907年の金融恐慌の原因追及に関しては、1912年に下院の銀行委員会の下部組織として「プジョー委員会」が組織され、モルガンやベーカー、スティルマンといったウォール街の有力者を公聴会に喚問して、大規模な金融独占に焦点を当てた調査が行われた。しかし恐慌の鎮静化は、モルガンらの金融資本家によるところが大きく、同勢力から強い抵抗が示された。1914年のクレイトン法で銀行と信託会社の役員の兼職について規制が手当てされたものの、同年に勃発した第一次世界大戦に米国が参戦すると、大量発行された国債の消化にモルガンらのシンジケート網が利用されたこともあり、抜本的な改革がなされないまま雲散霧消した。

21)　1918年の連邦準備法の改正では、国法銀行に信託業務の兼営を認める権限の明確化に加え、信託勘定で未投資の資金は、分離勘定で別途管理すべきこと、信託財産の所有者は、銀行が破綻した場合、銀行の財産に対する請求権に加え、信託財産の証券に対し先取特権を有することなどの信託財産の保護措置が講じられている(11条(k)項)。青山・前掲注11) 151頁、Annual Report of Federal Reserve Board–1918, PP. 262–263.

営する銀行との実質的差異は失われた。

　この時期、顧客と銀行との間の利益相反が具体的に問題となった事例は特に報告されておらず、業務範囲を制限することによって銀行の健全性を確保することに規制のフォーカスが当たっていた。しかし、連邦準備法11条(k)項において、国法銀行に信託業務を営む権限を付与することができる旨が記載されていたこと[22]、信託業務を行うに際し、信託部門と銀行部門とを分離し、専任の担当者が帳簿を分けて作成・管理することが規制として入ったこと(1913年)は[23]、分別管理に関する規定が信託法全般の問題として登場してくるのが、信託法第1次リステイトメント(1935年)のことであるから、エポックメイキングであった[24]。これを受けて州の銀行法でも、信託の営業権獲得を認める法改正が広がる。連邦準備局が国法銀行を対象に行ったアンケート調査によると、信託部門による信託の兼営は新しい取引を銀行にもたらし、顧客からの評価も良く、競争の役に立っているとの回答が多数寄せられており[25]、潜在的な利益相反があるからといって分離、排除するのではなく、利用者にニーズや利便性があるというのであれば、これを認めたうえで、利益相反を適切に管理させ、健全性も確保させる、すなわち、原則として兼営を容認し、銀行規制の枠組みの中に取り込む形で規制が行われたのである。

(3) グラス・スティーガル法による銀証分離体制の確立(1940年代まで)

　1929年の大恐慌が起こる前までの米国では、商業銀行業務、投資銀行業務、

---

22)　38 STAT. 260, §10 (1913), 12 U.S.C. §§241-247 (1926); 38 STAT. 262, §11 (k) (1913), 12 U.S.C. §248 (k) (1926).

23)　Annual Report of the Federal Reserve Board (1920) Reg. F, PP. 297-299, レギュレーションFは、以下の11条からなり、信託財産の分別管理にウエイトの置かれた構成となっている。§1 FRBの権限、§2申請手続、§3信託部門の分別、§4信託財産として預かった証券の保管と投資、§5待機資金の預金と投資および収益の配分、§6信託資金の投資、§7帳簿と会計、§8監査、§9州法との調和、§10認可の取消し、§11規制の変更。

24)　Albert Lévitt, *The Trust Powers of National Banks*, 77 U. PA. L. REV. 835 (1929), もっとも、1913年連邦準備法11条(k)項の効力を巡っては、違憲訴訟が提起(州裁判所では People v. Brady, 271 Ill. 100, 110 N.E. 864 (1915)、連邦裁判所では National Bank of Bay City v. Fellows, 244 U. S. 416, 37 Sup. Ct. 734 (1917)、いずれも合憲とされた)されたり、信託会社からの抵抗を受けて信託営業権を認めない州もあったため、1918年に改正が行われ、この修正法が1924年にミズーリ州の最高裁判所によって合憲とされ、決着した。

25)　青山・前掲注11) 15-16頁、Annual Report of the Federal Reserve Board-1921, PP. 85-86.

信託業務、証券仲介業務など業務機能の分化が見られ、それぞれの業務を得意とする専門業者も現れた。しかし、業態としての分化・分業が確立するという段階にまでは達しておらず、商業銀行が本体または子会社、関連会社を通じて証券業務に進出するなど、業態を超えた業務展開が広く行われていた。当時、一般企業の多くが事業拡大のために長期性の資金を必要としており、それを銀行貸出よりコストの安い証券発行によって調達することが多く見られたため、銀行は伝統的な商業銀行業務だけではこれらのニーズに十分応えることができず、証券の引受・分売等といった投資銀行業務や証券仲介業務を手掛けざるを得なかったのである。

　そのような中で、1929年10月にニューヨーク株式市場の大暴落に端を発する大恐慌が発生し、多数の銀行が倒産する（銀行倒産のピークは1931年と1933年）。後の分析によると、銀行恐慌の原因は、不動産担保貸付の回収不能と債券価格の下落による銀行資産の悪化が一部の銀行倒産を招き、これが預金者の銀行制度全体に対する信認を動揺させ、銀行取付けが全国的規模にまで広がったことによると言われている。しかし、上院銀行通貨委員会に「ペコラ委員会」と呼ばれる小委員会が設置（1932年）され、その公聴会で銀行の証券取引に係わる不正行為が次々と暴かれ[26]、大々的に報道されると、証券業務との関わり方が銀行改革における重要な論点となり、1933年証券法、1934年証券取引所法とならんで、銀行から証券業務の兼営を大きく制限、切り離すことを主眼においたグラス・スティーガル法が制定されることとなる（1933年）。同法は、①商業銀行業務と投資銀行業務の兼営禁止、②要求払預金に対する付利禁止と定期預金に係る上限金利規制の権限をFRB（連邦準備理事会）に付与、③連邦預金保険公社（FDIC）の設立、連邦公開市場委員会（FOMC）の設置、④（州法で認められている場合）国法銀行の本店所在州の全域に支店設置を許可、が主なポイントであるが、①の商業銀行業務と投資銀行業務の兼営禁止というのは、全面的な兼営禁止ではなく、次頁の表のとおり部分的で複雑な内容となっていた。

26）　ペコラ委員会で指摘された利益相反の事例としては、①銀行の不良貸付の処分先として系列証券会社を利用、②証券のはめ込み先として銀行またはその信託部門を利用、③系列証券会社の引き受けた証券の購入資金の貸付、④引受金融のための系列証券会社への過剰貸付、⑤長期証券への過剰投資、⑥株式・債券の市場操作を行うための投資勘定の設定、⑦銀行役員による個人的な利用・参加などがあげられている（青山・前掲注11）140-141頁）。

16   2 信託兼営銀行の歴史

条文	適用対象金融機関	条文の概要
16 条	国法銀行（5 条により州法銀行にも適用）	・ブローカー業務…顧客の注文・計算に基づくものは可 ・引受・ディーリング業務…原則不可 ・自己勘定での購入・保有…通貨監督官の定めるところに従い　市場性債券のみ可（社債は1 発行者あたり自己資本の 10% 以内）
20 条	連邦準備制度加盟銀行	証券業務に主として従事する法人等の系列関係を禁止
21 条	証券業務を営むすべての法人・個人	証券業務と同時に預金受入業務を行うことを禁止
	銀行業務を営むすべての機関・信託会社	国法銀行に認められる証券業務のみ可
32 条	証券業務に主に従事する法人等の役職員	連邦準備制度加盟銀行の役職員を同時に兼ねることを禁止

　これにより、これまで投資銀行業務と商業銀行業務を兼営していた者は、1934 年 6 月 16 日までに、いずれかを切り捨てねばならなくなった。同時並行して、信託業務に関しても、銀行から分離すべきか否かが議論されたが[27]、信託業務に関しては、①信託業務をめぐる主たる不正取引は信託部門・関連証券会社間の証券取引に係わって発生しており、証券業務が銀行から分離された後では、こうした不正取引は起こりにくいと判断されたこと（調査で見つかった信託の不正事例は 2 件のみであった）、②国法銀行の信託活動を規制するレギュレーション F[28]が改正（1936 年）され、自己取引の禁止規定が置かれ、内部監査の実施と定期的報告、信託部門の検査の強化などの規制強化が図られたこと、③銀行と信託の分離により、大都市以外では経済的に信託業務の営業が成り立たず、信託サービスの大幅な低下が生じる可能性があり、分離に伴うデメリットが大きい、などといった意見が有力に唱えられたため、（社債に関しては、1939 年信託証書法が制定されて、受託者責任の明確化と利益相反の排除措置が講じられたが）信託業務全般に関しては分離しないことで決着した[29]。なお、1935 年にオース

---

27)　ルーズベルト大統領は、当初、銀行の諸機能は分離されるべきで、商業銀行は、投資銀行業と信託業に入りこむべきではないと考えていたようであるが、信託銀行業の分離についてはそれほど強く主張していなかったようで、短期間で非分離を容認していった（坂本・前掲注 11) 133 頁）。

28)　国法銀行法に基づき米国財務省が制定した規則の一つ。

29)　青山・前掲注 11) 151-159 頁、坂本・前掲注 11) 131-137 頁。

ティン・W・スコットらによりとりまとめられた信託法第 1 次リステイトメントには、180 条に自行預金に関する規定があるなど信託業務を許容することが前提となっている。こうして、業態の整理と分業体制は、1930 年代の一連の法律制定と監督体制および規制の整備によって一旦確定し、商業銀行は、引き続き信託業務を兼営し、信託財産の管理・運用を通じて証券取引を行うこととなる。

（4）規制緩和の時代（グラム・リーチ・ブライリー法の制定まで）

グラス・スティーガル法に基づく銀行と証券の分離体制は、形式的に 1999 年のグラム・リーチ・ブライリー法の制定まで続く。しかし、以下で見るように、その間の歴史は、証券業務への段階的参入、規制緩和の歴史と重ね合わせることができる。フィデューシャリー・デューティー、利益相反対応の観点からの考察としては、信託部門における規制緩和と利益相反対応と銀行部門における証券業務参入に伴う利益相反対応、の二つの論点に分けて見ていくこととする。

(a) 信託部門における規制緩和と利益相反対応

規制緩和は 1960 年代からはじまるが、信託部門の規制緩和は、1962 年に国法銀行のフィデューシャリー業務の監督権限が FRB（Federal Reserve Board）から OCC（Office of the Comptroller of the Currency）[30]に移管されたことが一つの節目である[31]。移管に際し、これまでの信託業務に関する規制であったレギュレーション F はレギュレーション 9[32]となったが、そこで①信託財産の自己取引の一部緩和、②信託余裕金の銀行勘定での運用の一部緩和、③信託部門と銀行部門で同一の機械を利用することの容認、を主な内容とする規制緩和が行われたことが注目される[33]。

続いて OCC は、これまで余資運用手段の一つとして、複数の委託者の資金をプールし、一括して運用・管理する共同信託（common trust）の規制を緩和す

---

30) 米国財務省の内部機関で、連邦法の免許を受けて営業する国法銀行に対する監督権限を有する。
31) Act of September 28, 1962, 76 STAT. 668, 12 U. S. C. 92a.
32) 与えられた権限に基づき OCC が制定した規則の一つ。

る[34]。国法銀行の運用エージェントとしての能力に基づく共同信託の設定を認め、受動的な立場での顧客からの委託を受けるにとどまらず、投資管理を目的に積極的に顧客の投資資金を集めることを認めたのである(1963年)。これを受けて、ファースト・ナショナル・シティ銀行(FNCB)は、「集合投資ファンド勘定(Collective Investment of Managing Accounts)」の開発をOCCに申請し(1965年)、OCCがこれを認可する。FNCBは、このファンドを1940年投資会社法に基づく投資会社として、また1933年証券法に基づく証券として、SECに登録したが、オープン・エンド型投資会社の業界団体である投資会社協会(Investment Company Institute：ICI)がグラス・スティーガル法16条に抵触するとして通貨監督官を訴えたため[35]、業際問題となった。FNCBの集合投資ファンド勘定と伝統的なミューチュアル・ファンドとの違いは微妙であるが、連邦最高裁はICIの訴えを認め、FNCBの集合投資ファンド勘定はグラス・スティーガル法違反とされた。その理由は「グラス・スティーガル法が規定する証券には当たらないが、販売促進のためのプレッシャーから、受託者あるいは運用エージェントとしての活動を超えて、投資銀行業務を営むことによる「微妙な危険性(subtle hazards)」がある」というものであった。銀行の健全性が理由であって、顧客の利益より銀行の利益を優先するおそれという、利益相反を理由とするものではなかったのである。

　そのため、この事件の後に争われたクローズド・エンド型の投資会社に対する銀行持株会社の投資顧問業務[36]、個人退職勘定(IRA)[37]向けの集合投資信託(Collective investment trust)[38]の適法性については、行政府(前者はFRB、後者は

---

33)　日本生産性本部信託視察団(第2次)編『米国の信託業務の運営——第2次信託視察団報告書』(1965)50–55頁、制定当初のレギュレーション9は、§1用語の定義、§2営業権の申請、§3申請の審査、§4国法銀行の統合または合併、§5国法銀行への転換または州法銀行を含む統合・合併、§6商号の変更、§7執行体制、§8記録、§9監査、§10余裕金の投資と分配、§11投資、§12自己取引、§13投資財産の管理、§14州政府への預託、§15信託報酬、§16銀行の破産・清算、§17業務の中止、§18合同運用、§19書式、の19条からなる。条文のボリュームとしては、18条の合同運用が内容の半分を占めていた。

34)　高月・前掲注11) 168–186頁、川口・前掲注11) 72–82頁。

35)　ICI v. Camp, 401 U. S. 617 (1971).

36)　FRB v. ICI, 450 U. S. 46 (1981).

37)　Individual Retirement Account の略語。米国の個人年金制度の一つで、一定の条件を満たすことによって税制上のメリットが受けられる。

38)　ICI v. Clark, 479 U. S. 939 (1986).

OCC)の判断が尊重され、それぞれ合法とされた。これらの判決では、投資運用に関する規制が直接のテーマとなっているが、株式を含む有価証券運用を信託業務において行うという内容が含まれており、銀行と証券の分離、兼営禁止は利益相反対応の観点から、かならずしも必須として求められているものではなく、考慮すべき重要なファクターの一つと裁判所が考えていたということがいえる。

　ところで、商業銀行の信託部門は、第二次世界大戦頃まで、富裕な個人や企業創業者から受託した信託財産の管理・運用が業務の中心であったが、戦後、急速に拡大した企業年金において、信託の利用が増加、急速に残高を増やしていたから、その運用先となった証券市場においても存在感を高めていた[39]。その結果、1967年には全金融機関の総資産の6割を保有する商業銀行(6,070億ドル)のうち、信託部門が約4割(2,500億ドル)を保有し、年金基金の財産(1,000億ドル)の約7割にあたる700億ドルを商業銀行の信託部門が管理するまでになった(後掲図1を参照。信託部門を持つ商業銀行は1970年代半ば以降、個人信託と銀行部門の預金が増加している)[40]。しかも信託部門の運用は、1980年代に入るまで、株式の占める比率が高く、エリサ法が制定された1974年時点で見ると、年金の信託財産の約58%(706億ドル)、信託財産全体では発行済株式総数の約27%にあたる1,710億ドル相当の株式を保有するという状況となる[41]。そのような状況を受け、商業銀行による信託部門を通じた産業支配が議論されるところとなり、パットマン委員会(1968年)[42]、ハント委員会(1972年)[43]などにおいて、銀行の信託部門が議論された。さらに証券市場におけるインサイダー取引に対

---

39)　西川/松井・前掲注11) 278頁によれば、1958年頃から個人投資家が売越しに転じ、機関投資家が買越ししはじめたとし、『ハーバード・ビジネス・レビュー』誌(Victor L. Andrews, *Pension Funds in the Securities Markets*(Nov. 1958 & Dec. 1958))や『フォーチュン』誌(Daniel Seligman & T. A. Wise, *New Forces in the Stock Market*(Feb. 1964))において、非保険型私的年金基金が株式市場で支配的な役割を演じつつあることが指摘されているとする。また青山・前掲注11) 188-225頁は、1970年代、銀行の信託部門は、多くの企業の最大の株主の地位を占め、株式市場における最大の機関投資家として、市場の流動性や株価形成を左右する大きな影響力を持っていたことを分析、指摘している。

40)　フィッチ/オッペンハイマー著・岩田巌雄/高橋昭三監訳『だれが会社を支配するか』(ミネルヴァ書房、1978)32頁。

41)　青山・前掲注11) 196頁、D. M. コッツ著/西山忠範訳『巨大企業と銀行支配』(文眞堂、1982) 63-69頁。

20   2 信託兼営銀行の歴史

する社会の目が非常に厳しくなる中、ペン・セントラル鉄道の破綻時には、商業銀行のインサイダー疑惑が問題化し、下院において調査委員会(1971年)[44]が開かれ、信託部門の行動が取り上げられるに至る。

　ハント委員会報告書等では、信託財産が一定規模を超えた場合、銀行部門による信託部門へのアクセスを制限または子会社として分離することなどが提言されたが、ペン・セントラル鉄道に係る調査委員会では、チェース・マンハッタン銀行のロックフェラー会長から「銀行部門と信託部門の間にはチャイニーズ・ウォール(情報隔壁(筆者注))が敷かれている」との証言がなされ[45]、違反とは認定されなかったこと、および既に当時信託部門を抱える銀行の多くが大手銀行であったことから、立法化ではなく規則(レギュレーション9)を改正するということで決着した。しかしその後、複数部門をあわせ営む金融機関による、インサイダー取引と利益相反とが重なる事件 Slade v. Shearson, Hammill & Co. 判決(1974年)[46]において、「情報隔壁があるから一律に利益相反が免責されるものではない」との判断が示されたため、利益相反への対応とインサイダ

---

42)　Commercial banks and their trust activities: Emerging influence on the American economy; staff report for the Subcommittee on Domestic Finance Committee on Banking and Currency, House of Representatives, 志村嘉一訳『銀行集中と産業支配——パットマン委員会報告』(東洋経済新報社、1970)、商業銀行が信託部門を通じて産業支配を進めていることを問題視した米下院の銀行・通貨委員会が調査を開始し、1966年〜1968年に3回議会報告を実施。信託業務を行う商業銀行への調査結果として、銀行の信託部門への資産蓄積が進んでおり、株式所有と役員交換を通じて主要産業の結合が進み、銀行が大きな影響力を行使できる立場にあることが判明した旨が報告され、信託部門での株式保有制限、議決権行使への制限、役員の兼任規制等の導入等が提言された。

43)　The President's Commission on Financial Structure and Regulation, Commission on Banking, Housing and Urban Affairs, United States Senate, ニクソン大統領が金融システム改革のために設置した通称ハント委員会の報告書。主に規制緩和を推奨する内容、利益相反対策のため、2億ドルを超える信託財産を有する場合の銀行部門への信用情報へのアクセス制限の導入や、銀行持株会社の傘下に商業銀行の信託部門を子会社として集約できるようにすべき等の提言を行っている。

44)　THE PENN CENTRAL FAILURE AND THE ROLE OF FINANCIAL INSTITUTIONS, PART V. STAFF REPORT OF THE COMMITTEE ON BANKING AND CURRENCY, HOUSE OF REPRESENTATIVES, 92d Congress, First Session, チェース・マンハッタン銀行は、ペン・セントラル鉄道の取締役会議長に Director を派遣し、政府支援の協議にも参加する立場でもあったが、同社の経営内容の悪化に関する情報が非公開であった1970年4月から6月19日までの間に約44万株を売却(当該期間で売却された同社株の6割を占める)。その売却のほとんどは同行が運用裁量権を持つ信託業務での口座からのものであり、同行が運用裁量権を持たない信託口座からの売却はほとんどない状況だった。See フィッチ/オッペンハイマー・前掲注40) 100–108頁。

45)　Edward S. Herman & Carl F. Safanda, *The Commercial Bank Trust Department and the "Wall"*, 14 B. C. L. REV. PP. 21–44 (1972) at P. 40, footnote 62.

第 1 章　フィデューシャリー・デューティーから見る米国金融機関の歴史　　21

一取引規制への対応とを両立させなければならない事態となり、レギュレーション 9 の改正は遅れた（証券業務におけるインサイダー規制の強化の経緯については次節を参照）。

　1978 年になると、インサイダー取引規制対応に重点の置かれた利益相反体制整備を内容とするレギュレーション 9 の改正が行われたが、これで分離問題に決着をつけることはできず、1982 年、アメリカ銀行協会は OCC と FRB に対し規制が求める情報隔壁の解釈として、商業銀行機能と信託機能とを全面的に分離することは規制要件を遵守するための必要な範囲を超えるものではないかとの意見照会を行う。これに対し OCC と FRB はともにアメリカ銀行協会の見解を認めるとの回答をした[47]。拡大する年金運用マーケットに強力な橋頭堡を持つ信託部門を商業銀行は手放すことはなかったのである[48]。

　年金基金は、1980 年代以降、加入者の利益に立った運用が一層強く求められるようになり、商業銀行の中で運用が行われる運用から、独立した運用組織であるミューチュアル・ファンドによる運用に比重を移していった[49]。そこで商業銀行は代理勘定を使って信託部門での受託残高の増加は維持しつつ、ビジネス機会の広がる投信業界との提携、系列化へと向かっていく。**図 2** で示すように、信託部門をもつ商業銀行において、代理勘定、特に従業員給付関係以外

---

46)　Slade v. Shearson, Hammill & Co., Inc., 517 F. 2d 398 (1974), S 社は、投資銀行業務で得た T 社が業績不振であるとの情報を情報隔壁の存在を理由に証券販売部門に伝達しなかった。そのため、証券販売部門では買いが推奨され、これにより損害を被った証券販売部門の顧客から情報を開示すべきであったと訴えられた事件。控訴審裁判所は、情報隔壁があるからといって一律に免責されるものではなく、個々の事実関係を確認すべきであるとの考えを示し、訴えを地裁に差し戻した。控訴審において、SEC は法廷意見書を提出し、1968 年の Texas Gulf 判例で示されたルールに懸念を示し、「制限リスト」を作ることで対策が可能とコメントしたが、実務家サイドからは SEC のスタンスは投資銀行のリサーチ部門の存在を無視しており、このような考え方は証券業界に大きな影響を与えるとの反論が示された。

47)　J. L. McEroy, *The Chinese Wall-Clarified, Trust Management Update*, Dec. 1982 No. 62.

48)　『米国信託業視察団訪問記録』（信託協会、1990）の 11 頁では、OCC の担当者から、かつては物理的な形でのウォールが存在していたが、信託業務がフィー・ビジネスとして重要となってくると、非公開情報を伝えない管理態勢を作ることが重要となり、その限りにおいて銀行部門と信託部門の人的交流も許されるとの説明がされている。さらに『北米の信託業務と信託規制──信託海外調査団報告書』（信託協会、1998）の 34-44 頁では、商業銀行機能と信託機能の全面的分離を求めているのではなく、内部情報の利用について適切なコントロール体制構築を求めており、Slade 事件（前掲注 46)で求められた禁止リストに関しても、信託部門のトレーディング業務が非常に大きく拡大しているところから、注意すべきであるとのコメントが記されている。

の代理勘定が 1990 年代に大きく伸びているのは、商業銀行がカストディ業務で収益機会の捕捉を図っていたことの顕われである。一方、**図 3** にある通り、合同運用信託も 90 年代に伸びており、ミューチュアル・ファンドの対抗商品として規制の範囲内（信託顧客の運用として、または子会社の業務のうち証券業務が主たる業務とならない範囲で認められていた）で活用されていた。90 年代は、プルーデント・インベスター・ルールが信託法全体に採用され、市場原理に基づく合理的な運用に大きく舵を切った時期であり、金融業界もその流れに沿った形で業務を展開していた[50]（信託法第 3 次リステイトメントおよびプルーデント・インベスター・ルールの影響については第 7 章を参照）。

図 1　信託業務を営むアメリカ金融機関の資産推移①
（1968 年～1982 年）

---

49)　青山・前掲注 11) 197 頁（ただし、単純に信託部門のシェアを落としたのではなく、基金の自主運用や投資顧問会社の系列化などが進んでいたことを忘れてはならないとする）、投信は、マゼランファンドに代表されるように、インフレに強く老後に向けた長期投資に向いているとして 1980 年代から徐々に個人を中心に利用が広まり、90 年代に入ると急速に年金市場（特に 401k と IRA）におけるシェアを高めていった。See 杉田浩治「米国投信 4 分の 3 世紀の歴史から何を学ぶか」（日本証券経済研究所、2015) 13 頁〔杉田①〕、杉田浩治「米国の確定拠出年金 30 年の推移から日本の DC ビジネスを考える」（日本証券経済研究所、2012）8-9 頁〔杉田②〕。

50)　Max M. Schanzenbach & Robert H. Sitkoff, *The Prudent Investor Rule and Trust Asset Allocation: An Empirical Analysis,* Harvard Law and Economics Discussion Papers No. 668（Mar. 2011).

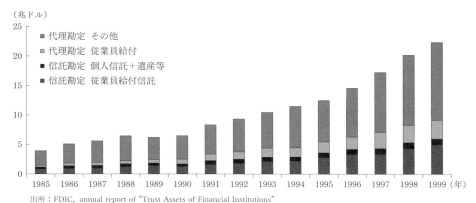

図2 信託業務を営むアメリカ金融機関の資産推移②
（1985年〜1999年）

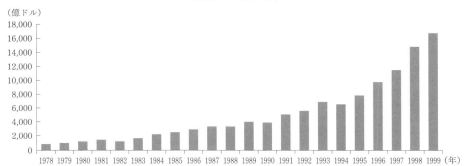

図3 合同運用信託の受託残高推移（1978年〜1999年）

(b) 銀行部門における証券業務への参入

　このように銀行が信託部門を通じて証券業務に進出したのは、1960年代から1970年代にかけてのことであるが、金融機関による複数業務兼営に伴う利益相反問題は、信託業務に限らない。かつて利益相反を理由として分離、禁止された証券業務へも商業銀行は再び参入していった。

　その背景を見てみると、1970年代の米国は、既述のとおりスタグフレーションに悩まされ、変動為替相場制への移行、金利の自由化等さまざまな規制緩和が行われていた。その間、貸出分野における役職員の自己取引等を起因とし

て銀行が破綻する事例が発生し問題となる[51]。さらに 80 年代には、金利の自由化の影響によって預金金利と貸出金利の利鞘が縮小または逆ザヤとなったことを受けて、商業用不動産融資等のリスクの高い融資に依存する金融機関が増加するが、店舗規制等があるために十分なリスク分散ができずに経営危機に陥る金融機関が相次ぐ。ペン・スクェア銀行の破綻など、破綻事例も大量に発生し、地域機関・中小金融機関を中心に全米全体で約 1,600 の銀行および約 1,300 行の S & L が破綻し、銀行経営者と預金者、住宅ローン等の利用者との利益相反が問題となった[52]。

米銀は、金利の自由化[53]により資金調達コストが上昇する中、大企業を中心に取引先企業等の資金調達方式が、貸付形態から社債やコマーシャル・ペーパーの発行などといった証券形態にシフトしたため、これまでのような利鞘収入に多くを望むことができなくなる。また、M & A と国際化によって巨大化、グローバル化する取引先企業のニーズに対応する必要から、大手行は海外展開と証券業務に目を向け、さまざまな形で金融サービスを提供することのできる投資銀行業務[54]が金融仲介の重要な機能として再浮上した[55]。さらに銀行の淘汰、合従連衡によって金融コングロマリット化が本格化すると、一部の学者から、そこでの問題点が指摘されるようになる[56]。

もっとも、大手商業銀行は、グラス・スティーガル法で認められている範囲で証券業務、投資銀行業務へと業務拡大を図っていった。具体的には、地方債

---

51) Roy A. Schotland, *Introduction*, in Abuse on Wall Street: Conflicts of Interest in the Securities Markets (Twentieth Century Fund, 1980) P. 6.
52) 西川/松井・前掲注 11) 333 頁、1980 年代から 90 年代にかけての金融機関の破綻に関しては、青木武「米国における金融危機と地域金融機関のサバイバル」(SCB 総合研究所 New York 通信第 15-5 号、2004)を参照。
53) 定期預金の上限金利は、グラス・スティーガル法により FRB が定めるレギュレーション Q が規制していたが、1970 年代から、規制改革の一環として段階的に緩和され、1983 年 10 月に完全に自由化された。
54) 証券業務のうち、証券引受や財務アドバイスなどの業務をいう。事業法人や機関投資家、政府系機関などの大口顧客を相手に行う業務。
55) 西川/松井・前掲注 11) 361 頁。
56) Martin Lipton & Robert B. Mazur, *The Chinese Wall Solution to the Conflict Problems of Securities Firms*, 50 N. Y. U. L. Rev. 459 (1975); Norman S. Poser, *Chinese Wall or Emperor's New Clothes? Regulating Conflicts of Interest of Securities Firms in the U.S. and the U.K.*, 9 Mich. J. Int'l L. 91 (1988); Larry L. Varn, *The Muti-Service Securities Firm and the Chinese Wall: A New Look in the Light of the Federal securities Code*, 63 Neb. L. Rev. 197 (1984).

の引受・ディーリング、私募債の斡旋業務およびユーロ市場での証券業務などにおいて、これを活発に行うことで活動エリアを拡げて行った。その頃投資銀行も、ユーロ市場の登場に伴い、欧州のユニバーサル・バンク等の外国金融機関との競争にさらされ、ジャンク債市場やスワップ・オプション等のデリバティブ取引、ローン債権等の証券化市場へと新たな収益源を求めてビジネスを拡大していく[57]。そこで、ユーロ市場では引受シンジケート団の一角として、証券化ではローン債権の出し手として、またスワップ・オプション取引等では取引相手として、商業銀行は投資銀行業務への関わりを徐々に大きくして行き、子会社を活用するなどして次第に競争力を強めていった[58]。

その過程で大手商業銀行は、グラス・スティーガル法の再考を促すキャンペーンを展開するようになる[59]。例えば、JPモルガンは、1984年に『グラス・スティーガル法再考』を発表し、同法の目的である①銀行経営の安全性確保、②兼営に伴う利益相反の制限、③経済力の集中阻止、のそれぞれについて、①銀行持株会社の子会社に証券業務を認めれば、収益源が多様化して経営が強化される、②利益相反の弊害は証券法等の諸規制によって十分規制できる、③銀行が証券業に参入すれば、証券市場における競争が促進される、という論陣を張る。

その間も証券業務への漸進的参入は続けられ、銀行持株会社が「非適格証券業務」を行う場合には、その子会社が証券業務を「主としない」と解釈することで、銀行と証券の系列関係が認められるに至る。次に、有力な銀行持株会社が行ったコマーシャル・ペーパーやモーゲージ担保証券などの引受業務の認可申請について、監督当局より、総収入の5%の範囲であれば証券業務を「主としない」との判断を引出し、銀行持株会社が子会社(20条証券子会社)を使って「非適格証券」の引受業務ができるようになる(1987年)。さらに収入制限は、1989年には10%にまで引き上げられ、20条証券子会社の業務の対象となる証券が「社債」と「株式」にまで拡大される。このように、銀行業務と証券業務

---

57) 国際銀行史研究会編『金融の世界現代史』(一色出版、2018)63-72頁。

58) CHARLES R. GEISST, INVESTMENT BANKING IN THE FINANCIAL SYSTEM (Prentice Hall, 1995) at PP. 38-60.

59) J. P. Morgan & Co. Inc., *Rethinking Glass-Steagall*, Dec. 1984; T. F. HLertas, *The Economic Brief Against Glass-Steagall*, Journal of Bank Reseach, Aug. 1984.

26   2 信託兼営銀行の歴史

の分離は、法律改正という形ではなく、運用の緩和という形で進められた。

　ところで、信託業務の兼営にせよ、証券業務への参入にせよ、企業構造としては利益相反を内包しているものの、それがフィデューシャリー・デューティー違反であるとして金融機関の責任を問うた裁判例はあまり見られない[60]。証券会社、投資銀行を対象とした利益相反を問題とする裁判例が数件あるが、銀行を対象として利益相反に伴う義務違反を認定されたケースは、預金取引や貸出取引は原則としてフィデューシャリーの業務ではないとされているためか、非常に少ない（ただし、特殊な事情や関係がある場合には個別にフィデューシャリーと認定される）。Andrew F. Tuch によれば[61]、1989 年の Rodriguez de Quijas v. Shearson/American Express, Inc. 事件判決[62]によって、強制仲裁条項が連邦最高裁によって是認されると、金融業界は、迅速に処理できて判断理由を非公開にすることができるとして、仲裁による紛争解決をこぞって選択するようになり、その結果、2011 年の Board of Trustees of AFTRA Retirement Fund v. JP Morgan Chase Bank 事件[63]まで、情報隔壁の有効性を争う裁判は見られないという[64]。米銀は、その間弁護士や会計士等といった他業態で示された情報

---

60)　フィデューシャリー・デューティー違反を理由として銀行を訴える訴訟自体は多数あるが、大半は、融資業務、預金業務に関するものであり、これらの業務は原則としてフィデューシャリーとして行う業務ではないという考えが判例の立場で、特別な事情のない限り、訴えは退けられている。ここで「あまり見られない」と述べているのは、フィデューシャリーの業務ではない業務領域において、銀行のフィデューシャリー・デューティー違反、利益相反が認定されたケースがあまり見られないという意であることをお断りしておく。なお、2000 年以降の判例をキーワード "financial institution" および "fiduciary duty" で検索したところ、588 件が抽出され、うちフィデューシャリー・デューティー違反とされた事件は 44 件との結果がでた。本調査の分析結果として、上記のほかに、①エリサ法の領域で金融機関を相手取った事例は多くないが、フィデューシャリー・デューティー違反とされる比率が高い、②破綻した金融機関の取締役・役員の責任を問うケースと、助言・運用業務などフィデューシャリーとされている者の責任を問うケースには、フィデューシャリー・デューティー違反と認定される場合が多い、③金融機関の金融商品販売に関するフィデューシャリー・デューティー違反を問う事例は少ない（ただし、FINRA の仲裁事例の統計によると、近年、違反が仲裁事例のトップを占めている）、の 3 点の知見が得られた。

61)　Andrew F. Tuch, *The weakening of fiduciary law*, in RESEARCH HANDBOOK ON FIDUCIARY LAW, D. Gordon Smith & Andrew S. Gold eds. (EEP, 2018) PP. 354-375, 裁判例が少ない原因として①契約による免責が広く利用された、②情報隔壁の法的有効性が部分的ながら容認された、③規制により信認法理が修正された、④連邦最高裁が強制仲裁条項を有効と認めたため、仲裁により紛争が解決されるようになった、⑤立証が難しいため訴訟遂行を断念する、をあげている。

62)　490 U. S. 477 (1989).

63)　806 F. Supp. 2d 662 (S. D. N. Y. 2011).

隔壁、利益相反に関する裁判例[65]を参考にしながら、情報隔壁と利益相反管理体制を強化、高度化していった。

　金融コングロマリットが、契約条項による訴訟リスク低減と利益相反管理体制を強化しながら、段階的に規制緩和を勝ち取り、証券業務への参入を進めていった結果、1999年にグラム・リーチ・ブライリー(GLB)法[66]が制定され、銀行と証券の垣根は実質的に撤廃される。

　GLB法の主なポイントは、①銀行持株会社(BHC)、金融持株会社(FHC)、国法銀行の子会社形態による証券業務への参入、②FHCが子会社を通じて「金融の性格を有する」業務、これに付随する業務、金融業務を補完する業務に従事すること、③FHCは傘下の預金取扱金融機関が直近のCRA[67]検査で「基準達成」以上の格付けを得ていれば「金融の性格を有する」非銀行業務に従事することなどを可能にすること、である。これによって、規制を遵守し、利益相反を適切にコントロールすれば、実質的に証券業務を営むことが可能となった。

　OCCは、これに呼応するように、上記規制緩和に伴う不正事件を未然に防止する観点等から、信託業務に係る規制であるレギュレーション9の包括的な改正(1996年)[68]を行い、検査官向けの『利益相反ハンドブック』を制定(2000年)[69]、信託業務を兼営する銀行の利益相反対応に関し、規制の整備・強

---

64)　Tuch, *supra* note 61, P. 368, 372, 一部の州やエリサ法関連で、金融機関の信認義務違反を認めたものがあるが、特別な事情等があった場合等に限られるようである(州裁判所の事例として、UBS Bank USA v. Ibby LLC, 2009 U. S. Dist. LEXIS 115396 (D. Utah, Dec. 10, 2009); Ponder v. Bank of America, 2011 U. S. Dist. LEXIS 154581 (S. D. Ohio, Mar. 8, 2011); *In re* Merrill Lynch Auction Rate Securities Litigation, 758 F. Supp. 2d 264 (S. D. N. Y. 2010); RBC Capital Mkts., LLC. v. Jervis, 129 A. 3d 816 (Del. 2015)(ただし、RBC事件はフィデューシャリーと認定されたのではなく、フィデューシャリーである会社取締役に対する幇助・教唆の責任が問われたものであることに注意)。エリサ法関連の事例として、F. W. Webb Company v. State Street Bank and Trust Company, 2010 U. S. Dist. LEXIS 82759 (S. D. N. Y. Aug. 12, 2010); Braden v. Wal–Mart Stores, Inc., 588 F. 3d 585 (8th Cir. 2009))。

65)　法律事務所に関しては、McDonald Estate v. Martin［1990］3 SCR 1235、会計事務所に関しては Prince Jefri Bolkiah v. KPMG［1999］1 All E. R. 517 など。

66)　正式名称はFinancial Services Modernization Act of 1999 (金融サービス現代化法)であるが、法案審議を主導したグラム上院銀行委員長、リーチ下院銀行委員長、ブライリー下院商業委員長の名からとられた。グラス・スティーガル法の20条と32条が撤廃され、同法によって規制されていた銀行と証券の垣根が66年ぶりに撤廃されたと言われている。

67)　Community Reinvestment Act (地域再投資法)の略。金融機関は、同法により地域の金融ニーズに貢献することが義務付けられている。

化を図る。これを受け金融コングロマリットは、各自、取引に際し締結する契約等で訴訟リスク、紛争リスクの極小化を図る一方で、各自の業務実態に則した形で利益相反管理態勢の高度化を進め、金融グループの巨大化を図っていった[70]。

(5) 現代(2000 年以降)

21 世紀に入ると、大手銀行をはじめとする金融コングロマリットは、証券業務を含む幅広い金融サービスを提供することができるようになっていた。複数業務をあわせ営むことに伴い潜在的に生ずる利益相反に対しては、さまざまな規制を遵守しながら、各行が自らの利益相反を認識し、適切にコントロールすることによって対処していくという方向性が打ち出された訳であるが、今世紀初頭は、ニューエコノミーと呼ばれるほど、IT 関連を中心とした好景気、株式の上昇相場が続いた。その負の面として、規制緩和の綻びともいえる事件がいくつか発生した。証券業界ではアナリスト・スキャンダル[71]、投信業界ではミューチュアル・ファンド・スキャンダル[72]が起こったが、一般企業でも、エンロン社、ワールドコム社による不正会計事件が社会的問題となる。さまざまな利益相反が問題となったが、銀行業界の最大の問題は、リーマン・ショックの原因となったサブプライム問題であった。

この問題は、信用度の低い低所得者層に安易にローンを組ませて金利上昇時に破綻、損失を被らせるという問題と、係るサブプライム・ローンを証券化し

---

68) OCC, Fiduciary Activities of National Banks; Rules of Practice and Procedure, 61 FR 68543, RIN 1557–AB12 (1996), 主なポイントとして、①投資裁量権という概念を設定し、銀行が投資裁量権を有する場合はフィデューシャリーの資格で業務を行うと定義したこと(9.2(j))、②インサイダー情報の管理と利益相反の管理が、フィデューシャリー業務に求められる規則規定の中で規制に明記されたこと(9.5)、があげられる。

69) Comptroller's Handbook, Conflicts of Interest (Jun. 2000).

70) Tuch, *supra* note 61, PP. 360–361.

71) 投資銀行のアナリストが引受部門、販売部門の意を受けて不正な評価を行っていたという利益相反から生ずる不正事件。SEC は 2003 年、大手証券会社 10 社に対し、約 9 億ドルの利益吐出し・罰金を含む行政処分を行った。https://www.sec.gov/news/press/2003-54.htm(2019 年 6 月 4 日最終検索)。

72) 一部の投資家との間で短期売買や時間外取引等の不正取引が行われていたという事件(2003 年)。SEC は、23 の投資会社を訴追、和解等するとともに、投資会社法が一部改正され、コンプライアンス・オフィサーの設置等コンプライアンス・プログラムの強化が図られた。

て売りさばくだけでなく、組成したリスクの高い証券を金融機関が自己勘定で保有して、その売買により利益の拡大を図る問題という、いずれも利益相反を内包した問題であった。これが大規模に行われ、被害も甚大で世界的恐慌を来したことから、再発防止として打たれた規制もドッド・フランク法とボルカー・ルールの制定(2010年)という大掛かりなものとなった。

　ドッド・フランク法は、主にシステミック・リスクへの対処、金融機関の健全性確保に重点を置いたものであるが、同法619条に基づき制定された「ボルカー・ルール」は、自己勘定取引と利益相反に焦点があてられた。このボルカー・ルールにより、システミック・リスクに影響を与える可能性のある一定規模以上の金融機関は、一定のリスクの高い金融商品を自己勘定で保有、取得・処分または売買することが禁じられるとともに、金融グループ全体で、顧客の利益に反する業務を営むことのないように管理することが求められている。ここでは大手商業銀行がシフトしていった投資銀行業務、中でもトレーディング業務が問題となった。この点に関し、金融機関が自己勘定で証券取引を行った場合の利益相反は、被害が甚大なものになり得るという意見が示され、再び銀行から証券業務を分離すべしとの意見も示されたが、自己勘定による過度なリスク・テイクを制限することにより、利益相反をコントロールさせることで決着した[73]。

　直近では、投資商品販売に関し、関係者にフィデューシャリー・デューティーを課すというDOLのフィデューシャリー・ルール[74]とSECのベスト・インタレスト・ルール[75]が議論の対象となっている。これは、直接は証券業界、投信業界に対する規制と考えられているが、信託部門で従業員年金の管理・運用業務を営んでいる銀行にも、またグループ内に対象金融商品を取り扱う子会

---

73)　ドッド・フランク法で連邦貯蓄組合の監督権限がOCCに移管されたことに伴い、OCCは『利益相反ハンドブック』の拡充を行っている。Comptroller's Handbook, Asset Management; Conflicts of Interest (Jan. 2015).

74)　米DOLは、エリサ法に基づき退職者保護の観点から、2010年に「フィデューシャリー・ルール」を公表。市中協議を経て、2016年に最終規則 US Department of Labor, Employee Benefits Security Administration 29 CFR Parts 2509, 2510, and 2550 RIN 1210–AB32 Definition of the Term "Fiduciary"; Conflict of Interest Rule—Retirement Investment Advice (April 8, 2016)を公表したが、2018年に連邦第5巡回区裁判所から無効の判決がくだされたため、改正案を2019年9月に公表するとしている。

社・関連会社を抱える金融機関にも規制が及ぶ可能性があり、今後の展開によっては、金融商品の製造・販売に関し、フィデューシャリー・デューティーまたは利益相反対応の規制が新たに付加されてくる可能性がある。

3　証券会社の歴史

（1）本節の視座

米国における証券業務の歴史をフィデューシャリー・デューティーおよび利益相反の観点から見た場合、ブローカー・ディーラー（以下「BD」という）の販売規制およびインサイダー取引規制の領域で、重要な議論が展開されている。そこで以下では、この2つの規制領域を中心に証券規制の歴史を概観する。

はじめに、米国法制度の特徴の一つである州法と連邦法の二元制度からくる次の点に注目しておきたい。州法においては、個別に各州が証券業者や証券取引に対して規制を付加することはあるものの、伝統的なフィデューシャリーの法理や不法行為法理、契約法理等によって被害者の救済が図られる場合が多い。これに対し、連邦法の1933年証券法および1934年証券取引所法においては、投資に必要な情報を開示させるという開示規制を敷いたうえで、ルールに違反した者を罰する、特に、包括的詐欺防止規定である SEC 規則 10b-5 を効果的に使って不正や違反行為を罰し、救済を図る、という構造をとっているという点である。すなわち、連邦法では、フィデューシャリー・デューティー等の一般法理を課すのではなく、開示規制、詐欺防止規制等ルールを明確に示したうえで、これを効果的に執行するために、これを補完する限りにおいてフィデューシャリー等の一般法理が適用されているという点である。

その背景には、「BD はフィデューシャリーか」という理論的な問題があったものと思われる。投資家にとってブローカーは、証券取引の代理人となることから、フィデューシャリーとなる（英米法において代理人は原則としてフィデュ

---

75)　SEC は、ドッド・フランク法913条において、リテール顧客保護のためにブローカー・ディーラーと投資顧問業者に適用される規制の調和を図るためのルール作りの権限を付与されたことを受け、2018年、ブローカー・ディーラーに対し、フィデューシャリー・デューティーではないものの、顧客のベスト・インタレストを求める「レギュレーション BI」を作成・公表し、現在市中協議中。2019年9月には最終化したいとしている。

ーシャリーと位置付けられている)といえるが、ディーラーは、投資家にとって証券取引の相手方となることから、原則としてフィデューシャリーとはならない。証券取引の実務において、どこからどこまでがブローカーとしての行為で、どこからがディーラーとしての行為となるかは明確ではなく、ブローカー業務とディーラー業務とを切り離して運営することは実務上困難で、混然一体として行われているという実態がある。またブローカーがフィデューシャリーであるといっても、そこでブローカーに与えられている裁量の幅は、原則として取引の仲介、円滑・迅速な執行といった限定的なものに留まっていたということも考慮する必要があろう。これらの点を念頭におき、米国の証券取引規制の歴史を順にみて行きたい[76]。

(2) 前史(1934年の連邦証券諸法の制定まで)

米国において、証券取引が一定規模以上のビジネスとなったのは、19世紀後半からのことである。その際、本人の代理人として証券売買を仲介するブローカー業務に関しては、代理人は一般にフィデューシャリーであることから、

参考 S&P500指数の推移(1880年〜2010年)

---

[76] 本節の参考文献として以下を参照した。黒沼悦郎『アメリカ証券取引法』(弘文堂、1999)、萬澤陽子『アメリカのインサイダー取引と法』(弘文堂、2011)、Arthur B. Laby, *Fiduciary Obligations of Broker-Dealers and Investment Advisers*, 55 VILL. L. REV. 701 (2010); Norman S. Poser, *supra* note 56.

32　3　証券会社の歴史

ブローカーとして業務を行う場合にはフィデューシャリー・デューティーを負うが[77]、ディーラーとして取引する場合はフィデューシャリー・デューティーを負わないという原則がまず確立する。しかし、証券取引におけるブローカーに与えられている裁量は限定的であり、ブローカーとしての職務においてフィデューシャリー・デューティー違反が問われるケースは実際にはまれであって、現実の紛争事例としては、取引に際して行われる情報提供や推奨行為が個々の取引において信認関係ありとされる特別な事情・関係にあったかどうか、また詐欺等の不法行為法が適用される事情があったかどうかが問題となり、紛争は伝統的なフィデューシャリーの法理、不法行為法等によって個別に解決が図られていた。

　20世紀に入る前後から、さまざまなタイプの証券が発行され、取引量が増えていくにつれ、いくつかの州で証券取引を規制する法律を制定する動きがでる。まず取引量の大きい公共運送業者の株式発行、社債発行を規制するところからはじまり、公益事業会社全体に対象が拡がり、やがて一般事業会社にも及ぶようになっていく。一般事業会社に対する証券取引法制の第一号は、1911年制定のカンザス州法であるといわれている。同法では、すべての証券を登録制とし、州の銀行局長の許可がないと発行できないこととされた。そのうえで証券を発行する登録会社に半年ごとの報告書の提出と会計帳簿の作成を義務づけ、銀行局長の審査に服させた(費用は登録会社が負担)のである。

　このカンザス州法は、当時、証券業者は、放っておくと空まで区画して売り捌きかねないことから「青空商人(blue sky merchant)」と揶揄されていたため、青空商人に対処する法ということから"ブルー・スカイ・ロー"と呼ばれた。州を越えて行われる取引には無力であったが、それでも州による証券規制の動きは広まって行き、1933年までには47の州とハワイで制定された[78]。しかし、証券取引は州を越えて広域で行われることが多く、大恐慌では、このような州法では救済されない例が多数発生した。そこで、広く米国全体に適用される証

---

77)　例えば、Conkey v. Bond, 34 Barb. 276 (N. Y. Gen. Term 1861); Brown v. Runals, 14 Wis. 693 (1861); Wahl v. Tracy, 12 N. W. 660 (Wis. 1909); Rubin v. Salomon, 241 N. Y. S. 495 (N. Y. Mun. Ct. 1930).
78)　黒沼・前掲注76) 2頁。

券規制の必要性が叫ばれ、1933年証券法と1934年証券取引所法が制定されることとなったのである。もっとも、1933年証券法等が制定され、連邦証券規制が整備されたのちも、証券の発行と流通が州内にとどまる限りは各州のブルー・スカイ・ローが適用されることに留意しておく必要がある。

（3）証券法、証券取引所法の制定（1960年代までの証券販売）

　1929年のニューヨーク証券取引所の大暴落に端を発する大恐慌では、その後の調査で、①公開市場で取引される証券の発行者に適切な情報開示を行わせる制度がなく、実態の伴わない証券が多数発行・取引されていたこと、また②過度の信用供与によって支えられた投機的取引や証券業者らによる相場操縦など投資家を誤導させる不正行為がしばしば行われていたこと、③各州のブルー・スカイ・ローは、郵便等を使って州を越えて行われる証券詐欺には権限が及ばず無力であったこと、などといった問題点が指摘されるところとなった。

　これを受けて連邦議会は、証券市場に対する投資者の信頼がこれ以上失われると、投資者は投資を引き上げ、預金等リスクの低い金融商品に投資を振り向けることとなり、ひいては企業の資本市場からの資金調達を困難あるいはコストの高いものにするおそれがあり、大恐慌からの経済回復を遅らせる要因になると考え、1933年証券法、1934年証券取引所法を制定した。

　そこでは、規制対象となる登録すべき証券を幅広く定義したうえで、投資者が十分な情報に基づき適切な判断が行えるよう証券の開示内容が明らかにされるとともに、詐欺的行為について当局（SEC）に広範な規制権限を与え、登録された証券が公正に取引されるようにするための取引ルールが確立された。この頃SECは、いわゆる看板理論を採用し、BDがBDという看板を掲げて営業する以上、顧客を公正に扱い、顧客に対する表示や勧誘には十分な根拠があることを暗黙に表示しているとみなして、不公正行為や不当勧誘をその表示違反と捉えることにより、規則の適用範囲を幅広くしようとしたと言われている。SECは、1934年証券取引所法で付与された権限に基づき、証券詐欺に関する包括的規制である規則10b-5を1942年に制定したが、証券販売に関しては、この看板理論を主な根拠として規制・監督を行った。Charles Hughes事件判決（1943年）[79]は、看板理論に基づくSECの法の執行を最初に認めた判決と言

われている。

　もっとも、フィデューシャリー・デューティーが全く適用されなかった訳ではなく、Hughes v. SEC 事件判決（1949 年）[80]では、BD と投資アドバイザーの両方に登録している業者について、顧客に黙示の trust and confidence があったとして業者をフィデューシャリーであると認定している。しかし、他にブローカーの最良執行義務の違反を処分する例[81]があること、Hanly 事件判決[82]のように、証券会社の従業員が顧客に非上場株を勧誘する際、発行者を信頼せず独自に調査を行い、勧誘について十分な根拠を有さなければならないと判示した例もあることなど、業者と顧客の間に信認関係がない場合であっても、投資家保護の観点から規則 10b–5 を適用して広く証券詐欺を取り締まっており、不正防止、証券市場の信頼確保にベースが置かれているといえよう。

（4） インサイダー取引に関する規制強化（1960 年代まで）

　インサイダー取引を巡る法規制は、1960 年代から本格化するが、既に 19 世紀から、相対取引においては、会社の内部情報を使った取引に係る裁判例がある[83]。リーディング・ケースとして採り上げられている判例[84]を見ると、情報を開示しないと極めて不公正さが伴うという場合に、詐欺または信認関係から生じる開示義務違反があったとして責任が問われるとされている。さらに、裁判所は詐欺よりフィデューシャリー・デューティー違反に基づき責任を論じる

---

79)　Charles Hughes & Co. v. SEC, 139 F. 2d 434 (2d Cir. 1943)，マークアップ（利鞘）を開示せずに、金融知識のない個人顧客に対し市場価格よりも相当の高値（16.1％〜40.9％）で有価証券取引を行っていた BD に対し、SEC が証券詐欺に基づき登録の取消しを求めた裁判。判決では、「例え BD が単に顧客の注文を執行するだけとしても、自らの専門性と助言を提供したことを踏まえれば、顧客の無知に付け込んではならないという特別な義務がある」とした。

80)　Arleem W. Hughes v. SEC, 174 F. 2d 969 (D. C. Cir. 1949)，BD と投資アドバイザーの両方を登録している業者（個人）が、売買証券の市場価格と取引コストの開示をしていなかったことにつき SEC は、顧客が投資アドバイザーとしての黙示の trust and confidence を寄せていたとして、代理人として行動すべき義務があったとしたうえで FD 違反を認定、証券業の登録取消しを行った。この処分を不当として業者が争った訴訟。

81)　In the Matter of Harry Marks, 25 S. E. C. 208 (1947)，SEC は、Harry Marks らが代理人としての基本的な義務を怠り、取引所に注文を出さず、顧客のために可能な限り最良の価格を入手しなかったことが規則 10b–5 に違反するとした。

82)　Hanly v. SEC, 415 F. 2d 589 (2d Cir. 1969).

83)　萬澤・前掲注 76) 110–146 頁。

傾向があったといわれている[85]。

　その後、証券取引所を通じたインサイダー取引事件も発生するようになるが、初期の段階で、インサイダー情報を持った取締役が市場を通じて株式を購入する場合、取引の相手方である個々の株主はフィデューシャリー・デューティーや開示義務を負うものではないとする判断が裁判所より示され[86]、かかる前提の下で1933年証券法、1934年証券取引所法が制定された。

　そこで1934年証券取引所法のインサイダー取引に関する規制枠組みは以下のようなものとなった。すなわち、16条において、証券の発行者に継続開示義務を課すことによって完全な開示を求める一方で、10%超の実質的所有者、当該証券発行者の取締役、役員には証券取引の報告義務を課し、短期売買を行った場合にその差益を発行者に返還させることとした。そして、実際にインサイダー取引を行った者に対しては、証券取引所法10条(b)項に基づきSECが制定した詐欺禁止の一般条項たる規則10b-5による責任追及や処分等を行うこととしたのである。もっとも、規則10b-5は、①詐欺を行うための策略、計略、技巧を用いること、②重要な事実について不実開示をすること、③詐欺もしくは欺瞞またはそのおそれのある行為、慣行、業務を行うこと、全体を禁止しており、会社による不実開示のほか、インサイダー取引、不当勧誘、不正な公開買付などさまざまな局面で適用される包括的な規定である。換言すると、インサイダー取引を直接禁止するというアプローチをとらず、前述のとおり、投資判断に必要な重要な情報を開示させることを第一に置き、その中でインサイダー情報を利用した不正な取引等が行われた場合に詐欺防止規定に違反したとして、責任を追及するという間接的アプローチをとったのである。

---

84)　萬澤・前掲注76) 111-113頁、Laidlaw v. Organ, 15 U. S. 178（1817）と Stewart v. Wyoming Cattle Ranche Co., 128 U. S. 383（1888）。前者は、戦争でたばこが値上がりすると予想される中、当該情報を黙したまま売買をしたことに対し、「商品の価格に影響を与えるかもしれない外的な状況に関する情報を買主だけが知っている場合、売主に対して伝えるべきであったか、ということである。我々は……それを伝える義務を負わなかったと判断する。……しかし、……相手方を欺くような何かを言ったり行ったりしないように注意しなければならない」とされた。また後者では、「単なる沈黙と隠避とは大きく異なる。……真実を隠すことは虚偽の暗示に等しいといえよう。……［詐欺の］訴えの要は、もう一方の当事者の心に実際と異なる印象を詐欺的に与えることである」との見解が示されている。

85)　萬澤・前掲注76) 120頁。

86)　Goodwin v. Agassiz, 186 N. E. 659（1933）.

連邦法のインサイダー規制は、この規則 10b–5 の運用の中で法理論を発展させていったが、その過程で、フィデューシャリーの法理は重要な役割を果たす。すなわち、会社に対しフィデューシャリー・デューティーを負う者がその有している情報を開示せずに自社の証券の取引を行うことが詐欺に該当すると解釈されたのである。このような考え方がとられた理由は、それ以前の判例法理の中に、単なる不開示、沈黙で責任をとらされることはなく、何らかの義務を負っているにもかかわらず、開示等をしなかったことが必要であるとしたものがあったためである[87]。

しかし、証券市場の番人にして保護者の役割も担う SEC は、1960 年代に入ると、証券市場の信頼を確保するため、会社関係者以外の者にもインサイダー取引規制の適用対象を拡大していった。その嚆矢となったのが Cady, Roberts 事件審決(1961 年)[88]である。この審決で、内部情報へのアクセスやアクセスした情報が開示されない段階で取引を行うことは不公正であるとして詐欺性を認める方向が示された。このような SEC の考え方を裁判所が認めたとされる判決が Texas Gulf Sulphur 事件判決(1968 年)[89]である。この判決は、重要な内部情報を有する者が証券取引をする場合は、「情報を開示するか、さもなくば取引を断念しなければならない(disclose or abstain)」という原則が示されたと言われているが、同時に「平等アクセス・ルール」が採用されたと言われている。これは、重要な非公開情報にアクセスしうるすべての者に対象を拡げる方向に一歩踏み出したことを意味したが、そうなると、自己の努力によって得た情報や偶然得た情報に基づいて取引する場合もインサイダー取引として処罰されることに繋がることから、これでは、かえって投資者が市場に寄り付かなくなる、

---

87) 萬澤・前掲注 76) 153 頁。

88) *In re* Cady, Roberts & Co., 40 S. E. C. 907, 916 (1961). ブローカーのパートナーが同僚から、同僚が取締役を務める会社の配当金削減の情報を得て、当該情報が公表される前に同社株式を売却したというもの。SEC は、①会社のために利用すべき内部情報へアクセスできる関係が存在していたことと、②会社内部者または情報受領者が情報を開示せずに取引することの不公正性を指摘。公開市場でのインサイダー取引に、はじめて規則 10b–5 を適用、懲戒処分を行った。

89) SEC v. Texas Gulf Sulphur Co., 401 F. 2d 833 (2d Cir. 1968). T 鉱山会社は、有望な鉱床を発見したが、周辺の土地を購入し、さらに試掘を進めるために、その事実を隠していた。次第に噂が広がったため、噂を否定する記者発表まで行っていたが、5 カ月後にようやく事実を公表した。その間、会社の役員や従業員が自社株式を購入していた。

市場の効率性が保てなくなるおそれがあるとして、80年代、90年代になると、法理論の修正が求められることとなっていく。したがって1960年代、70年代はフィデューシャリーの法理に基づくインサイダー取引規制に関し、適用対象の拡大という観点から修正が施された時期と見ることができる。

なお、この時期のインサイダー取引を巡る動きで注目すべきは、「平等アクセス・ルール」に基づきインサイダー取引の違反認定をした際、SECは、和解の条件として、より強固な情報隔壁構築を求める審決[90]を出したことである。この時期は株式相場の上昇が続き、人々の株式市場への関心が高まる中でさまざまなパターンのインサイダー取引が発覚、SECと裁判所は、厳しい姿勢で臨みつつ事業者に情報隔壁の構築を求めたのである。

(5) 自由化・規制緩和のはじまり(1970年代)

1970年代に入ると、米国はスタグフレーションの時期に入った。政府は、景気テコ入れのため、さまざまな分野で規制緩和を検討・実施したが、証券業界に関して言えば、1974年から75年にかけてウォール街を震撼させる出来事が相次いだ。まず1974年には、機関投資家の最右翼に位置する年金基金に対し、フィデューシャリー・デューティーとプルーデント・マン・ルールを中核とするエリサ法が制定され、機関投資家の投資行動に大きな影響を及ぼすこととなる。また1975年5月1日の「メーデー」には証券取引の固定手数料が自由化され、6月4日には証券改革法が成立し、固定手数料制の廃止、取引所および決済制度の整備、自主規制機関による監視、機関投資家の情報開示などといった証券取引における大きな規制改革が行われた[91]。これを契機として、ディスカウント・ブローカーが登場して機関投資家に対する手数料競争が熾烈となり、助言やソフトダラー等さまざまなサービスが取引獲得のために提供され

---

90) *In re* Merrill Lynch, Pierce, Fenner & Smith, Inc., 43 S. E. C. 933 (1968). ダグラス社の債券発行を引き受けたメリルリンチが、同社から業績見通し引き下げの非公開情報を取得したが、リテールの顧客にはその情報を伝えずに債券を販売する一方で、一部の機関投資家にはその情報を伝えて株の売却(空売り)を行わせたという事件。SECは和解条件としてより強固な情報隔壁の構築を要求した。

91) Securities Acts Amendments of 1975, Report of the Comm. on Banking, Housing and Urban Affairs, S. Rep. No. 75, 94th Cong., 1st Sess. 71 (1975).

38　3　証券会社の歴史

るようになった。特に、メリルリンチが 1977 年に発売した CMA[92]は爆発的にヒットし、銀行から大量の資金シフトが発生したため、銀行が対抗商品を検討するという状況となったが、証券の販売規制に関しては、これまでの看板理論に基づく規制が原則的に行われていた。

　一方、インサイダー取引に関しては、緩和ではなく精緻化が進み、Slade v. Shearson, Hammill & Co. 事件判決(1974 年)[93]がコングロマリットの実務に大きな影響を与えた。この事件では、情報隔壁によって社内の他部門にインサイダー情報が伝わらず、個人投資家に損害を与えたことについて、インサイダー取引規制への対応策である情報隔壁は利益相反の免責材料にはならないとされたため、投資銀行に限らず、複数業務をあわせて営む金融機関は、部門間の情報遮断に加え、「制限リスト」「禁止リスト」等に基づく利益相反対策を付加した、より強化された情報隔壁を構築しなければならなくなった[94]。この事件は、インサイダー取引に関する判例法理という観点からはエポックメイキングとまでは言えないものの、金融機関の利益相反対応を考えるという観点からは重要な意味を持つものとなった[95]。

(6) 本格化する規制緩和(1980 年代から 1990 年代)

　証券販売に関して 1980 年代になると、ブローカーの推奨行為についてフィデューシャリー・デューティー違反を争う事件がいくつか起きたが[96]、裁判所は、ブローカーは代理人であり、フィデューシャリーであるとするものの、その裁量の範囲は限定されており、推奨行為を伴う証券売買においてフィデューシャリー・デューティーは発生していないとするこれまでの判例の立場を変えなかった[97]。ただし、機関投資家を中心に取引獲得のためのブローカー間のサービス競争は引き続き行われていたから、SEC は、ソフトダラーや最良執

---

92)　前掲注 3)、Cash Management Account の略。
93)　Slade v. Shearson, Hammill & Co., Inc., 517 F. 2d 398 (1974). 前掲注 46)参照。
94)　Poser, *supra* note 56, P. 109.
95)　Marc I. Steinberg & John Fletcher, *Compliance Programs for Insider Trading*, 47 SMU L. Rev. 1783 (1994).
96)　Caravan Mobile Home Sales Inc. v. Lehman Brothers Kuhn Loeb Inc., 769 F. 2d 561 (1985); Duffy v. Cavalier, 215 Cal. App. 3d 1517, 1536 n. 10 (Ct. App. 1989).
97)　Laby, *supra* note 76, PP. 719–733.

行に関する指針を公表し、市場の信頼を得るためのルールの整備を図った[98]。

　ところが、90年代に入ると、推奨行為と投資助言の境界線は益々あやしくなっていく。SEC は、実務に即した規制が効果的であるとの認識から、メリルリンチの社長タリーを座長とする委員会にリテール証券分野における手数料慣行が与える影響の調査を求めた。その結果、公表されたのがタリー報告[99]と呼ばれるものである。そこでは、①ブローカーの専有商品と非専有商品との間で支払う手数料に差をつけない、②取引ベースではなく口座残高ベースの手数料体系とする、③セールスコンテストを廃止または控え、幅広い商品を対象とする、などといったベスト・プラクティスが示され、「売買コミッションから、残高フィーへ」とビジネス・モデルの転換が打ち出された。

　一方、インサイダー取引規制に関しては、SEC によって 1980 年代に情報隔壁に関するルール整備が行われた。規則 14e–3 において情報隔壁の合法性を認め[100]、効果的な情報隔壁を構築した場合には罰則が軽減ないし免責されるルール改正を行って、情報隔壁の構築を促した後[101]、1988 年の法改正で全ての証券ブローカーと投資顧問に対し、情報隔壁の構築を義務付けるに至った[102]。さらに、インサイダー取引規制の適用範囲を巡る法理論においても、議論が展開された。公開買付に関する書類印刷業者の従業員が行った取引に関し、平等アクセス・ルールを退け、フィデューシャリーの法理に基づき違反ではないと判示するケースがあらわれたが[103]、同判決における反対意見で示された不正

---

98)　SEC, Interpretive Release Concerning Scope of Section 28(e) of the Securities Exchang Act of 1934 Release No. 34–23170 (1986).

99)　REPORT OF THE COMMITTEE ON COMPENSATION PRACTICES (1995).

100)　SEC, Tender Offer Fraud Rule, Securities Act Release No. 6239, Exchange Act Release No. 17120 (Sept. 4, 1980)、17 C. F. R. §240. 14e–3 (1987).

101)　H. R. Rep. No. 355, 98th Cong., 1st Sess. 11 (1983)；Insider Trading Sanction Act of 1984.

102)　Insider Trading and Securities Fraud Enforcement Act of 1988 で、1934 年証券取引所法の 15 条(g)が改正され、すべての BD に情報隔壁を含むインサイダー情報の不正利用が行われないための体制構築が義務付けられた。

103)　Chiarella v. United States, 445 U. S. 222 (1980). 印刷会社の従業員が、公開買付に関する書類を印刷した際、対象会社を割り出して、公開買付が公表される前に対象会社の株式を購入した事件。公開買付が予定されているという情報は、対象会社の株価に影響を与える重要な情報であるが、社外の買付者が発する情報であった。最高裁は、被告は対象会社との間に信認関係がないため FD 違反を犯したわけではないとした。この判決の中で、バーガー裁判官は、ある者が情報源に対して負う義務に違反して、証券取引の目的でその機密情報を不正に流用したとき、証券取引に関する詐欺を行ったと見ることができるという不正流用理論に基づく反対意見を述べている。

40　3　証券会社の歴史

流用理論がその後の連邦最高裁判決[104]で採用され、今日に至っている。フィデューシャリーの法理は、信認関係の存在が必要となるものの外縁が定まっておらず、今も広がり続けているといわれているが、インサイダー取引においては、さまざまな関係者が介在するため、不正行為の対象者限定のための理論枠組みとすることは難しかったということになる。

　この時代は、米国企業が多国籍化する一方で、海外金融機関による米国市場進出が本格化し、提供する商品も多様化する時代であった。金融機関の競争力確保のための規制緩和が図られ、銀行業務と証券業務を分離するというグラス・スティーガル法で1934年以来長くとられた利益相反問題に顕著な動きが見られることとなった。既述のとおりグラム・リーチ・ブライリー法[105]が1999年に施行されて、持株会社方式による銀行と保険、証券の兼営が認められ、潜在的に存在する利益相反を事業者にコントロールさせることで決着した。

(7)　利益相反問題の顕在化（2000年以降）

　1994年から2000年までの間、米国経済は、実質GDPが増加し、インフレも適度に抑えられ、ニューエコノミー、ドットコム景気と呼ばれるほど好景気に沸き、ハイテク、インターネット関連企業の新規公開が相次ぎ、投信ブームが起こったが、2000年に入ると不況となり、IT企業の花形といわれたエンロン社が2001年12月に破綻（負債総額350億ドル）、さらにワールドコム社も2002年7月に破綻（負債総額450億ドル）するといった事態となった。この事件を契機に企業およびその関係者の間に存在する利益相反が原因ではないかということが強く意識されることとなり、政府は、サーベンス・オクスリー法を制定した[106]。すなわち、①独立取締役の数および関与の強化・明確化、②企業

---

104)　United States v. O'Hagan, 117 S. Ct. 2199 (1997). 企業買収に絡むインサイダー取引事件で、公開買付者の代理人となった法律事務所のパートナーは、当該代理業務には携わっていなかったが、当該株式および株式オプションを大量に購入し、利益をあげた。公開買付者の代理人およびその従業員は、対象会社に対して信認義務を負わないからFD違反ではとらえることができないが、代理人が本人に対し忠実を装いながら本人の情報を個人目的のために内密に利用することは本人を欺くことであり、情報を不正に流用した詐欺行為となるとした。

105)　法案提案者3名の名前からの通称で、正式名称はFinancial Services Modernization Act of 1999、前掲注66)参照。

106)　Sarbanes-Oxley Act of 2002 [P. L. 107-204, 116 STAT. 745].

幹部の利益相反対策として大口保有自社株の開示、③会計監査人と企業との利益相反を防ぐために被監査企業に対する助言サービス提供の禁止、④BD とアナリストの利益相反対策としてはアナリストの独立性確保と情報の分断を図るなど、内部統制の強化を企業に求めた。また SEC は、投資会社の利益相反防止対策の一環として、議決権行使結果の開示をルール化[107]する一方、投資銀行が抱えるセルサイドのアナリストと引受、販売部門との利益相反から生ずる不正事件がバブルの一因となったとして問題(アナリスト・スキャンダル)となり、大手証券会社 10 社に対し、利益吐出し・罰金を含む行政処分を行い[108]、投資顧問に対する議決権行使助言会社の監督強化[109]など利益相反対策の深度をさらに深める動きを見せた。

かかる状況下、BD は、推奨行為による証券取引の維持拡大により一層傾注していき、BD の営業が個別商品販売営業型から資産管理営業型にシフトしていく。これに伴い SEC は、BD と投資顧問の業態問題に着手する。すなわち、推奨行為と助言行為の類似性から、BD に投資顧問登録の免除をする場合のルール整備が必要となったのである。ところが 2005 年に SEC が BD に対する投資顧問登録免除ルール[110]を公表すると、同じように残高ベースでフィーを徴収するファイナンシャル・プランニング協会から業務範囲を侵すものであるとして異論が示され、訴訟が提起される[111]。また SEC がランド研究所に BD と投資顧問の業務の接近状況に関する調査を委託したところ、「多くの投資家は BD と投資顧問との区別がついていない」との結果が報告[112]されたこともあり、残高フィー問題は「BD はフィデューシャリーか」の議論へと発展していく。

---

107) SEC, Disclosure of Proxy Voting Policies and Proxy Voting Records by Registered Management Investment Companies, 17 CFR Parts 239, 249, 270, and 274 (2003).

108) SEC, IMMEDIATE RELEASE 2003-54, Ten of Nation's Top Investment Firms Settle Enforcement Actions Involving Conflicts of Interest Between Research and Investment Banking (April 28, 2003).

109) SEC, ComplianceAlert (July 2008).

110) SEC, Certain Broker–Dealers Deemed Not to Be Investment Advisers, Exchange Act Release No. 51, 523, Advisers Act Release No. 2376, 70 Fed. Reg. 20, 424, 20, 433 (2005).

111) *IN RE* MERRILL LYNCH INVESTMENT MANAGEMENT FUNDS SECURITIES LITIGATION 434 F. Supp. 2d 233, 237 (S. D. N. Y. 2006).

112) Rand Corporation's Report, *Investor and Industry Perspectives on Investment Advisers and Broker-Dealers* (2003).

42   3   証券会社の歴史

　そしてリーマン・ショックとも呼ばれる大恐慌が発生したため、財務省は、2009年、金融の健全性を取り戻すための抜本的規制の見直しを行った。そこではいくつかの提言が示されているが、証券販売に関しては、「SECには、投資助言を提供するBDに対しフィデューシャリー・デューティーを設定し、投資顧問とBDとの規制の調和を図ることによって、投資家のための公正性を増加させる新しいツールが与えられるべき」ことが提言された[113]。そこで翌2010年に、ドッド・フランク法が制定され、同法913条において、SECがリテール顧客の保護のためにBDと投資顧問に適用される規制の有効性を評価する調査を行うとともに、統一FD基準の策定が求められた[114]。2011年にSECから調査報告が公表され、その中で、BDの営業活動が質的な変化を遂げ、彼らの行う推奨行為はもはや投資顧問が行う助言行為と何ら変わらない状況となってきており、リテール顧客に証券に関する投資助言を提供する際に、投資顧問とBDに適用される統一フィデューシャリー基準を設定すべきとされた。証券販売を規制する法理論に大きな変化が生じたのではなく、担い手であるBDの営業行為が質的に変化し、これまでフィデューシャリーの法理により規律されてきた領域に入ってきたのである[115]。

　このような状況下、米労働省(DOL)は、8,000万人といわれるベビーブーマー世代[116]の労働者が退職の時期を迎え、これまでの確定給付年金からIRA(個人退職勘定)への大量のロールオーバーが予想される[117]として、退職者保護の観点から、退職金の投資に助言を行う者に対し広くフィデューシャリー・デューティーを負わせるという対象範囲を拡大する取り組みを打ち出す。具体的には、2010年にエリサ法に基づく規則改正案として「フィデューシャリー・ルール」を公表、市中協議[118]に付した後、一旦取り下げ、2015年に改めて「フ

---

113)　US Department of Treasury, *Financial Regulatory Reform; A New Foundation; Rebuilding Financial Supervision and Regulation* 71 (2009), III-c-2, at P. 71.

114)　Dodd-Frank Wall Street Reform and Consumer Protection Act (Pub. L. 111-203, H. R. 4173).

115)　Laby, *supra* note 76, PP. 733-741.

116)　米国で第二次世界大戦後、復員兵の帰還に伴って出生率が上昇した時期に生まれた世代を指す言葉。1946年から1964年頃までに生まれた世代を指すことが多い。

117)　小松原章「米国退職貯蓄市場の動向と最近の主なトピック」NLI Research Institute REPORT (March 2014)18頁。

ィデューシャリー・ルール」修正案を市中協議に付し、2016 年に最終規則を公表したのである[119]。しかし、同規則は、証券業界を中心に実務からの抵抗が激しく、2017 年に適用開始時期が延期されるなどを経て、2018 年、連邦第 5 巡回区裁判所から、同規則は DOL の権限を越えるものであるとして無効の判決が言い渡されるに至った[120]。現在のところ、DOL は 2019 年 9 月までに改正案を提出する方針が示されている。

これに対し SEC は、BD にフィデューシャリー・デューティーを課すのではなく、顧客にベスト・インタレストをもたらすことを BD に求める「レギュレーション BI」の市中協議を 2018 年 4 月に公表する[121]。DOL の「フィデューシャリー・ルール」よりは若干緩やかな規制である(第 6 章を参照)と言われているが、この規制案に対しても実務からは抵抗が示され、SEC は DOL の改正案との平仄をとりつつ 2019 年 9 月までに最終案を公表するとしている[122]。

このように、BD にフィデューシャリー・デューティーまたはそれに準ずる義務を課すという投資商品の販売・勧誘の領域における動きは、これまでにない高まりを見せている。また DOL、SEC といった連邦レベルの法規制が制定されないことを受けて、州レベルで同趣旨の規制を制定する動きもみられる。したがって、BD の推奨行為に対する規制が強化される方向にあることは否めないが、この領域で理論的整理を含めた決着、一定の到達点に達するには、まだ紆余曲折が予想される。

---

118) US Department of Labor, Definition of the Term "Fiduciary", Proposed Rule (2010), https://www.dol.gov/agencies/ebsa/laws-and-regulations/rules-and-regulations/public-comments/1210-AB32(2019 年 6 月 4 日 最終検索).

119) *Supra* note 74, US Department of Labor, Employee Benefits Security Administration 29 CFR Parts 2509, 2510, and 2550 RIN 1210-AB32 Definition of the Term "Fiduciary"; Conflict of Interest Rule—Retirement Investment Advice (April 8, 2016).

120) Chamber of Commerce of the USA v. United States Department of Labor, No. 17-10238 (5th Cir. 2018).

121) SEC, 17 CFR Part 240 Release No. 34-83062, Proposed Rule: Regulation Best Interest (2018), https://www.sec.gov/rules/proposed/2018/34-83062.pdf(2019 年 6 月 4 日 最終検索).

122) 2019 年 6 月 4 日現在、SEC は 2019 年 6 月 5 日にも改正案を採択する可能性があるといわれている。https://www.sec.gov/news/openmeetings/2019/agenda060519.htm

4 投資会社・投資顧問会社の歴史

(1) 前史(1940 年投資会社法が制定されるまで)

米国において投資信託は、1920 年代半ばから成長、発展が本格化する。それ以前にも何本かのファンドが設定されることはあったが、本格化するのは第一世界大戦後のことである。背景として、①第一次世界大戦で戦勝国の一つとなったが、ヨーロッパ諸国の多くは戦争の打撃を被ったのに比べ、米国は直接の戦場とならなかったことから、戦後の復興で中心的役割を果たすこととなり、「狂騒の 20 年代」と呼ばれるほどの好景気を享受したこと、②戦時中に大量に発行された自由公債が満期を迎え、投資家が新たな投資先を探すようになったこと、などという状況にあったことが大きいと言われている。この時期には、さまざまなタイプの投資信託が創設され、大恐慌となる 1929 年時点では、181本、27 億ドルの投資信託が運用されていた[123]。

しかしながらこの頃の投資信託[124]は、ファンドの運用が会社形態で行われる場合は会社法が、信託形態で行われる場合は信託法がそれぞれ適用され、その規律が及ぶだけであって、集団投資スキームに対する投資家保護のための立法や規制はまだ制定されていなかった。レバレッジに対する規制や発行される証券の種類に関しても特段の制限等はなかったから、多くの投資ファンドがハイレバレッジで複数種類の投資証券を発行し、リスクを高めていた。

---

123) MATTHEW P. FINK, THE RISE OF MUTUAL FUNDS, 2nd ed. (OUP, 2011) PP. 14-15. 米国投資会社協会(ICI)の元会長 M. P. Fink が著した同書は、業界側からみたミューチュアル・ファンドの歴史が書かれている。本章の考察は同書および Amy B. R. Lancellotta, Paulita A. Pike & Paul Schott Stevens, *Fund Governance; A Successful, Evolving Model*, 10 VA. L. & BUS. REV. 455, 485 (2016)を投信業界の歴史を追う際に参考としている。他に投信業界の歴史を考察した参考資料として、杉田①・前掲注 49)、清水真人「米国投資会社法における独立取締役制度の歴史的展開(1)(2)」企業と法創造 9 巻 1 号(2012)323-347 頁、および 9 巻 2 号(2013)179-200 頁、を参照。
124) 米国において投資信託は、資金を運用する器(ヴィークル)である投資会社が会社形態または信託形態(ビジネス・トラストまたは制定法信託)で運用され、その資金運用を投資顧問業者等に委託するのが一般的。投資会社の取締役が投資信託を運営するが、投資顧問業者の選任や報酬等は当該取締役が決定するため、投資顧問業者から独立した取締役が投資家の利益を図ることを第一に行動するよう、求められている(信託形態の場合においても、独立受託者を置くことが求められる)。

（2）1940 年投資会社法の制定

　1929 年 10 月にニューヨーク証券取引所の株価崩落に端を発する株式相場の大暴落が発生すると、その下落幅以上に損失を被る投資家が多く出た[125]。そこで議会は、大恐慌後、ルーズベルト大統領が設置した SEC に、1935 年公益事業持株会社法に基づき投信業界[126]の調査を行うよう指示、数年にわたる全国的な徹底調査が行われた。調査報告書[127]は 4,000 頁に及ぶ膨大なものであったが、そこでは、①ファンド組成者が自らの個人的事業活動のために資金を使っていた、②発行会社の関連会社が引き受けた売れない証券の受け皿として投資信託が使われた、③権利者の承認を経ずに勝手に投資方針が書き換えられていた、④法外な販売手数料が受け取られていた、などファンドの組成・販売や運用に携わる者が投資家の利益に反する行為を多数行っていたことが報告されている。

　この結果を受けて起草されたのが投資会社法案である。同法案では、投資信託の受け皿としての投資会社と投資信託を組成、販売、運用する関係者との間に存在する利益相反に焦点があたり、投資会社の取締役会の独立性をどう確保するかが議論された。当初案では、投資顧問（Investment Adviser）や引受会社から独立した取締役がファンド取締役会の過半数を占めるべきであるとされたが、運用業界から、的確な投資判断を迅速に行うことが難しくなり、実務がうまく回らない、との抵抗が強く示されたため、独立取締役を 40％ 以上とすることで決着、大暴落から 10 年以上経た 1940 年にようやく投資会社法が制定された。しかし、ファンドの運用を左右する投資顧問をフィデューシャリーとする条文はなく、投資会社の資産を故意に流用したり盗用するといった、重大な不正行為（misconduct）または重大な信頼の濫用（abuse of trust）を犯罪行為と定義（36 条）

---

125)　Fink, *supra* note 123, P. 17 によると、1929 年から 1932 年にかけてダウ平均株価が約 10 分の 1 に下落したのに対して、投資信託の中には 40 分の 1 にまで下落したものがあったという。

126)　米国の投資信託は、ミューチュアル・ファンドに象徴されるように信託形態のものあれば、会社形態のものもある。本章では、特に区別する必要のない限り、投資会社法に規定する corporation に該当するファンドをひろく投信と記すこととし、運用の器としてのファンドと投信の運用に携わる Investment Adviser（投資顧問）、投信の販売に携わる金融機関を含めた業界全体を投信業界と記すこととする。

127)　SEC, REPORT ON INVESTMENT TRUSTS AND INVESTMENT COMPANIES: FIXED AND SEMIFIXED INVESTMENT TRUSTS, H. R. Doc. No. 76-279（1940）.

46

参考　投資信託の件数および残高の推移

(年)	1940	1945	1950	1955	1960	1965	1970	1975
ファンド残高	0.45	1.28	2.53	7.84	17.03	35.22	47.62	45.87
ファンド数	68	73	98	125	161	170	361	426

(年)	1980	1985	1990	1995	2000	2005	2010	2015
ファンド残高	134.76	495.39	1,069.19	2,811.29	6,964.31	8,891.01	11,833.09	15,652.06
ファンド数	564	1,528	3,079	5,725	8,154	7,976	7,555	8,115

出所：(米)投資会社協会、単位：10億ドル(残高)、本(ファンド数)

し、それを行った投資顧問やファンド取締役等に対して訴訟提起する権限を
SEC に与える(35条)にとどまっていた。

　もっとも同法は、ファンドのレバレッジを厳しく規制したオープン・エンド
型で単一の投資証券を発行するミューチュアル・ファンド[128]を基本タイプと
位置付け、あげた利益をすべて配当する(ペイ・スルー)ことを基本とした。ま
たファンドのガバナンスに関しては、独立取締役の人数が 40% 超に留まった
ことを除けば、報告書で指摘された事項への対策が概ね盛り込まれており、情
報開示をコアとして、独立取締役にファンドの監視やさまざまな利益相反のコ
ントロールを担わせる[129]という基本的枠組みを採用している。

　このように投資家保護を意識した新しい投資信託は、パス・スルー型のみに
与えられていた税の優遇措置が利用できたこともあり、以後、投信業界はミュ
ーチュアル・ファンドを基幹商品として発展していくこととなる。利益相反と
フィデューシャリー・デューティーとの関係では、投資会社からの委託を受け
て実質的に投資会社の運用を行う投資顧問が過大に顧問報酬を受け取ったので

---

128)　第一号といわれる Massachusetts Investor Trust は大恐慌前の 1924 年に創設された。株式に分
散投資するオープン・エンド型のファンドで、受益証券がその資産価値に応じて換価できたことか
ら、大恐慌によって株式相場並みに下落はしたが、その後は順調に回復し、1932 年以降になると、
追随するものがあらわれた。1936 年の歳入法において収益をすべて配当するこのタイプのものの
みがファンドに対する課税を免除されたことから、預り資産を増やし、1940 年投資会社法が概ね
このタイプを念頭においたファンド規制を行った。業界は大恐慌によって広まった投資信託の悪い
イメージを払拭するため、投資家が均等(mutual)に利益を享受できるという意味でこのタイプの投
資信託にミューチュアルという言葉を用いるようになり、その後ミューチュアル・ファンドという
言葉が一般化した。
129)　投資助言契約や主要な引受契約を締結・更新する際には独立取締役の過半数による承認(15
条)を求めるなど。

はないかという問題とブローカー等からファンドの利益に反する個人的利益を受け取ったのではないかという問題の二つが主に議論され、裁判等で争われることとなる。

（3）投資会社法制定後から1970年の法改正まで

第二次世界大戦後の米国経済は、再び高度成長期に入り、株式市場も概ね右肩上がりに上昇したため、若干の不適切な販売行為が問題とされることはあったものの[130]、株式運用が中心であった投資信託（ミューチュアル・ファンド）は順調に発展を遂げ、1940年に4億5,000万ドルであった残高は1960年には170億ドルへと急拡大した。このような成長を受け、SECは、1962年から1963年にかけて、「投信業界が今後さらに発展するためには何が必要か」をテーマとする調査をペンシルバニア大学ウォートン校[131]と独立委員会[132]に相次いで依頼する。いずれの報告書も、資産は増えたものの、ファンド間の競争は依然として不十分で、報酬面での「規模の経済」が発揮されておらず、他の商品に比べて割高で投資家にとっては未だ非効率であると指摘をしている[133]。

この頃問題となった投資信託の利益相反は、証券手数料の分与の問題であった[134]。「手数料の分与」とは、当時は証券手数料が自由化される前であったため、ブローカーに支払う手数料が取引所のルールで固定化されており、顧客の指示により手数料の一部を他の取引所参加者に分与することができた。発注者である投資顧問や投資会社の取締役が引受人や販売者を兼ねている場合や関連会社に取引所参加者がいる場合などに、分与により投資顧問や取締役が顧問報

---

130)　SEC は、Hon. Harry A. McDonald, *The S.E.C. Looks at Mutual Funds,* Speech of SEC before First Annual Mutual Fund Conference（1949)において投信業界の回転売買を指摘し、1966年にバーニー・コンフェルドと無限連鎖講的組織「海外投資家サービス」を告発した。

131)　WHARTON SCHOOL OF FINANCE & COMMERCE, A STUDY OF MUTUAL FUNDS, H. R. Rep. No. 87-2274（1962).

132)　SEC, REPORT OF THE SPECIAL STUDY OF THE SECURITIES MARKETS, H. R. Doc. No. 88-95（1963).

133)　弁護士エーブラハム・L・ポメランツは、1960年代、"Investment Trusts Gone Wrong!"を著して投資顧問業者と投資会社の利益相反を糾弾し、運用会社を相手取って集団訴訟を提起した（ダイアナ・ヘンリーケス著・井出正介/鶴田知佳子訳『フィデリティ』(日本経済新聞社、1998)215-218頁）。

134)　萬澤陽子「アメリカの投資会社法上の「重大な信託濫用」と「信認義務違反」」(樋口範雄/神作裕之編『現代の信託法──アメリカと日本』(弘文堂、2018)224頁）。

48   4 投資会社・投資顧問会社の歴史

酬以外の利益として収受していたのである。そこで投資顧問等のフィデューシャリー・デューティー違反が争われることとなったが、投資会社法 36 条が投資顧問に重大な不正行為または重大な信頼の濫用があった場合、裁判所は、少なくとも適切と判断される期間、当該行為を差し止めなければならないと規定していたが、その効果が強過ぎるとして適用を躊躇し、他の条文を適用するか[135]、エクイティの法理[136]一般から紛争の解決を図っていた[137]。

　このような議論と判例の状況を踏まえ SEC は、1969 年、投資会社法の改正案を議会に提出する。主な内容は、①運用を委された投資顧問会社がフィデューシャリー・デューティーを負うことを明記する[138]、②独立取締役における独立の要件を厳格にする、③取締役会が投資顧問契約を承認する際には独立取締役が十分な情報を得たうえで判断する、④パフォーマンス・フィーを投資顧問に認める例外の範囲を限定する、などであった。米国経済は、1969 年 10 月頃から下降局面を迎えたが、それまでは概ね安定成長を続け、アクティブ運用型の株式ファンドと債券(長期債)ファンドを中心に投信市場は拡大を続けていたため、投資顧問がフィデューシャリーであることは明確化されたものの、独立取締役を過半数置くというところまでは踏み込めず、1970 年の法改正は限定的なものに留った。

(4) 1970 年改正から 1999 年のベスト・プラクティス公表まで

　1970 年代の米国は、1973 年に第一次石油危機、1974 年に証券スキャンダルが発生するなど経済が下降・停滞局面にあった。しかし、その間も年金の運用

---

135)　Brown v. Bullock（294 F. 2d. 415（2d Cir. 1961））; SEC v. Midwest Technical Development Corp.（CCH Fed Sec., Rep. 91. 252（D. Minn. 1963））.

136)　Rosenfeld v. Black（445 F. 2d 642（2d Cir. 1971））.

137)　萬澤・前掲注 134）226-238 頁。

138)　36 条のタイトルをフィデューシャリー・デューティー違反と変更したうえで、(a)項で投資顧問等の個人的な不正行為も対象になるとし、制裁につき裁判所に裁量が行使できるよう修正するとともに、(b)項では投資顧問に受領する報酬についてフィデューシャリー・デューティーを負わせる旨を明記した。なお、投資顧問法にも、投資顧問が FD を負う旨の明文規定はないが、判例(例えば、SEC v. Capital Gains Research Bureau, Inc., 375 U. S. 180（1963））は、同法 206 条によって投資顧問は顧客に対して FD を負うとしてきた。ただし、判例は同法に基づく私的訴権を認めておらず、行政規制によって FD が実現されることを求めてきたとされており、個人が投資顧問の責任追及をしようとする場合は、州法に基づき投資顧問の FD 違反を訴えることとなる(これに対し、投資会社法 36 条に関しては私的訴権を認める判例が大勢)。

は着実に増えていたから、60年代以降、徐々に進んでいた投資家の機関化現象が本格化する。これらの状況を受け、投信業界は商品のラインアップを充実させ、投資家の多様なニーズに応えることにより、環境変化に対応しようとした。具体的には、71年にMMFが生まれ、76年には免税地方債ファンド（地方債の免税措置を活用したファンド）が発足、さらに同年76年には米国ではじめてインデックス・ファンドが公募された。これにより、株価が低迷した1970年代、株式投信は残高を減らしたものの、80年代前後の短期金利上昇時期にはMMFに大量に資金が流入するなど、一時的なペースダウンを経て投信全体としては概ね堅調に残高を増やしていった。

このような中、1970年代に入っても手数料の分与を巡る争いがいくつか見られたが、1975年に証券手数料の自由化が実施されると、手数料の分与を巡る争いはなくなっていった。その後は、主としてもう一つの利益相反の問題である顧問報酬を巡って、投資顧問が受け取る運用報酬が高すぎるとして投資家が運用会社を訴える集団訴訟がいくつか提起されるようになる。

代表的判例の一つとされるGartenberg v. Merrill Lynch Asset Management事件判決[139]では、①ファンドの取締役はフィデューシャリー・デューティーを負っており、②独立取締役は、投資顧問会社の報酬に関し、独立公正な立場で協議しなければならない、③フィデューシャリー・デューティー違反となるか否かを判断する際には、関連する情報をすべて斟酌しなければならない、という考え方が連邦第2巡回区裁判所から示された。かかるフィデューシャリー・デューティー違反を理由とした運用報酬を巡る訴訟は、1990年代から徐々に提起されはじめ、2010年頃より目立つようになるが、この判例は、以後各地で発生した報酬の多寡を巡る訴訟のリーディング・ケースとなった。

訴訟リスクだけが報酬を削減する決定的要素ではないものの、投資家コストの低減トレンドは1980年代から続き、ファンドの取締役にとっては、投資顧問報酬をはじめとするファンドにかかる費用が合理的なものか否かの厳しいチェック役となることが求められるようになっていく。折から、米国では企業のコングロマリット化が進展し、M＆Aが活発に行われたために、M＆Aを認め

---

139) Gartenberg v. Merrill Lynch Asset Management, Inc., 694 F. 2d 923 (2d Cir. 1982).

50   4 投資会社・投資顧問会社の歴史

るか否かを巡って議決権争奪戦が行われ、機関投資家の議決権行使が人々の耳目を集めるようになった[140]。既に企業の主要株主となっていた投資ファンド業界は、議決権行使に関しても、取締役の判断が投資家サイドにたった判断となっているかがこれまで以上に厳しく問われることとなった[141]。

そのような中で起こったのが、Yacktman ファンドの議決権争奪事件である。この事件の概要は以下のとおりである[142]。

○同ファンドの取締役は、投資顧問会社と開示内容がファンドの運用実態と異なるから開示内容を実態にあわせるべきではないかを議論していた。

○1998 年 9 月、同ファンドの運用を担当する投資顧問会社が、ファンドの独立取締役に対し辞任を要請するレターを発出し[143]、解任議決案を登録した[144]。

○1998 年 10 月、フィンド取締役は弁護士を雇って反論書を登録[145]。5 週間にわたり、取締役会と投資顧問の間で論戦が交わされた。

○1998 年 11 月 権利者による決議では、投資顧問に賛成が 51.2% を占めたため、投資顧問側は解任決議に勝利したが、この間、ファンド投資家は、ファンドの運用に不安を感じ、一斉に受益証券の償還に走ったためファンド資産は 3 分の 1 になってしまった。

この事件は、投資運用業界に大きな影響を及ぼした。すなわち、投資顧問はファンドに対してフィデューシャリー・デューティーを負っているといっても、

---

140) 1988 年、エイボン社の買収に際し、エイボン社の経営者が、年金資産で同社株を保有する他社の経営者に、議決権の行使にあたり圧力をかける要請を行ったことに対し、DOL が年金基金の議決権行使状況の調査を行い、年金基金は議決権の行使に関しても受託者責任を負っているとして経営者の圧力行使を警告するレター(エイボン・レター)を公表した。

141) 1994 年 DOL は、エリサ法における年金基金の議決権行使について解釈通達(§2509.94-2 Interpretive bulletin relating to written statements of investment policy, including proxy voting policy or guidelines)を発信した。同通達は、年金基金に対して発せられたものであるが、年金基金の有力な運用対象の一つである投資信託にも、間接的にその影響が及ぶこととなる。

142) Lancellotta etc., *supra* note 123, P. 473.

143) The Yacktman Funds, Inc., Information Required in Proxy Statement, Schedule 14A Information (Form DEFA 14A)(Sept. 29, 1998).

144) The Yacktman Funds, Inc., Preliminary Proxy Materials, Schedule 14A (Form PREN 14A)(Sept. 18, 1998).

145) The Yacktman Funds, Inc., Information Required in Proxy Statement, Schedule 14A Information (Form DEFA 14A)(Oct. 20, 1998).

必ずしも投資家の利益を第一として運用しているかどうかは分からず、これを
チェックする役割を担うファンドの独立取締役も、現行法の下では有効に機能
しているかどうか分からないということを白日の下に晒したからである。この
状況を深刻に受けとめた SEC は、円卓会議(Roundtable)を設置して、①独立取
締役は投資家保護を図るうえで効果的か、②本当にマネジメントをチェックで
きるのか、③投資家の利益を最優先にしているのか、の 3 点について議論、そ
の内容を公表[146]した。これを受けて、業界団体である投資会社協会はアドバ
イザリー・グループを立ち上げ、ファンド取締役のベスト・プラクティスを諮
問、同アドバイザリー・グループは以下を含む 15 のベスト・プラクティスを
公表[147]した。

○独立取締役を 3 分の 2 以上とすること

○独立取締役の選任を独立取締役の権限とすること

○独立取締役が投資顧問およびその他プロバイダーから独立した法律顧問を
　雇うこと

○独立取締役は、投資顧問等から独立していること

○独立取締役の中から一人以上のリーダーを指名すること

SEC は、一連の議論を踏まえ、2001 年 1 月に投資会社法の改正案を採択す
る。改正案に基づき策定された SEC 規則には以下の内容が含まれていた[148]。

○取締役会のメンバーのうち独立取締役を過半数以上とすること

○独立取締役の選任権限を独立取締役に与えること

○独立取締役を補佐するための法律顧問(General Counsel)の独立性を保証す
　ること

○投資顧問と独立取締役との紛争はファンドと投資顧問が締結する保険の対
　象外とすること

---

146) SEC, THE ROLE OF INDEPENDENT INVESTMENT COMPANY DIRECTORS (1999).

147) INVESTMENT COMPANY INSTITUTE, REPORT OF THE ADVISORY GROUP ON BEST
PRACTICES FOR FUND DIRECTOERS: ENHANCING A CULTURE OF INDEPENDENCE
AND EFFECTIVENESS (1999).

148) Role of Independent Directors of Investment Companies, Securities Act Release No. 33-7932,
Exchange Act Release No. 34-43786, Investment Company Act Release No. IC-24816, Fed. Sec.
L. Rep. (CCH) 86, 411 (Jan. 2, 2001).

52　　4　投資会社・投資顧問会社の歴史

　投資会社協会アドバイザリー・グループの答申では、独立取締役の割合が3分の2以上とされていたものが過半数とはされたものの、それ以外は概ね投資会社協会が示したベスト・プラクティスに近い内容となっていたため、業界も改正案を受け入れると見られていたが、時あたかも、エンロン事件やワールドコム事件といった会計スキャンダルが米国社会全体の関心事となっていたため、①取締役会の過半数を独立取締役とすること、および②取締役の独立性を確保するための体制を会社に構築させることを骨格としたサーベンス・オクスリー法(2002年)に吸収されることとなった[149]。

　もっとも1990年代は、企業が確定給付年金から確定拠出年金に大きく軸足を移した時期であり、また82年から株価が長期上昇に転じ、それが20年近くにわたり続いたから[150]、勤労者の多くは「株式運用はインフレに強い」「年金のような超長期運用は長期的に高いリターンが見込まれる株式組み入れ商品が有利」との認識が浸透し、業界がガバナンス改革を同時並行して進めたこともあってか、確定拠出年金の一種である401(k)や個人退職勘定(IRA)が急速に残高を伸ばす中、21世紀を迎える頃には、それぞれ全体シェアの4割前後を投信が占めるまでとなった[151]。

(5) 現代(21世紀)

　21世紀に入ってからも、ファンドと投資顧問との間の利益相反問題は終わりとならず、まず議決権行使結果の開示から、すなわち、利益相反に適切に対処していることの説明責任の問題から進み出した。2003年1月、SECは登録投資会社に対し、議決権の行使方針と行使結果の開示を求める規則[152]を採択するとともに、投資顧問に対しても、議決権の行使結果を顧客に個別開示する

---

[149]　サーベンス・オクスリー法の制定を受け、改正されたニューヨーク証券取引所の登録会社マニュアルには、①取締役会において独立取締役を過半数以上置くこと、②監査委員会等の重要な委員会は独立取締役のみによって構成されること、③独立取締役が定期的に経営を議論する場を設けること等が盛り込まれた。なお、投資会社に同法が適用されるか否かについて疑義があるとされたことから、SECはルール30a–2を発出してこれを明確化している。

[150]　1982年から2001年の20年間のS&P500種株式の平均リターンは15.2%。

[151]　杉田②・前掲注49) 8–9頁。

[152]　Disclosure of Proxy Voting Policies and Proxy Voting Records by Registered Management Investment Companies, 17 CFR Parts 239, 249, 270, and 274.

ことを求める規則[153]を採択した。年金基金等の機関投資家が加入者や出資者に説明責任を果たすことへ対応したものであるが、そこでは議決権行使はフィデューシャリーの注意義務(duty of care)の一局面であるとし、投資顧問が議決権行使対象企業との間で利益相反がある場合は、顧客に利益相反が存在することを開示したうえで同意をとる、あらかじめ定めた手順に従い行使を行う等の対応を行うことを求められることとなった。

前述のとおり、サーベンス・オクスリー法の制定によって投信業界に対する独自の規制強化は一旦見送りとなったが、投資家間の不公正な扱いという利益相反問題が発生する(ミューチュアル・ファンド・スキャンダル)。2003年9月、ニューヨーク州のスパイツァー法務長官が、投資会社のマーケット・タイミング等[154]を不公正な行為として摘発する事件が発生したのである。これにより、投資会社の規制強化の議論が再燃するところとなり、SECは、翌2004年2月、ファンド会社にファンド関係者から独立したコンプライアンス・オフィサーを設置することを内容とするコンプライアンス・プログラム・ルール(Rule 38a–1)[155]を制定してファンド取締役会の独立性を強化する仕組みを追加するとともに、同年9月には、2001年の投資会社法改正の追加として、新たなガバナンス基準を制定した[156]。その主な内容は以下のとおりであるが、ここでも独立取締役の機能強化が中心テーマとなっていることを見ることができる。

○取締役会の最低75%は独立取締役とすること
○取締役会議長は独立取締役とすること
○取締役会は毎年セルフアセスメントを実施すること
○独立取締役は、最低限四半期に一回会合を開くこと
○独立取締役のために行動するスタッフを雇用する権限を与えること
しかし、これには異論が示された。商工会議所がSECを相手取って無効を

---

153) Proxy Voting by Investment Advisers, 17 CFR Part 275.
154) 一部の機関投資家を優遇して、取引時間締切後に取引を受け付けて終値との鞘稼ぎを許したり、頻繁な買付けまたは解約を受理していたというもの。
155) Compliance Programs of Investment Companies and Investment Advisers, Investment Advisers Act Release No. IA-2204, Investment Company Act Release No. IC-26299 (Dec. 17, 2003).
156) SEC, RIN 3235-AJ05, Investment Company Governance (Release No. IC-26520; File No. S 7-03-04).

争う訴えを起こし、SEC が敗訴したのである[157]。これにより、法的には投資会社の独立取締役は過半数のままで良いとなったが、業界は SEC の定めた基準に従った方が、評判の維持および監督機関への対応上得策であるとして、75% 以上のファンドが多いのが実態となっている[158]。注目すべきは、この頃より、独立取締役が投資者の利益のために独立した判断が行えるよう、ファンド取締役会における独立取締役の割合を高めよ、という議論から、独立取締役が必要な情報を集めて独立した立場から投資者の利益となる判断を行うことができるよう、ファンド組織を強化せよ、という議論へと焦点が移ってきたことである[159]。ファンド会社にコンプライアンス・オフィサーや独立した法律顧問を配置する、議決権の行使結果を開示する、といった施策はその文脈で捉える必要がある。ガバナンスやディスクロージャーの強化は、ファンド・ビジネスに限らず、国際的な潮流であり、この点に関する規制強化は今後も続くことが予想される。

またファンドの取締役や投資顧問のフィデューシャリー・デューティーだけではなく、それ以外の関係者のフィデューシャリー・デューティーを追及する動きも出てきており、運用に関与するコンサルタント会社[160]の行為を問題とする事件や議決権行使助言会社[161]を利用する場合のガバナンス強化に関するルール改正等が議論されている。

このようなファンド・ガバナンス強化の動きには、背景にエリサ法の年金プラン等に対し、フィデューシャリーとしての責任を厳しく追及する加入者等の

---

157) CHAMBER OF COMMERCE OF THE UNITED STATES v. SECURITIES AND EXCHANGE COMMISSION, 443 F. 3d 890, 904-05 (D. C. Cir. 2006).

158) Independent Directors Council & Investment Company Institute, *Overview of Fund Governance practices, 1994-2016*（Oct. 2017）P. 6 によると、2006 年以降 80% 以上のファンドで独立取締役が 75% 以上を占めているという。

159) 例えば、北米の証券監督機関の集まりである North American Securities Administrators Association（NASAA）が 2007 年に改定したリートに関する Statement of policy においては、不動産投資信託(REIT)受託者の要件として、3 年以上の知見を有する独立受託者を半数以上置くとともに、投資顧問やファンドに係る費用と報酬の評価と承認など一定の重要事項は独立受託者が評価し判断することとし、チェックすべき具体的内容が示されている。http://www. nasaa. org/wp-content/uploads/2011/07/g-REITS. pdf(2019 年 6 月 4 日最終検索).

160) In the Matter of Yanni Partners, Inc. & Theresa A. Scotti, Inc.（2007）.

161) SEC, Proxy Voting: Proxy Voting Responsibilities of Investment Advisers and Availability of Exemptions from the Proxy Rules for Proxy Advisory Firms (Jun. 30, 2014).

動きが影響を与えている[162]。具体的には、投資家が運用対象となるファンド選定やファンドの運用報酬テーブルを巡って、年金制度の理事（プラン・フィデューシャリー）等のフィデューシャリー・デューティー違反を追及する動き（主にクラス・アクションによる）が後を絶たないということにあると思われる。係る投資顧問が受け取る報酬を巡る訴訟は、前述の Gartenberg 事件（1982 年）以降、1990 年代から徐々に増えはじめ、Jones v. Harris Associates 事件（2010 年）[163]において、一般向けファンドと年金向けファンドとの間で報酬テーブルの違いが争われ、その妥当性につき連邦最高裁が関連する要素を総合判断すべきである旨の判断を示すと、比較的規模の大きな 401(k) プランでいくつか類似の訴訟が提起される。さらに Fifth Third Bancorp v. Dudenhoeffer 事件判決[164]や Tibble v. Edison International 事件判決[165]などエリサ法でフィデューシャリーとされる者の責任が従来以上に厳しく問われる判決が出ると、加入者がプランを訴える動きがより高まった。大別すると、①確定拠出年金の加入者、②金融機関の年金プラン加入者、③私立学校、私立病院等の非営利団体の 403(b) の加入者、の 3 つの領域において、加入者がプラン・スポンサーおよびその関係者

---

162) ICI Mutual, *Trends in Fee Litigation, Expert Roundtable Report*（July, 2014）; Mark Bieter, *Is Excessive Fee Litigation Headed For Its Dudenhoeffer?*（Apr., 2018）, https://www. groom. com / wp – content / uploads / 2018 / 05 / Is _ Excessive _ Fee _ Litigation _ Headed _ For _ Its _ Dudenhoeffer. pdf（2019 年 6 月 4 日最終検索）; Dilroop Sidhu, Diana Hodges, Justin Holmes, David Levine, Brigen Winters, "Plan Sponsor Fee Litigation Cases on the Rise: A summary of recent fee lawsuits and implications for your plan", Washington Watch（Fall, 2017）.

163) Jones v. Harris Associates L. P., 559 U. S. 335(2010).

164) Fifth Third Bancorp v. Dudenhoeffer, 134 S. Ct. 2459（2014）. Fifth Third Bancorp が従業員のために用意した確定拠出型退職貯蓄制度のうち ESOP(主に勤務先企業の普通株式に投資する制度)について、加入者が制度のフィデューシャリーの FD 違反を訴えたもの。原告は会社株式が過大評価されていることを思慮深いフィデューシャリーであれば知るべきであり、株式を売却するか、これ以上購入することを控える等すべきであったと主張した。被告は、ESOP のフィデューシャリーは分散投資義務がなく FD 違反はないと主張したが、連邦最高裁は、分散投資義務がない点を除き、エリサ法のフィデューシャリーすべてと同様の思慮深さの基準が求められるとして、ESOP フィデューシャリーの FD 違反を認定した。

165) Tibble v. Edison International, 135 S. Ct. 1823 （2015）. Edison International という電力エネルギー事業企業が約 2 万人の従業員に対し、全体で 38 億ドルにものぼる 401(k)貯蓄プラン(確定拠出型退職貯蓄制度)を提供していたところ、プランが提供する投資信託は個人向けの投資信託で、ほぼ同じ内容で費用の安価な機関投資家向けの投資信託を利用することが可能であったとして FD 違反で訴えたもの。連邦最高裁は、フィデューシャリーには投資先を選択するときだけでなく、その後もそれを監視・審査し、不適切なものについては取り除くという継続的義務があると判示した。

56 4 投資会社・投資顧問会社の歴史

としてファンドや投資顧問を訴える訴訟が相次ぐようになる[166]。

　企業が運営する確定拠出年金の場合、プランが提供するファンドの選択肢が加入者の利益を最優先に置いた最適な選択であったかを争うものが多く、金融機関の年金プランの場合は、加入者の利益より金融機関の利益を優先して系列のファンドを選択した結果、他に有利な選択肢があったとしてフィデューシャリー・デューティー違反を問うものが多い。しかし、比較的規模の大きなプランで、他と比べて割高な報酬となっていることが証明しやすい場合にはフィデューシャリー・デューティー違反と認められることが多いものの、中小規模のプランでは認められない場合の方が多いと言われている。

　プラン・フィデューシャリーのフィデューシャリー・デューティーを巡る争いに投資ファンドが巻き込まれ、訴訟当事者となると、仮に勝訴したとしても、ファンドの取締役や投資顧問は、証拠書類の作成・提出や法廷での証言等を求められるから、その負担は決して小さくない。このようなリスクを回避するためには、ファンドの運用成績をあげることのほかに、自分たちが提供するファンドのコスト/ベネフィットが合理的なものであるということを説明して行かねばならず、間接的な形でファンド・ガバナンスの強化に向けた圧力を受けているということが言える。

　以上から、投信業界における利益相反およびフィデューシャリー・デューティーに関する法および規制は、1940年投資会社法を軸に、独立取締役の人数または割合という形式的側面の整備からはじまり、21世紀前後から、独立取締役が機能発揮できるようファンドのガバナンス体制を強化するという実質的側面に議論が移って行くとともに、議決権行使結果の開示やファンド関係者の利益相反対応へと対象領域を拡げながら深度を深めつつある、というのが昨今の状況である。

　最後に、直近で浮上している運用領域における ESG[167]投資とフィデューシャリー・デューティーの関係に関する議論状況について見ておく[168]。

---

166) D. Sidhu etc., *supra* note 162, PP. 18-19.
167) ESG は Environmental, Social, Governmental のイニシャルからとった略称で、環境、社会、企業統治に配慮している企業を重視・選別して行う投資のこと。これまでの SRI から、環境(Environmental)の要素が独立し、コーポレートガバナンスの要素が加わった。

第1章　フィデューシャリー・デューティーから見る米国金融機関の歴史　　57

　社会的責任投資(Social Responsibility Investment：SRI)をテーマとするファンド
は古くは 1928 年にまで遡る[169]といわれているが、1990 年代以降、コーポレ
ートガバナンスの要素を加えた ESG 投資が唱えられるようになると、ESG の
要素を考慮することが企業業績やファンドの運用パフォーマンスに積極的な効
果が認められるという実証分析が多数発表[170]されるところとなり、国際的組
織からも ESG の要素を考慮することはフィデューシャリーにとって「許容さ
れることであり、むしろ積極的に要請される」[171]ことであるとのメッセージが
発せられたことなどを受け、米国の運用会社も積極的に取り組むようになった。
その際、理論面で、ESG 投資が運用会社のフィデューシャリー・デューティ
ーに反しないかが議論されるところとなった。フィデューシャリーに求められ
るプルーデント・インベスター・ルールは現代ポートフォリオ理論に基づき分
散投資を原則とすべきであるとしているが、ESG 投資は分散範囲をむしろ狭
くする方向に作用するために、フィデューシャリーの行動原理に反しないかが
問題となったのである。具体的には、2017 年から 2018 年にかけて、現代ポー
トフォリオ理論は、株価の変動リスクのうち個別株式の価格変動リスクである
アルファ[172]を最小限にするために分散投資が効果的であるとするものであり、
分散投資は市場やシステム全体の変動リスクであるベータを対象とするもので
はない、ESG の要素はアルファに対応する部分もあるが、ベータに対応する
部分の方が大きい、機関化が進んだ現代ではアルファの変動率よりもベータの
変動率の方が大きくなっているとの実証分析結果が出ており、フィデューシャ

---

168)　例えば、Max M. Schanzenbach & Robert H. Sitkoff, *The Law and Economics of Environ-
　　mental, Social, and Governance Investing by a Fiduciary,* Harvard Law School, Discussion Pa-
　　per No. 971 (09/2018)；Susan N. Gary, *Best Interests in the Long Term: Fiduciary Duties and
　　ESG Integration,* 90 U. Colo. L. Rev. (2018).

169)　Schanzenbach & Sitkoff, *supra* note 168, P. 7.

170)　例えば、Paul Gompers, Joy L. Ishii & Andrew Metrick, *Corporate Governance and Equity
　　Prices,* 118 Q. J. Econ. 107 (2003).

171)　Asset Management Working Group of the UNEP Financial Initiative, *A legal framework for
　　the integration of environmental, social and governance issues into the institutional invest-
　　ment* (Oct. 2005)；UNEP FI, PRI etc., "Fiduciary Duty in the 21st Century" (2015).

172)　ここで用いられているアルファ(α)とベータ(β)は金融工学の用語。投資対象として選定した
　　個々の資産が、市場全体からみてどれだけ騰落したかを示す割合をアルファと呼び、市場全体の騰
　　落率をベータと呼ぶ。対象資産の価値の上昇／下落が市場全体が上下したためによるものか、個別
　　銘柄として上下したかを分析するために用いる概念。

リーの合理的投資行動として ESG の要素を考慮することは、実証分析の観点と理論的観点両面からも肯定されるべきである、などという議論[173]が展開されている[174]。

米国の株式市場は、今や機関投資家が 7 割以上を保有し、そのうちインデックス・ファンドが 4 割を占めるという状況となっている。受益者の利益を最優先し、合理的判断をしながら管理運用するという基本は変わらないものの、分散投資といったサブルールのレベルでは、経済や社会の環境変化、状況変化に応じ、運用領域における議論の深化が進み[175]、それに対しても、フィデューシャリー法理の観点から検討が行われていること[176]に注目しておく必要がある。

---

173) Jim Hawley & Jon Lukomnik, *The long and Short of It: Are We Asking the Right Questions? Modern Portfolio Theory and Time Horizons,* 41 SEATTLE U. L. REV. 449(2018).

174) Steve Lydenberg, *System-Level Considerations and the Long-Term Investor: Definitions, Examples, and Actions,* The Investment Integration Project (2017)は、ベータとして考慮が必要な要素の抽出を試みた結果、ESG から各 2、計 6 の要素が抽出されたとしている。

175) Lucian Bebchuk & Scott Hirst, *Index Funds and The Future of Corporate Governance: Theory, Evidence and Policy,* Working Draft, Dec. 2018 は、処方箋の一つとしてフィデューシャリーの規範を持たせ、スチュワードシップの質を高めることをあげている。

176) Schanzenbach & Sitkoff(*supra* note 168)は、ESG 投資という言葉は多義的であり、すべての ESG 投資を是とするものではないが、リスク・リターンの観点から考慮すべきと合理的に判断した ESG の要素を考慮して投資することは、ポートフォリオのパフォーマンスを良くするために、むしろ躊躇することなく行うべきであり、フィデューシャリーの忠実義務に反するものではないとしている。

第2章

フィデューシャリー・デューティー、利益相反に係る米国金融機関を取り巻く環境

佐藤令康

はじめに

　法や規制は、それぞれの国の社会状況、経済環境等の中で相応しい形でこそ機能するものであり、どこかの国である規制が導入されたからといって、わが国に同じ規制を導入しても同じ効果を得られるとは限らない。本章は、米国の金融機関をとりまく、法・規制環境を主にフィデューシャリー・デューティーという観点に軸足を置きつつ、俯瞰する。Ⅱ部で個別テーマを考察するにあたり、前提となる諸環境の違いを確認しておくことを通じて、どのような状況が類似していて、どのような状況が異なるか、わが国との違いの理解をより的確なものとすることを試みた。

　具体的には、信託業務を兼営する銀行、金融商品の販売等にフォーカスして、「私法・司法」「行政」「市場」の3つの領域について関係する日米の周辺環境の違いをベスト・エフォートベースで調査した(概ね2019年3月までに得られた情報に基づき調査を実施した)。

1　私法・司法

　制定法主義をとる日本と違い、米国は判例法主義であり、判例を第一次的法源とし、制定法は第二次的法源として判例法を補充するために作られるものとされている[1]。こういった法制度の大きな違いを踏まえると、金融機関の利益相反への対応にあたり、日米における司法や私法の違いを把握することが重要

60   1　私法・司法

となる。このパートでは、米国の司法、私法の状況について調査し、日本との
違いについて確認を行う。

（1）民事裁判による紛争解決の状況

　米国の裁判制度は、連邦と州にそれぞれ分かれており、一定の専属管轄権を
持つ連邦問題を除けば、連邦と州の裁判所の管轄権は競合する。

　連邦は、基本的に連邦最高裁判所と連邦控訴裁判所等とその下の連邦地方裁
判所による三審制になっている。州は、各州の憲法に基づき裁判制度がそれぞ
れ運営されている。

　また、米国の民事訴訟では、一部の被害者が全体を代表して訴訟を起こすこ
とを認めるクラス・アクションという制度が広く利用されているところに一つ
の特徴がある。

　2010 年における連邦地裁と連邦控訴裁での民事訴訟件数は、約 32 万件[2]で
あり、州裁判所での民事訴訟件数は 1,897 万件[3]となっている。米国の人口約
3 億人に対し、連邦と州とあわせて合計約 1,930 万件の民事訴訟が起こされて
おり、総人口に対する割合は約 6.4% に上っている。

　クラス・アクションに関して言えば、コンサルティング会社の報告書[4]によ
ると 2016 年の連邦レベルのクラス・アクションは 300 件（SEC 報告ベース）で、
うち金融機関向けが 21% となっている。

　これに対し日本は、最高裁判所（最高裁）と高等裁判所（高裁）、地方裁判所（地
裁）等による三審制である。2010 年に裁判所が受理した民事・行政事件数は
218 万件[5]、当時の人口 1 億 2,806 万人に占める割合は約 1.7% に留まっている。
時期は異なるが、日本版クラス・アクションと呼ばれる消費者裁判手続特例法

---

1)　田中和夫『英米法概説〔再訂版〕』（有斐閣、1981）122–123 頁。
2)　The Administrative Office of the U. S. Courts, "Statistical Tables For The Federal Judiciary"
　　(B–7 C–2).
3)　National Center for State Courts, "State Court Caseload Statistics" の "Civil – Total Caseloads"
　　に基づき集計。
4)　Stefan Boettrich & Svetlana Starykh, *Recent Trends in Securities Class Action Litigation:
　　2016 Full-Year Review*, National Economic Research Associates, Inc,, https://www. nera. com/c
　　ontent/dam/nera/publications/2017/PUB_2016_Securities_Year–End_Trends_Report_0117. pdf
　　（2019 年 3 月 8 日最終検索）.

（2016 年 10 月施行）の利用実績がまだ少ないこと[6]と合わせて考えると、わが国の民事訴訟による紛争解決は米国に比べてまだ少ないと言えよう。

司法制度における日米の主な相違点で金融機関への影響という観点から、留意すべき点としては、以下が挙げられる。

1)　日本は一元的な制度だが、米国は連邦と州で二元的な制度かつ連邦と州で管轄の競合もあることから、両方の司法制度からの影響を受けること。

2)　同一の制度がないため単純比較はできないが、米国の場合、クラス・アクションが認められていること。一人ひとりが訴額が小さくとも集団でまとまれば全体としての訴額が大きくなることから、金融機関を相手取った民事訴訟でも多用されている[7]こと。

3)　人口比の訴訟件数は、米国は日本の約 3.8 倍となっており、訴訟の実施状況は米国のほうが多いこと。

（2）仲裁による紛争解決の状況

日米とも裁判手続きで時間と費用が掛かる点は同じであり、紛争解決手段として裁判外の紛争処理手続きが積極的に利用されている[8]。

米国では、州の司法長官事務所やライセンスを与える部局が行う行政型 ADR（Alternative Dispute Resolution：裁判外紛争解決）、裁判所が行う司法型 ADR、業界団体等が行う民間 ADR が活動を行っている。金融分野で証券系の紛争を扱う FINRA（金融業規制機構）の統計情報によると、2017 年度の仲裁件数は

---

5)　裁判所司法統計、第 1－1 表「民事・行政事件の新受、既済、未済件数－全裁判所及び最高、全高等・地方・簡易裁判所」。なお、本章では、日本の司法統計では「民事・行政事件」の件数と米国の司法統計の「民事(civil)」の件数を比較している。これは、米国の司法制度では日本のように民事訴訟と行政訴訟の区別が明確になされていないことから、「民事(civil)」の中に行政訴訟も含まれていると解釈して比較を行ったもの（米国における行政訴訟の扱いについては、首相官邸司法制度改革推進本部行政訴訟検討会「資料 1　行政訴訟に関する外国事情調査結果（アメリカ合衆国）（中川丈久教授説明資料）」6 頁（平成 14 年 9 月 24 日。https://www.kantei.go.jp/jp/singi/sihou/kentoukai/gyouseisosyou/dai7/7siryou_list.html)(2019 年 3 月 8 日最終検索))。

6)　東京医科大の不正入試問題で、特定適格消費者団体の NPO 法人「消費者機構日本」（東京都千代田区）が 2018 年 12 月 17 日に消費者裁判手続特例法に基づき、大学側に受験料返還義務の確認を求める訴訟を東京地裁に提起している。

7)　日本版クラス・アクションと呼ばれる消費者裁判手続特例法の金融分野での活用事例はまだない。

8)　「米国司法制度の概説」（米国大使館／アメリカンセンター・レファレンス資料室、2012)127-128 頁。

62   1　私法・司法

3,456 件となっている[9]。

　日本では、証券取引等監視委員会や国民生活センターが実施する行政型ADR、裁判所が行う民事調停や和解手続（司法型 ADR）、業界団体や弁護士会等が民間型 ADR を行っている。金融分野については、金融商品取引法（金商法）に基づき、業界団体が指定紛争解決機関として ADR を実施している。第二種金融商品取引業協会は、苦情受付とあっせん業務を証券・金融商品あっせん相談センター（FINMAC）に業務委託している。全国銀行協会（全銀協）における2017 年度のあっせん件数は 128 件で、そのうち証券業務（窓販）が 49 件と最も多い[10]。FINMAC のあっせん件数は 2017 年度で 129 件となっている[11]。

　制度としては日米とも同じように整備されている一方で、件数に関しては、FINMAC と全銀協の証券業務での合計あっせん件数は 257 件となる。米国のFINRA での仲裁件数と単純比較すると、米国は日本の約 13 倍となる。

（3）私法環境

　既述のとおり米国は連邦国家であり、単独の法域を構成する日本に対し、米国には 51 を超える法域が存在している。そしてアメリカ合衆国憲法により、連邦法が規律することのできる事項が限定列挙されている。それゆえ日本における民法や刑法に当たるような一般的な法律は州法として定められている。したがって、利益相反に関係する私法も基本的に各州法で定められ、連邦法により法の上乗せ、または修正が行われている。ベースとなる州法は、当然、州により異なるが、本章では、各法分野において規定の整合性を図るため共通事項を法典の形にして注釈をつけたリステイトメントおよび統一州法委員全国会議による統一法典を中心に内容の確認を行った。

(a) 代理法について

　米国では代理に関する連邦法はなく基本的に州法で規律される。ただし、各

---

9)　2017 FINRA Dispute Resolution Statistics, https://www.finra.org/arbitration–and–mediation/2017–dispute–resolution–statistics(2019 年 3 月 8 日最終検索).

10)　全国銀行協会「紛争解決等業務の実施状況(平成 29 年度)」(平成 30 年 5 月).

11)　FINMAC「平成 29 年度　紛争解決等業務の実施状況について」、https://www.finmac.or.jp/tokei-siryo/pdf/year/finmac_jyoukyou_2017.pdf(2019 年 3 月 8 日最終検索).

州で行われている判例法の代表的法則をアメリカ法律協会がその法分野の第一人者を指名して条文の形に再叙述（リステイト）してまとめたリステイトメントがあり、その代理法第3次リステイトメント（The Restatement of the Law of Agency (3rd)）において、代理人はフィデューシャリーとされ、本人に対し忠実義務を負うものとされている。

一方、日本の民法では、代理人の本人に対する義務についての定めはなく、本人と代理人の関係は委任関係であると考えられることから、その内容はそれぞれの委任契約に委ねられ、善管注意義務を負う（民法644条）こととなる。

(b) 会社法について

米国では、デラウェア州の会社法が支配的地位を占めている[12]。アメリカ法律家協会がデラウェア州法等を参考にして各州における会社法改定の指針として作例した "Model Business Corporation Act"（MBCA）では（明記されていないが）、日本の会社法で取締役が会社に対して善管注意義務を負うと解されているのと同様に、取締役は会社と株主の双方にフィデューシャリー・デューティーを負うものと解されている。

利益相反取引に関しては、MBCAでは、情報開示の上で利害関係のない取締役の過半数の承認を得た場合、利害関係のない株主による株主総会での過半数の承認を得ている場合、または取引が会社にとって公正なものと判断される場合は、無効にならないものとしている（8.60条〜8.63条）。

デラウェア州会社法でも取締役はフィデューシャリー・デューティーを負うものと解されており、利益相反についてもMBCAと同様の扱いとなっている（144条）。

(c) 信託法について

米国における統一信託法典および信託法第3次リステイトメントでは、忠実義務として、自己取引およびその他受託者のフィデューシャリー・デューティ

---

12) "DELAWARE DIVISION OF CORPORATIONS 2016 ANNUAL REPORT" では、フォーチュ
ーン500の企業の66.4％がデラウェア州設立法人であり、2016年度の米国内のIPOでは89％が
デラウェアを本社として選択しているとのこと。

ーと受託者の個人的利益が相反する場合は、形式的要件が満たされただけでも忠実義務違反となる「不探究の原則(no further inquiry rule)」が適用されるものとしている[13]。

　日本の信託法では受託者に注意義務(29条)と忠実義務(30条)が課されており、利益相反行為は原則禁止とされているが、信託契約で許容する旨の定め、または受益者への開示と同意がある場合は許容されている。

(d) 制定法上の信託について

　「制定法上の信託(Statutory Trust)」とは、マサチューセッツ州のビジネストラストや、デラウェア州の制定法信託が代表的なもので、制定法により特別に法人格が認められた信託で、「信託により設立されたビジネス組織で、受益者のために、財産が受託者により保有・管理されているもの」をいう。元々は制定法に基づかずに判例により存在が認められていたもので、当時、税制や不動産の保有規制で有利だったため数多く利用された[14]。その後、制定法が無いことによる法的不安定を解消するために、デラウェア等で法律が制定された。日本における契約行為としての信託というよりは会社法に基づく法人に近い存在であり、同様な制度は日本にはない。デラウェア州制定法信託では、法人格に関する規定、受益者の権利義務や受託者が責任を負わない場合の定め等があるが、いわば特別法のような位置付けとなるため、同法に規定がない場合は、州法の一般的信託法が適用されることになる。そのため、制定法により一部免責はされるものの、受託者は基本的に忠実義務等のフィデューシャリー・デューティーを負うことになる。

(4) 判例の状況

　米国では、紛争解決の手段として民事裁判(中でもクラス・アクション)や仲裁が広く利用されていることは、既述のとおりであるが、金融機関の利益相反に関する判例は、あまり多く見られないということが今回の調査で確認された

---

13)　UTA § 802, RESTATEMENT (THIRD) OF TRUST § 78 cmt. b. (2007).
14)　*See* Michael L. Weissman, *The Common Law of Business Trusts*, 38 CHI. -KENT L. REV. 11, 11-12 (1961).

第 2 章　フィデューシャリー・デューティー、利益相反に係る米国金融機関を取り巻く環境　　65

（調査の詳細は本書第 1 章「フィデューシャリー・デューティーから見る米国金融機関の歴史」の脚注 60 参照）。そこで情報隔壁と投信販売に係る利益相反に関し、米国の体系書・論文等で比較的よく引用される判例の中から代表的と考えられる米国と日本の訴訟について調査を行った。

（a）金融機関が設置するチャイニーズ・ウォール（情報隔壁）の効果について判断が示されたもの

　米国で金融機関内の情報隔壁の有効性が争点となっている訴訟として、1974 年の Slade v. Shearson 判決[15] と 1991 年の Ershick v. United Missouri Bank（UMB）判決[16] および 2011 年の AFTRA v. JPMorgan 判決[17] の 3 件が挙げられる。

　Slade v. Shearson 判決では、証券会社（Shearson）の投資銀行部門が有した内部情報をリテール部門が顧客への株式の推奨において利用すべきなのかどうかが争点となり、Shearson 社は情報隔壁の存在を主張したが、判決では情報隔壁の存在をもって金融機関が一律に免責されるものではないとの判断が示された。

　Ershick v. UMB 判決では、争点の一つとしてカンザス・シティーの銀行（UMB）が ESOP（退職時雇用者株式給付制度）の管理業務と融資を同時に行うのは、ERISA§1106（利益相反取引の禁止）違反かどうかという点が掲げられていたが、判決では、連邦銀行当局が奨励する「チャイニーズ・ウォール（情報隔壁）」という考え方に UMB が従っているという事実認定を基に、二つの役割を行うことは ERISA 違反にはあたらないとの判断を示している。

　AFTRA v. JPMorgan 判決では、年金基金の理事会が銀行を訴えた訴訟において、JP モルガン銀行がレポ取引を行う部門とセキュリティー・レンディング取引を行う部門の間に情報隔壁が設置されていたことを踏まえ、Ershick v. UMB 判決同様に、同一金融機関内で利益相反関係が生ずる業務を同時に行う

---

15)　Slade v. Shearson, Hammill & Co., Inc., 517 F. 2d 398 (2th Cir. 1974).
16)　Ershick v. United Mo. Bank of Kan. City, N. A., 948 F. 2d 660 (10th Cir. 1991).
17)　Board of Trustees of the AFTRA Retirement Fund v. JPMorgan Chase Bank, N. A., 806 F. Supp. 2d 662 (S. D. N. Y. 2011).

ことを認めている。

　以上より、米国では、金融機関内に情報隔壁を設置することで、同一金融機関または金融グループが利益相反を生ずる可能性がある複数の業務を行うことを認めているが、情報隔壁の設置により忠実義務が免責されるのかどうかについては実質的な判断が必要との立場であると考えられる。

　日本では、利益相反の観点で金融機関の情報隔壁の設置の効果が争点となった訴訟を見つけることはできなかった。

(b) 投資商品販売において顧客の信頼を不当に利用する行為について判断が
　示されたもの

　米国では、従来は、投資商品を仲介するブローカーが行う投資商品販売時の推奨・助言行為については、フィデューシャリー・デューティーを負うとはされていなかった。しかし、近年、ブローカー・ディーラーによる投資商品販売時の推奨・助言がより重要性を増してくるようになると、投資商品の推奨・助言を行う投資顧問にはフィデューシャリー・デューティーが課される一方で、ブローカー・ディーラーには課されないというギャップが生じており、推奨・助言を行うブローカー・ディーラーにはフィデューシャリー・デューティーが必要ではないかという見解も出てきている[18]。

　2010年に成立したドッド・フランク法913条では、SEC(証券取引委員会)に対しリテール投資家の保護のために、ブローカー・ディーラーと投資顧問の間に課される義務を調査し、ギャップがある場合は新たな規制を制定する権限を付与している。そして、2018年5月には、SECにより新しい規制(レギュレーション BI)の提案もなされているところである[19]。

　こういった米国の状況を踏まえた上で、投資商品の販売を巡る争いは多数あるものの、ここでは顧客から寄せられている信頼を金融業者が不当に利用する行為が争点となった訴訟を調査した。

　米国では、まず、1943年の Charles Hughes v. SEC 判決[20]にて、顧客に利

---

18)　Arthur B. Laby, *Fiduciary Obligations of Broker-Dealers and Investment Advisers*, 55 VILL. L. REV. 701, 737-739 (2010).

19)　Regulation Best Interest, 83 FR 21574 (May 9, 2018).

鞘を開示せずに証券取引を行ったブローカー・ディーラーについて、裁判所はブローカー・ディーラーには顧客の無知に付けこんではいけない特別な義務があるとしている。この判決は SEC による「看板理論」（ブローカー・ディーラーとして看板を掲げている以上顧客を公正に扱う義務があるという考え）を初めて適用した判例と言われている[21]。

次に、ブローカー・ディーラーには顧客に対しフィデューシャリー・デューティーが課されるのかどうかが争われたものとして、1949 年の Arleem W. Hughes v. SEC 判決[22]、1985 年の Caravan Mobile Home Sales Inc. v. Lehman Brothers Kuhn Loeb 判決[23]があるが、いずれもブローカー・ディーラーに対してフィデューシャリー・デューティーがあるとは認めていない。カリフォルニア州では、これを認める判決が出ている[24]が、2010 年の段階では、他の州には広がっていないとのことである[25]。

なお、詳細は後述するが、最近の動きとしては、前述の SEC によるレギュレーション BI の提案以外に、DOL（労働省）が退職した投資家向けにフィデューシャリー・ルールを制定したり、州当局で独自にブローカー・ディーラーにフィデューシャリー・デューティーを課したりする動き[26]もでてきており、そういった流れは今後の訴訟に影響を与えていく可能性がある。

日本では、まず 2004 年に、証券取引の経験のある会社経営者に証券会社が短期間に大量の信用取引を行わせて損失を発生させた事件で、大阪高裁[27]は、

---

20) Charles Hughes Co. v. SEC, 139 F. 2d 434 (2d Cir. 1943).

21) 例えば Louis Loss, *The SEC and the Broker–Dealer*, 1 Vand. L. Rev. 516, 518 (1948). 最近のものとして A. Laby, *supra* note 18 at 722.

22) Arleem W. Hughes v. SEC, 174 F. 2d 969 (D. C. Cir. 1949).

23) Caravan Mobile Home Sales Inc. v. Lehman Brothers Kuhn Loeb Inc., 769 F. 2d 561 (9th Cir. 1985).

24) Duffy v. Cavalier, 215 Cal. App. 3d 1517 (Ct. App. 1989)（ブローカー・ディーラーには顧客に対するフィデューシャリー・デューティーがあり、その義務の範囲はケースバイケースであるとした上で、本件では顧客がブローカー・ディーラーの推奨行為全てに従っていた事実をもってブローカー・ディーラーにはリスクが高い取引を差し控えるよう警告する義務があったとした。）

25) A. Laby, *supra* note 18 at 705.

26) Michelle Kirby, *Broker-Dealers' Standard of Care*, Connecticut General Assembly Office of Legislative Research, https://www.cga.ct.gov/2017/rpt/pdf/2017-R-0033.pdf (2019 年 3 月 8 日最終検索)によれば、ネバダ州とコネチカット州では制定法で、カリフォルニア、ミズーリ、サウス・カロライナ、サウス・ダコタの 4 州では、判例法によりブローカー・ディーラーにもフィデューシャリー・デューティーが課されているとのこと。

証券会社が顧客の信頼を濫用して自己の利益のために、社会的相当性を逸脱した過当な取引勧誘を行うことは、顧客に対する誠実公正義務(金商法 36 条)に違反する詐欺的・背任的行為として、私法上も不法行為として評価されるとしている。

2005 年の、証券会社甲の担当者が顧客である株式会社乙に対し株価指数オプションの売り取引を勧誘してこれを行わせた件での最高裁判決[28]では、証券会社の担当者が、顧客の意向と実情に反して、明らかに過大な危険を伴う取引を積極的に勧誘するなど、適合性の原則から著しく逸脱した証券取引の勧誘をしてこれを行わせたときは、当該行為は不法行為法上も違法となるとの判断を示している。

日米とも、金融商品販売において、販売業者が顧客の信頼を濫用する行為に私法上の責任を認めていること、しかし、その義務はフィデューシャリー・デューティーまたは忠実義務から導きだされるとは考えてこなかったことは同じである。

一方で、投資家を救済するアプローチ方法は、日米で異なっており、日本では、ルールからの逸脱に基づく不法行為というアプローチをとっているが、米国では私的訴権が認められている証券取引法 10 条に基づく規則 10b–5(詐欺防止)違反というアプローチがとられている。

2008 年以降、米国では、投資家はブローカー・ディーラーのサービスと投資顧問のサービスをあまり区別できていないとの調査結果が出ており[29]、投資家保護の法的水準は投資顧問のほうが高いため、ブローカー・ディーラーのサービスに対する投資家保護の水準を投資顧問に合わせていくべきという政府見解が出てきている[30]。これを受けて、前述の通り SEC は新しいルールを提案するに至っており、これまでの適合性の原則や看板理論では投資家保護は十分

---

27) 大阪高判平成 16 年 10 月 15 日(平成 16 年(ネ)第 1411 号)。

28) 最判平成 17 年 7 月 14 日民集 59 巻 6 号 1323 頁。

29) Angela Hung et al., Investor and Industry Perspectives on Investment Advisers and Broker-Dealers, 117–118 (2008) [RAND REPORT], https://www.sec.gov/news/press/2008/2008-1_ran diabdreport.pdf(2019 年 3 月 8 日最終検索).

30) Fed. Reserve Bd., Financial Regulatory Reform: A New Foundation, 71–72 (2009), https://www.treasury.gov/initiatives/wsr/Documents/FinalReport_web.pdf(2019 年 3 月 8 日最終検索).

ではなく、今後も投資家を引き続き証券市場に惹きつけるためには、もう一歩踏み込んだ投資家保護規制が必要という考えが高まってきている。

2　行政

　行政のあり方も米国と日本では大きく異なっている。金融行政に関しては、日本では金融庁という単一の行政官庁が担っているが、米国は銀行と証券業で監督当局が分かれ、さらに連邦と州にそれぞれ規制当局があり、歴史的経緯により監督される側の銀行が規制当局を選択することすら可能となっている。

　本節では、そういった日米の違いについて、利益相反に関係すると考えられるテーマに絞って調査を行い、関連する立法状況も含めて、日本との違いについて確認を行った。ただし、「規制がない」ことの調査は困難なことが多く、また、各州の当局の動きまでは調査しきれていないため、あくまでベスト・エフォートベースでの調査結果となっている。

（1）**監督機関**

　金融機関による利益相反取引の監督になんらかの責任を有する監督当局として、金融機関の監督当局、インサイダー取引監視当局、消費者保護に関する監督当局について以下の通り調査を行った。

（a）金融機関の監督当局

　日本では、金融機関の監督は金融庁が一元的に行う態勢だが、米国の場合は、銀行、証券、保険で規制当局が異なり、銀行規制は連邦レベルと州レベルの規制当局が並列的に存在する態勢となっている。そして、各業務分野別に業者に対する監督の中で、ガイドラインや検査指針を示すこと等を通じて金融機関の利益相反に関する監督が行われている。

（i）銀行監督

　米国の銀行監督は、歴史的経緯により、各州の銀行法により設立された州法銀行（State bank）と、連邦政府の銀行法により設立された国法銀行（National bank)という根拠法が異なる二元銀行制度となっている。そして、国法銀行はOCC（通貨監督庁）、州法銀行は州の銀行当局が監督し、同時に、連邦準備制度に加盟している場合は、FRBが監督をし、連邦準備制度非加盟の場合はFDIC（連邦預金保険公社）が監督を行う。

　また、1999年のグラム・リーチ・ブライリー法により、連結ベースでの監督を行うために、FRBが、金融持株会社全般の監督権限を持つ包括的監督当局として位置付けられた。

　日本は、金融庁が一元的に監督を行う。日本銀行は、金融庁と連携して各銀行に対し考査を行っているが、考査契約の位置付けは任意契約であり、金融機関に対する罰則の適用はない。

(ii)　ブローカー・ディーラー（証券業）

　ブローカー・ディーラー（証券業）も米国は連邦と州で分かれており、業務活動が州内の場合は各州当局、州際を超えて業務を行う場合はSECに登録が必要となる。NY証券取引所やNASDAQ等の国法証券取引所への取次を行う場合は、州際を超えた取引となるのでSEC登録が必要になる[31]。

　州登録の場合、各州により州の銀行監督当局が監督している場合もあれば、証券監督の組織を設置しているケース、法務当局が監督しているケースもある。例えばNY州であれば、司法長官室の投資家保護局（Office of the Attorney General Investor Protection Bureau）が監督当局となる。

　日本は、金商法28条により、有価証券の売買、その媒介、取次または代理を行う場合は、「第一種金融商品取引業者」として登録が必要とされている。

(iii)　投資顧問業

　米国では規模の小さい投資顧問は原則として州が監督し、規模が大きい投資顧問（原則運用財産1億ドル超[32]）はSECが監督を行う。

　州登録の場合の監督当局はブローカー・ディーラー同様に各州毎の監督当局

---

31)　"Guide to Broker–Dealer Registration" の "2.4.2. Intrastate Broker–Dealers," https://www.sec.gov/reportspubs/investor–publications/divisionsmarketregbdguidehtm.html(2019年3月8日最終検索)。

が監督を行う。

日本は、金商法 28 条により、「投資助言・代理業」「投資運用業」を行う場合は金融庁へ登録を行う。

(iv) 投資会社

米国では、投資会社は SEC または州当局が監督当局となるが、公募投資会社証券を発行する場合は、SEC が監督当局となる。

州登録の場合の監督当局はブローカー・ディーラー同様に各州毎の監督当局が監督を行う。

日本では、投資法人を設立する場合は、投信法 69 条に基づき金融庁への届出が必要とされている。

(b) 金融消費者保護

金融消費者保護をどのように捉えるのかで監督当局の範囲は違ってくるが、米国で、銀行、ブローカー・ディーラーまたは投資顧問が提供する金融サービスの仲裁に関する規制の制定権限を有している当局は、連邦レベルでは消費者金融保護局(Bureau of Consumer Financial Protection：CFPB) と SEC となる[33]。CFPB は、ドッド・フランク法に基づき 2011 年に FRB や住宅都市開発省(Department of Housing and Urban Development：HUD)、連邦取引委員会(Federal Trade Commission：FTC)等の連邦各機関の消費者保護機能を集結して組成された組織である。

各州にも独自の消費者保護組織があり、例えば NY 州では、NY 州銀行局の

---

32) 従来は 2,500 万ドルだったが、SEC を大手投資顧問監督に集中させるために、ドッド・フランク法で 1 億ドルに引き上げられた。なお、ニューヨーク州は投資顧問への検査が行われておらず、ワイオミング州は投資顧問への規制が行われていないため、2,500 万ドルのまま据え置かれている。*See*, Charoenwong, et al., *Regulator Jurisdiction and Investment Adviser Misconduct*, 2, (March 12, 2018).

33) ドッド・フランク法では、921(b)条で SEC に投資顧問が契約で仲裁条項を利用することを制限する規制の制定権限を与え、1028(a)条で CFPB に消費者金融商品やサービスに関して契約で仲裁条項を利用することを制限する規制の制定権限を与えている。CFPB がドッド・フランク法 1028 (a)条に基づき制定した Arbitration Agreements Rule(82 FR 33210 (July 19, 2017))では、1040.3 (b)条で SEC 監督下の者や州監督下のブローカー・ディーラーや投資顧問は規制対象から除外されている。

「金融詐欺および消費者保護部(Financial Frauds and Consumer Protection Division：FFCPD)」が調査、検査、苦情受付または紛争解決といった活動を行っている。

　日本では、金融消費者保護は金融庁と消費者庁が担当しており、消費者庁は「貸金業法」「出資の受入れ、預り金及び金利等の取締りに関する法律」「金融商品の販売等に関する法律」につき金融庁と共管となっている。そして、消費者庁の傘下に実施機関として「国民生活センター」「消費生活センター」が設置されている。

　米国は連邦と州で金融監督機関が分かれており、それが重複もしくは競合または それぞれ分担して監督を行っている点が日本と異なっている。また、米国では連邦レベルで証券業と銀行業で監督機関が分離されているが、日本では金融庁が一元的に監督を行っている。

(2) 自主規制機関について

　日米とも証券業務には自主規制機関として、米国は FINRA、日本は日本証券業協会(日証協)が設置され、自主規制の策定や加盟証券会社のモニタリングを行っている。米国の場合、SEC に登録している証券会社は FINRA への加入義務がある(米証券取引所法 15 条(b)項(8))が、日本では日証協への加入義務は課されていない。

(3) 広域協議体について

　米国では、北米証券監督者協議会(NASAA)という米、カナダ、メキシコの北米の州または地域の証券監督当局が加盟する協議会があり、投資家保護のために、連邦議会や SEC や自主規制機関が規制やルールを策定するにあたってのレビューやコメント、各州で共通する事項の統一的ガイドラインやルール案や書式案の提供、教育活動やクロスボーダー案件の調整等を行っている。

　これと同じ位置付けの組織は日本には存在しない。

(4) 業者規制について

　前述のとおり、米国は判例法主義のため、立法機関や行政機関による規制だけを日米で比較しても本当の差異が把握できるわけではない。以下、ルール化

第2章　フィデューシャリー・デューティー、利益相反に係る米国金融機関を取り巻く環境　73

されている部分についてどのような差異があるのかを把握するために行った調査の結果である。

（a）銀行業

日本は、銀行法と同法に基づく政省令や金融庁が定める監督指針等で規制がなされているが、米国は前述のとおり、銀行制度が連邦と州に分かれており、それぞれで銀行規制を定めている。

米国の連邦レベルでは、U. S. Code（連邦議会により制定された法）の Title 12 および CFR（Code of Federal Regulations：連邦行政機関により制定された規則）の Title 12 "BANKS AND BANKING"（銀行および銀行業務）で規制が定められており、CFR は、Chapter 1 が国法銀行向けの OCC の規則、Chapter 2 が連邦準備制度加盟銀行向けの FRB の規則となっている。

（b）信託業

日本では信託の引き受けを業として行う場合は、信託業法が課され、銀行が信託業を兼営する場合は、「金融機関の信託業務の兼営等に関する法律（兼営法）」が課され、免許を取得する必要がある。

米国では、日本の信託業法と同じような信託会社や信託事業者に対する規制は連邦レベルにはなく[34]、銀行等の金融機関が信託の受託者となる業務も含めた「フィデューシャリー業務」を行う場合に業規制が課される。米国での業規制は、国法銀行は、OCC への事前申請と承認が必要（12 CFR 5. 26(e)）で、連邦金融監督機関（FRB、FDIC）対象の州法銀行は、どういった業務が規制対象になるのかも含め各州法次第となる[35]。

なお、米国の国法銀行が兼営を認められる「フィデューシャリー業務」は、受託者（trustee）、遺言執行者（executor）、遺産管理人（administrator）、株式および債券の記録機関（registrar of stocks and bonds）、遺産後見人（guardian of estates）、

34）　州レベルでは類似する規制が存在する州もある。例えば New Hampshire 州には、信託財産の受託を業として行う法人のみを規制する Trust Companies Act が存在する。

35）　"FDIC Trust Examination Manual" Section 10– Other Trust Matters – A. Trust powers, https://www.fdic.gov/regulations/examinations/trustmanual/（2019 年 3 月 8 日最終検索）.

選任代理人(assignee)、財産保全管理人(receiver)その他州法で定められたフィデューシャリー資格で行われる業務および投資顧問その他の身分で他者のために自由裁量をもって投資を行う行為となっている(12 U. S. Code § 92a、12 CFR 9.2(e))。したがって実際には銀行業務を営まず、フィデューシャリー業務のみを営む事業者が金融機関として免許を受け、監督に服する場合もあるが、金融機関向けの規制が全ての信託会社、信託事業者をカバーしたものではないことに留意する必要がある。

　日本の「信託業」については、信託業法2条1項で「信託の引き受けを行う営業」と定義している。また、信託銀行が行う業務について兼営法1条1項は、信託業法に基づく信託業に加え、「信託契約代理業」「信託受益権売買等業務」「財産の管理」「会計の検査」「財産の取得、処分または貸借に関する代理または媒介」「財産管理、整理または清算、債権の取り立ておよび債務の履行の代理または媒介」(これらを合わせて「兼営業務」という)と定義している。

　したがって、銀行が兼営を認められる兼営業務(日本)とフィデューシャリー業務(米国)とは、類似した業務は多いものの、カバー範囲は異なり、たとえば、米国では投資顧問業が含まれると解釈しているが、日本では投資顧問業は兼営業務に含まれるとは解釈されていない。

(c) 証券業

　日本で独立して証券業を行う場合、第一種金融商品取引業者として、金商法35条により金融庁あて届出が必要になる。米国は、前述のとおり、州際を超えて活動を行う場合はSECへブローカー・ディーラーの登録が必要になる。

　銀行が証券業を行う場合は、日本では金商法33条の2にて登録金融機関として届出を行えば一部の業務を実施することができる。米国では、グラム・リーチ・ブライリー法に基づくレギュレーションRで、銀行が行う証券業の一部につき、米証券取引所法3条(a)(4)に基づく「ブローカー」の定義から除外されている。日本と違い、米国では一定の制約はあるものの届出を行わずに銀行が証券業を行うことができる点が異なっている。

　ただし、米国の銀行がブローカー・ディーラーの登録をせずに、投資信託の販売を行うことには制約があるため[36]、大手銀行グループの場合、投信の販売

第 2 章　フィデューシャリー・デューティー、利益相反に係る米国金融機関を取り巻く環境　75

はグループの証券会社が行うことが一般的となっている[37]。つまり、日本の銀行が広く行っている銀行本体での投信の販売は、日本ほどは行われていない。

(d) 資産運用（投資顧問）業

　日本では、まず、投信委託会社または投資一任業者として運用を行う場合は、金商法 28 条 4 項により「投資運用業」の登録が必要で、投資助言を行う場合は金商法 28 条 3 項により「投資助言・代理業」の登録が必要となる。そして、信託会社または銀行が信託業務として自らが受託する信託財産の資産運用を行う場合は、信託業務の免許（運用型）を取得するか、または銀行が兼営法による兼営認可を受ければよい。

　米国の場合、投資運用業、投資顧問業を行う場合は原則としてフィデューシャリーと解され SEC への登録、その監督に服することになる。ただし、銀行が投資運用業務、投資顧問業務を行うことに関しては、前述のとおり投資信託への投資顧問を行う場合等一定の場合にのみ SEC への登録が必要になる。銀行が信託受託者として運用を行うことや、投資顧問業を行うことは、フィデューシャリー業務の実施が認められていれば活動が認められる。

　以上より、米国の銀行は、フィデューシャリー業務の実施が認められていれば、投信の運用を除き投資顧問業を行うことができるが、日本の信託銀行は兼営免許だけでは他者が管理する財産への投資一任や投資助言サービスを提供できない点が異なる。また、日本では、投資運用業と投資助言・代理業と 2 つの規制類型があるが、米国では投資顧問業の監督を規模に応じて連邦と州当局で分けているものの、類型としては 1 つしかない。

---

36)　米証券取引法 3 条(a)(4)(B)により、一定の要件を満たす信託での取引や MMF の除外のほか、取引件数が年間 500 件以下の場合は、ブローカーの定義から除外されている。

37)　*See, e.g.*, Eugene F. Maloney, *Banks and the SEC: A Regulatory Mismatch?*, 25 Ann. Rev. Banking & Fin. L. 443–469, 448 (2006) "Large banks long ago transferred their brokerage activities to registered broker–dealer affiliates. Other banks entered into arrangements with registered broker–dealers that sell securities to bank customers in bank lobby space. SEC–regulated broker–dealers now conduct most, if not all, retail sales of securities to bank customers." (大手銀行は、かなり前に証券販売業務を同じグループの登録ブローカー・ディーラーに移転していた。他の銀行は、登録ブローカー・ディーラーと提携して、銀行のロビースペースで有価証券の販売を行った。現在、SEC に登録しているブローカー・ディーラーのほとんどは、全てではないが、銀行のリテール顧客に対し有価証券の販売を行っている。）

76   2 行政

(5) 行為規制について

　利益相反に関する行為規制を比較するにあたり、大きく「利益相反管理態勢に関する規制」「利益相反取引に関する規制」および「その他関連する規制」に分け、「利益相反管理態勢に関する規制」を「管理態勢構築義務」「ガバナンス」「兼務規制」「情報隔壁」、「利益相反取引に関する規制」を（狭義の）「行為規制」「投資商品の推奨・販売」に分けて、それぞれ各業態（信託兼営銀行、証券会社、投資顧問、投資会社（投資信託））での規制の状況がどのようになっているのかを確認した。

(a) 利益相反管理態勢に関する規制
(i) 管理態勢の構築に関する義務
①信託兼営銀行

　日本では、信託銀行は、まず、銀行法および兼営法に基づき利益相反取引の管理態勢を構築することが求められている。具体的には、銀行法13条の3の2に基づき利益相反管理態勢の整備が求められ、兼営法およびそれに基づく監督指針等により、銀信の利益相反を防止する態勢の整備が求められている。そして、金融グループの中で同じ持株会社の傘下にある場合は、銀行法やそれに基づく監督指針等により利益相反に関する態勢の整備を求めている。

　米国では、OCC は国法銀行について、利益相反取引を規制するレギュレーション9を整備し、その中で規制の整備や記録の保持等の利益相反管理に関する態勢の構築を求めている。また、OCC は、資産運用ビジネスを行う国法銀行または連邦貯蓄組合（federal savings associations）への検査または監督のために、利益相反に由来するリスクと、それらリスクの管理フレームワークについて一般的な内容をまとめた「利益相反ハンドブック」"Comptroller's Handbook AM–CI" を策定し、その中で取締役会が利益相反を総合的に解決するための態勢の整備を求めている。さらに、OCC は、個人向け投資商品の販売に関するガイドブック "Comptroller's Handbook：Retail Nondeposit Investment Products" を定め、グループ会社の投資商品を銀行で販売することは利益相反性があるとして、投資家保護のために販売管理態勢を整備するよう求めた。またFRB も、通達や監督マニュアル（Bank Holding Company Supervision Manual）で利

益相反取引の考え方を示し、社則の整備等利益相反管理態勢の整備を求めている。

　FDIC は、信託検査マニュアル（第 8 節「コンプライアンス／利益相反・自己取引および緊急時の責任」）にて利益相反対策について OCC の利益相反ハンドブック同様に利益相反に由来するリスクと、それらリスクの管理フレームワークについて一般的な内容をまとめている。なお、州法の状況については、NY 州法について確認を試みたが該当する規定を見つけることはできなかった。

　日米とも銀行が信託業や資産運用業を行う場合に利益相反管理態勢の構築を求めているが、米国では OCC がかなり具体的な対応方法までマニュアルの中で示している点が異なっている。また、米国では、グループ会社の投資商品を販売することは利益相反性を有しているものとし管理態勢の整備を求めている。

②証券業（ブローカー・ディーラー）

　日本では、金商法 36 条およびそれに基づく「金融商品取引業者等向けの総合的な監督指針」（IV-1-3）により、証券会社には利益相反の恐れのある取引の特性に応じた適切な利益相反管理態勢の整備が求められている。

　米国では、米証券取引所法 9(a) 条および 15(c) 条の詐欺防止条項の解釈として SEC の規則や FINRA のルールにて個別の類型毎にディスクロージャーや態勢整備義務が課されているが、包括的な利益相反管理態勢の構築を求めるルールを見つけることはできなかった。そういった中、DOL が定めたフィデューシャリー・ルール[38]では、リタイヤメント口座への推奨行為に限定されるものの、「最善の利益契約の免除規定」という規則の中で、退職者の最善の利益のために行動することを求める「公平な行為基準」を守るために包括的な利益相反管理態勢の整備を求めている。なお、州法の状況については、NY 州法について確認を試みたが該当する規定を見つけることはできなかった。

　日本は、信託銀行と同様に証券会社にも包括的に利益相反管理態勢の整備を

38）　Best Interest Contract Exemption; Correction, 81 FR 44773（July 11, 2016），本ルールは、2017 年 6 月に一旦施行され、その後 2018 年 3 月に連邦第 5 巡回控訴審で無効とされ（後掲注 63）参照）、最終的に廃止されたが、一旦施行されたことから、多くのブローカー・ディーラーの実務対応に大きな影響を与える結果となった。

求めているが、米国の証券当局は個別の取引類型毎に規制を課す方法をとっているものと考えられる。ただし、既に DOL の規則で包括的な利益相反管理態勢の構築が求められていることや、最近 SEC が提案した「レギュレーション BI」の中では、DOL のフィデューシャリー・ルール同様に包括的な利益相反管理態勢の構築義務を課そうとしている[39]ことを踏まえれば、日米で違いは特にないと考えられる。

③投資顧問

日本では、「金融商品取引業者等向けの総合的な監督指針」にて、投資運用業については、「業務内容に応じた弊害発生防止に関する社内管理態勢の整備」(VI-2-2-3)を求め、投資助言・代理業については、「投資一任業者から投資一任契約の締結の媒介の委託を受けている場合に、顧客にあらかじめ説明する等の利益相反を防止する態勢の整備」(VII-2-2-3)を求めている。

米国では、米投資顧問法に基づく規則(17 CFR 275.206(4)-7)にて、利益相反を認識できるような社内規則等の整備を求めている。NY 州法では、一般的な記録保持義務は課されているが、包括的な利益相反管理態勢の構築義務についての規定は確認できなかった。

日米の違いとしては投資運用業に関しては特に留意すべき違いはないと考えられるが、投資助言業については、日本の規制は説明義務に留める限定的なものとなっている点を挙げることができる。

④投資会社(投資信託)

日本では、投資信託は、契約型と投資法人型の 2 つの制度があり、有価証券の投資信託は契約型、不動産の投資信託は投資法人型で組成されるのが一般的になっている。一方で、米国では、オープン・エンドの投資信託は、投資会社型で組成されることが一般的である[40]。そこで、日本の契約型と米国の投資会社型の比較と、日米の投資会社型の比較をそれぞれ行うこととしたい。

---

39) Regulation Best Interest, *supra* note 19, 利益相反管理義務(§240.15l-1)、記録保持義務(§240.17a-3, 4)が提案されている。
40) 杉田浩治「投資信託の制度・実態の国際比較(第1部)」(2017年5月29日)8頁。

第 2 章　フィデューシャリー・デューティー、利益相反に係る米国金融機関を取り巻く環境　　79

　米国の投信制度には、連邦法として米証券法、米証券取引法、米投資会社法、米投資顧問法等[41]が、州法としては、各州の会社法もしくは信託法（制定法上の信託）または証券法等が課されるが、他の項目との重複を避けるために、投資会社（投資信託）の比較では、米投資会社法と日本の投信法を比較対象とした。

　また、米国における公募投信は、連邦法と州法が双方適用されるものの、原則として連邦法が優先する扱いとなっている[42]ので、連邦法との比較に留めた。

　私募投信については、日本では投信法の枠内で規制対象としている一方で、米国では一定規模以上のファンドの投資顧問は SEC への登録対象となるが、原則として連邦法の適用はない[43]。そのため、州法として、私募の不動産投信のルールを採り上げることとし、北米証券監督者協議会で定めている私募の不動産投信に関する各州共通のガイドライン「不動産投資信託に関する政策方針（The Statement of Policy Regarding Real Estate Investment Trusts）」[44]の内容を調査した。

　調査結果としては、利益相反管理態勢構築義務について、日本では、投資法人の場合、設立企画人による規約の策定義務は課されているが、利益相反管理態勢の構築に関する包括的な規定は見つけることができなかった。

　米国では、連邦レベルでは米投資会社法に基づく規則 38a–1 により、法令遵守体制の整備が求められているが、利益相反管理態勢を明示的に求める規定は見つけることができなかった。米州法でも、北米証券監督者協議会の政策方針

---

41)　他に ERISA、サーベンス・オクスリー法等の他の連邦規制の対象となる可能性がある。

42)　元々は州法と連邦法でそれぞれ規制していたため州によって扱いが違う等非効率な状況であったが、1996 年全国証券市場改革法（The National Securities Markets Improvement Act of 1996）により、投信の販売やディスクロージャーのルールは連邦法が優先するものと定められた。しかし、詐欺防止に関する規制権限は州に残っており、この権限に基づき新たに開示義務を課す州がでてきているとのことである。Linda M. Stevens, *Comments: The National Securities Markets Improvement Act（NSMIA）Savings Clause: A New Challenge to Regulatory Uniformity*, 38 U. Balt. L. Rev. 445, 445–446（2009）.

43)　米投資会社法は、投資家が 100 名未満（3(c)(1)条）または適格投資家に限定（3(c)(7)条）されている場合は適用されない。米投資顧問業法は、一定の要件を満たす資産規模が 1 億 5,000 万ドル以下の私募ファンド等を適用除外としている（203(m)条）。

44)　「政策方針」は、各州で共通する事項について、統一的なガイドラインを提供するためのツールとして出されるもの。各州で政策方針を利用するかどうかは任意で、利用する場合は各州で採択手続きを実施する。See, Rutheford B. Campbell, Jr., *The role of blue sky laws after NSMIA and the JOBS act*, 66 Duke L. J. 605, 610（2016）.「不動産投資信託に関する政策方針」は、SEC の投資法人のガバナンス・ルール改正（2004 年）後の 2007 年に改定されている。

で、取締役に対し投資と借入に関するポリシーの設置と業務のモニタリング義務を課している（II-C-2）が利益相反管理態勢の構築に関する包括的な規定を見つけることができず、特に日米で留意すべき差異は認められなかった。

(ii) ガバナンス

ここでは、利益相反管理態勢に関するガバナンスとして、上記「(i)管理態勢の構築に関する義務」以外の組織的な責任関係の明確化や牽制体制構築に関する規定についての確認を行った。

①信託兼営銀行

日本では、「信託会社等に関する総合的な監督指針」の中で、信託兼営金融機関の取締役および取締役会に対し利益相反行為を防止する態勢の整備を求めている。

米国の連邦レベルでは、まず、OCCのレギュレーション9においては、フィデューシャリー業務は取締役会の指揮により実施されなければならないとされ、年次の監査を行う監査委員会のメンバーには、フィデューシャリー業務に従事しているメンバーを含めてはならないとしている。また、「利益相反ハンドブック」でも取締役会等が具体的に関与・監視しなければならない領域を具体的に示している。

次にFDICの信託検査マニュアルでは、信託業務へのガバナンスとして、取締役会が最終的な責任を有することを掲げ、信託委員会を設置する場合には銀行業務に従事していない取締役をメンバーに含めること等を求めている。

NY州銀行法では、銀行および信託を兼営する銀行に対し、取締役の3分の1は、銀行の業務に従事するものであってはならないとしている（7001条4項）。

最終的な責任が取締役会にあることを明確化しているのは日米とも同じであるが、米国では取締役のメンバーとして、銀行や信託業務に関わっていない者の参加を求めている点が異なっている。

②証券業（ブローカー・ディーラー）

日本では、「金融商品取引業者向けの総合的な監督指針」の中で、監査役と

内部監査に独立性を求め、上場企業については、コーポレートガバナンス・コード遵守に向けた取り組みを求めている。

米国では、SEC の規制や FINRA のルール、NY 州の一般事業法（General Business Law）を確認してみたが、ガバナンスに関するルールを見つけることはできなかった。日本では基本的に法人が証券業務を行うことを前提としているが、米国はかなり小規模な事業者や個人がブローカー・ディーラーを行う場合も想定されているためと考えられる。

③投資顧問業

日本では、上記の証券業と同様の扱いとなっている。

米国では、SEC の規制、NY 州の一般事業法を確認してみたが、ガバナンスに関するルールを見つけることはできなかった。

証券業同様に米国はかなり小規模な事業者や個人が投資顧問業を行うことも想定されていることが、規定ぶりの差異の原因と考えられる。

④投資会社（投資信託）

日本の投資信託制度では、契約型の場合は、委託者または受託者へのガバナンスは、それぞれに適用される業法でのガバナンス規制が適用される前提で、委託者に対し、信託会社との契約締結義務や、任務懈怠で受益者に損害を与えた場合の賠償責任を課している。

日本の投資法人制度の場合は、役員会を執行役員と監査役員に分け、必ず監査役員の数が執行役員の数を上回ることを求めている。監査役員には会社法に基づく監査役と同様の責任と権限を付与しているが、後述の米国のように独立性までは求めていない。

米国の投資会社制度では、米投資会社法により、取締役会の４割以上を独立取締役で構成することを求め（人的関係がある証券会社等と取引する場合は過半数超）、取締役会の過半数を一つの銀行の役員または取締役が構成することを禁止し、さらに投資顧問契約等の締結または更新は、独立取締役の過半数の承認を必要としている。また、投資顧問が受領する報酬にはフィデューシャリー・デューティーがかかり、SEC や株主は、投資顧問をフィデューシャリー・デ

82   2 行政

ューティー違反で連邦裁判所に提訴できるとされているが、投資会社への私的訴権は明記されていない[45]。

SEC は、2001 年に米投資会社法の各種例外規定の適用を受けるために必要な基準として、過半数の独立取締役設置等を求める規則を制定し、2003 年の投信スキャンダル[46]発生後、2004 年には独立取締役の割合の 75% 以上への引き上げや取締役会議長を独立取締役にする等の改正を行っている[47]。例外規定をまったく利用しないファンドは少ない[48]ので、多くのファンドが従うことになった。その後、このルールの有効性をめぐって米商工会議所が SEC を訴え、2006 年に裁判で無効とされた[49]。SEC はその後規則制定の動きを止めてしまっているが、実態としては現在でも多くのファンドが 75% 以上の独立取締役を有している[50]。

北米証券監督者協議会の不動産投信に関する政策方針では、リートを運営する取締役等のメンバー(「受託者」と定義)は、3 人以上とし、過半数を独立受託者とすることを求め、最低資本金、投資顧問との契約、受託者および投資顧問の責任と免責、報酬および費用支払い、投資方針またはスポンサー[51]や投資顧問または受託者もしくはこれらのグループ会社との取引(不動産の購入含む)等の

---

45)　従来は黙示の私的訴権が認められるという判例もあったが、最近の判例では認めていない。Bellikoff v. Eaton Vance Corp., 481 F. 3d 110 (2d Cir. 2007); Olmsted v. Pruco Life Ins. Co. of New Jersey, 283 F. 3d 429 (2d Cir. 2002).

46)　2003 年にバンク・オブ・アメリカが運用する投資信託で、大口の顧客に取引時限終了後の取引を許容していることが発覚し、その後 SEC 等の調査により他にも多くの投信会社で様々な不正が行われていたことが発覚したもの。

47)　Investment Company Governance, 69 FR 46378 (August 2, 2004).

48)　2004 年の SEC の提案リリース Proposed Rule: Investment Company Governance, 17 CFR 270, Release No. IC-26323 (Jan. 15, 2004), https://www.sec.gov/rules/proposed/ic-26323.htm(2019 年 3 月 8 日最終検索)の脚注 72 では、SEC のスタッフの見積りとして、「約 4,610 ファンド(登録全投資会社 5,124 の 90%)が少なくとも一つの例外規定を使っている」としている。

49)　Chamber of Commerce v. Securities and Exchange Commission, 443 F. 3d 890 (D. C. Cir. 2006).

50)　The Investment Company Institute and The Independent Directors Council, *Overview of Fund Governance Practices*, 1994-2016, 6 (2017)(2016 年で 75% 以上の独立取締役を有するファンドの割合は 84%).

51)　直接または間接的にリートの一部もしくは全部の組成を支援するものまたはリートの運営を管理もしくは運営に参加する者およびそれらのものの関係者。独立した弁護士や会計士は該当しないが、リートに市場実勢よりも安く商品やサービスを提供する者は該当する可能性が出てくる(不動産投信に関する政策方針 I-B, 28)。

第 2 章　フィデューシャリー・デューティー、利益相反に係る米国金融機関を取り巻く環境　　83

重要事項に関しては、独立受託者の過半の承認が必要なものとしている。

　以上より、投資信託のガバナンスは、米国のほうが取締役に独立性を求めており、厳しい規制となっている。

(iii) 兼務規制

　日本では、金商法31条の4第1項により、投資運用業を行う金商業者の取締役または執行役が他社の取締役、会計参与、監査役もしくは執行役に就任した場合は事後届出が必要としている。また、同法35条の2により投資助言・代理業のみを行う者は他の業務を兼職することができるとされている。そして、銀行法では、7条により、銀行の常務に従事する取締役が他の会社の常務に従事するには当局認可が必要となっている。

　一方で、米国において、銀行の信託部門と資産運用子会社の間では従業員の兼職が広く行われている様子であり、兼職に関する規制は認められなかったが、証券会社の所属員については FINRA のルール(3270、3280)に基づき所属証券会社に通知すれば銀行等の活動を行うことが認められている。また、銀行と投資会社の間の兼職はかつて禁止されていた[52]が、1999年のグラム・リーチ・ブライリー法によって撤廃されている。

　以上により、日本と違い、米国では法人格を超えた兼職規制はほとんど認められなかった。

(iv) 情報隔壁
①信託兼営銀行

　日本の信託銀行は、銀行法13条の3の2に基づく利益相反管理態勢の整備として、自己またはグループの金融業者の銀行関連業務(施行規則14条の11の3の2、信託業務含む)における顧客の利益が不当に害されるおそれがある取引を特定するための体制を整備し、部門の分離等の態勢を整備しなければならない

---

52)　Trust Examination Manual Appendix D- Securities Law, グラム・リーチ・ブライリー法により投資法人と銀行の兼職を禁止していた米銀行法33条が廃止。なお、米投資会社法10(c)条では、投資法人の取締役の過半数を一つの銀行の兼務者が占めることを禁止している。https://www.fdic.gov/regulations/examinations/trustmanual/appendix_d/appendix_d.html(2019年3月8日最終検索).

としている(施行令4条の2の2、施行規則14条の11の3の3)。また、金融検査マニュアル「信託財産運用管理態勢」の「Ⅲ－利益相反行為等の防止」にて、銀信間の情報の管理等の態勢として、情報隔壁の設置(物理的分離、規程整備等)が示されている。

米国では、OCCは、前述の利益相反ハンドブックの別紙Aにて、銀行がフィデューシャリー業務を行う場合、当局の期待値として商業銀行部門や投資銀行部門と、フィデューシャリー業務部門やグループ会社との間で情報隔壁の設置を求めている。その中で、顧客に対するセールスやマーケティングの目的で必要な情報を伝達することは許容されている("need to know"(必要最小限の知る必要のある人だけに知らせる)原則に基づくと言われている)。

米国では銀行とフィデューシャリー部門またはグループの資産運用会社との間で、利益相反対策という位置づけで情報隔壁の設置を求めている。一方で、日本は同一銀行内における銀行部門と信託部門間の利益相反行為対策として情報隔壁の設置を求めているが、銀行とグループの資産運用会社との間では、法人間の情報授受に関する一般原則が適用され、顧客の同意がない限り、非公開情報の授受は禁止されている(オプト・イン方式)。詳細は後述するが、米国は同一グループ内であれば顧客の同意なく顧客情報を共有することが可能であり、同意が必要な日本とは、グループ内での情報隔壁の必要性に関する前提条件が大きく異なっている。

②証券業(ブローカー・ディーラー)

日本では、金商法36条により、当該金融商品関連業務に関する情報を適正に管理し、かつ、当該金融商品関連業務の実施状況を適切に監視するための体制の整備その他必要な措置を講じなければならないとされ、同法に基づく府令70条の4で、部門の分離等の具体的方法を例示している。そして、日証協では、「協会員における法人関係情報の管理態勢の整備に関する規則(平22.4.20)」にて法人関係情報の管理態勢の構築を求めており、6条で他部署との物理的な隔離といった措置の実施を求めている。

米国では、ブローカー・ディーラーに対しては米証券取引所法15条(g)にて、非公開情報を誤って使わないための適切な管理態勢の整備を求めている。また、

FINRA のルールでも調査レポートの提供で生じうる利益相反の管理方法として情報隔壁の設置を求めている（2241(b)(2)(G)、2242(b)(2)(H)）。

以上より、日米ともインサイダー取引の防止または利益相反の管理として情報隔壁の設置を求めている点は同じと考えられる。

③投資顧問業

日本では、「金融商品取引業者等向けの総合的な監督指針」において、投資一任業者または投資助言業者が二以上の業務の種別に係る業務を行う場合の弊害防止措置への留意事項の中で、利益相反行為の防止など業務の適切性を確保する観点から講ずべき施策の例として、「非公開情報」について、管理責任者の選任および管理規則の制定等による情報管理措置等の整備を掲げている（VI-2-2-3(1)、VII 2-1-4(1)）。

米国では投資顧問業者には、米投資顧問業法204A条で投資顧問に対し非公開情報を誤って使わないための適切な管理態勢の整備を求めている。

主にインサイダー取引管理のために情報管理態勢の整備を求めていること、そして情報隔壁という用語は使っていない点は日米とも同じであり留意すべき相違点は認められなかった。

④投資会社（投資信託）

日本では、契約型投信における投資信託委託会社には前述の投資顧問業と同様の規制があるが、投資法人に関しては特に情報隔壁に関する規制を見つけることはできなかった。

米国の投資会社でも特に関係する規制は見つけることができなかった。したがって特に日米で留意すべき差異は見当たらなかった。

（b）利益相反取引に関する規制
（i）行為に関する規制
①信託兼営銀行

日本では、信託銀行は兼営法により準用される信託業法に基づき、信託財産の情報を利用して自己または受益者以外の第三者の利益を図る目的の取引や受

益者の同意を得ない自己取引等の利益相反行為が禁止されている。

米国では、連邦では、OCC はレギュレーション 9 で自己取引等の利益相反取引を原則禁止とし、利益相反ハンドブックでは別紙で利益相反取引の類型毎に具体的なガイダンスを提供している[53]。FRB は監督マニュアルの中で個別の取引に関する利益相反管理対応について記述している。NY 州銀行法では、フィデューシャリーが自己株式へ投資することを禁止している(100b 条)。

米国では OCC がハンドブックにより具体的なガイダンスを提供している点が異なっているものの、日米で基本的な考え方で特に大きな違いはなかった。

②証券業(ブローカー・ディーラー)

日本では、金商法およびそれに基づく内閣府令で禁止となる不適切な取引類型が列挙されている[54]。

米国は、米証券取引法の 15(c)条により、相場操縦的、詐欺的策略を用いて有価証券の取引や売買に影響を与えることを禁止しており、それを受けて FINRA がルールを定めている[55]。

調査が不十分な恐れはあるが、調べた限りでは米国の規制のほうが包括的な規定ぶりとなっている。

③投資顧問業

日本では、金商法により、投資運用業、投資助言業ともに金融業者に忠実義務と善管注意義務を課し(41 条、42 条)、利益相反取引を禁止するとともに、「金融商品取引業者等向けの総合的な監督指針」で利益相反管理態勢の整備と潜在的に利益相反の可能性のある取引の洗い出しと利益相反管理対策の実施を求めている。

米国の連邦レベルでは、米投資顧問法により、利益相反取引の禁止や管理態

---

53) 「利害関係人との取引」「証券取引」「ソフトダラー」「グループ会社投信の利用」「投信の時間外取引」「特殊な利益相反」「手数料」等。

54) 例えば金商法 38 条 1 項 7 号、44 条 1 項 1 号、44 条の 2 第 1 項 1 号、44 条の 3 第 1 項、金融商品取引業等に関する内閣府令 117 条 1 項 3 号、10 号、12 号、147 条 1 項 3 号、4 号。

55) 例えば、FINRA Rule 2010(取引の監視義務)、2020(相場操縦的または詐欺的策略による売買等への影響を与えることの禁止)、3280(個人の証券取引の制限)、5121(公募への参加禁止)。

勢について規制されている。同法では、法令やルールでフィデューシャリー・デューティーを特定せず、フィデューシャリー・デューティーに関する法律の運用により対応することとしており、そのことを同法206条(自己取引の禁止、不正取引の禁止等)により担保するという整理になっている[56]。具体的には、利益相反取引については、事前に顧客に開示して同意の取得を求めるとともに、利益相反管理態勢の整備を求めている。

　米国の州法については、各州法の状況までは把握できなかったが、北米証券監督者協議会のモデル法では、顧客以外の第三者から手数料を得る行為等の利益相反について事前の書面による開示を求め、さらに連邦の米投資顧問法206条(4)をそのまま州法に適用するものと位置付けて、利益相反対策の実施を求めている[57]。

　日本と米国(連邦)における利益相反に関する規制は類似点が多いが、米国では利益相反取引の事前開示(当局への開示書類として届出要)が義務化されていること、そして、グループ会社の投資商品への推奨行為は利益相反になりうる行為であるとされていること[58]等を踏まえると、米国のほうが厳しい内容になっている。

④投資会社(投資信託)

　日本は、契約型投信の場合は、ガバナンス規制と同様に、委託者または受託者それぞれに適用される業法での利益相反に関する規制が適用される前提となっている。不動産等の特定資産の売買等については、投信法の中で規制が措置されており、自己の計算で行った場合や自己または利害関係人と信託財産の間で特定資産の売買等を行った場合には、利益相反のおそれがある取引として、受益者への書面交付が求められている。

---

56) SEC, *Regulation of Investment Advisers by the SEC*, 23, https://www.sec.gov/about/offices/oia/oia_investman/rplaze-042012.pdf(2019年3月8日最終検索).

57) NASAA, Unethical Business Practices Of Investment Advisers, Investment Adviser Representatives, And Federal Covered Advisers, Model Rule 102(a)(4)-1.

58) In the Matter of Thomson McKinnon Asset Management L. P., Investment Advisers Act Release No. 1243 (July 26, 1990); In the Matter of Chancellor Capital Management, Inc., et al., Investment Advisers Act Release No. 1447 (Oct. 18, 1994).

88　2　行政

　日本の投資法人制度の場合は、投資法人の執行役員もしくは監督役員または資産運用会社と投資法人が取引を行うことを原則として禁止し、投資法人が利害関係を有する金融商品取引業者等（投資法人の監督役員を役職員としている金商業者、監督役員に対して継続的な報酬を与えている金商業者他）への資産運用の委託を禁止している。また、資産運用会社が利害関係者と取引を行う場合は、投資法人の事前承認が必要なものとし、取引を行った場合は投資法人に書面交付を求める等の利益相反対策を求めている。

　米国では米投資会社法 17 条で投資会社と関係が強い者が、その関係を利用して利益相反行為を行うことを禁止している。具体的には、登録投資会社の関係者[59]、発起人[60]、元引受人[61]が投資会社との間で取引を行うことや資金の貸借を行うことを原則禁止にしたり、投資会社の取引で影響力を行使したりすること等を禁止している。

　また、米国の投資会社制度では、前述のとおり、投資顧問が投資会社から受領する報酬にフィデューシャリー・デューティーを課した上で、SEC や投資家に対し投資顧問をフィデューシャリー・デューティー違反で連邦裁判所に提訴できる私的訴権を認めている。これは、投資会社制度の場合、ファンドの立ち上げと投資会社の最初の取締役の選定は、（契約上は投資会社に雇われることになる）投資顧問が行うという特殊な構図があるため、投資顧問が、その影響力を行使して投資会社から多額の報酬を得るという利益相反を防ぐために措置されたものとされている[62]。

　北米証券監督者協議会の不動産投信に関する政策方針でも、スポンサー、投

---

59)　5% 以上の議決権を有する者または保有される者、支配（議決権 25% 以上で反証なければ支配とみなされる）または支配されるもしくは共通の支配下にある者、当該者の取締役、執行役、パートナーまたは従業員、当該者が投資法人である場合はその投資顧問等、かなり広い概念となっている（15 U. S. C. §80a–2(a)(3)(2009)）。

60)　投資会社の設立の発起人または指揮をしている者および発起人または指揮を行っていた者で 1 年が経過していない者（15 U. S. C. §80a–2(a)(30)(2009)）。

61)　投資法人と販売契約を結んで投信を一旦購入し、全国のブローカー・ディーラー等に卸売りを行う者で、スポンサーとも呼ばれる。日本の契約型投信では投信委託会社が自己資金でファンドを設定するのが一般的であり、引受は行われないが、募集時の販社が似たような立場であると考えられる（15 U. S. C. §80a–2(a)(29)(2009)）。

62)　Lawrence F. Flick II, *The Demand Requirement of Rule 23.1 in Actions Brought under Section 36(B) of the Investment Company Act of 1940*, 28 Vill. L. Rev. 978, 981–983 (1983)；落合誠一編著『比較投資信託法制研究』（有斐閣、1996）33–35 頁。

資顧問または受託者等ファンド運営の関係者との取引を原則禁止にし、取引を行う場合は独立した受託者の承認を得ることを求めている。

　日米の投資法人制度での規制を比較すれば、大きな違いは見受けられないと考えられる。ただし、利益相反取引を管理する役割を有する投資会社の取締役について、前述のとおり米国では高い独立性を求めていることを併せて考えると、全体では米国のほうが厳しい規制になっていると考えられる。

　日本の契約型の投信と米国の投資会社型の投信を比較すると、米国では、投資顧問と投資会社で二重の利益相反対策がなされているが、日本は投信委託会社への規制で対応されており、米国のほうが重層的な対応となっている。米国では投資会社の取締役に高い独立性を求めていることを踏まえれば、米国のほうが厳しい規制になっているといえよう。

(ii) 投資商品の推奨・販売
①証券業(ブローカー・ディーラー)、投資顧問
　日本では、金商法により、顧客に対する誠実義務(36条)、行為準則(禁止行為)(38条)、適合性の原則(40条)が課される。また、2018年に金融庁は、金融事業者が顧客本位の業務運営におけるベスト・プラクティスを目指す上で有用と考えられる原則として「顧客本位の業務運営に関する原則」を定めており、その中で顧客への最善の利益の追求を行うこと等を求めている。

　米国では、米証券取引所法9(a)条、10(b)条および15(c)条(1)または(2)の詐欺防止条項の解釈としてSECおよびFINRAが、公正取引義務(Duty of Fair Dealing)および適合性の義務を課している。公正取引義務は、看板理論に基づき、専門家として公正な取引を行う義務(FINRAルール2111条 Supplementary Material)とされている。

　また、米国ではDOLがフィデューシャリー・ルールを2016年4月に制定し、その一部は2017年6月から一旦施行された。これは、401k等のDC年金制度や個人退職勘定(IRA)の顧客へ他の制度への移行(ロールオーバー)や投資商品の推奨等を行う場合に、ブローカー・ディーラーに対してもフィデューシャリー・デューティーを課すという内容である。ただし、本ルールは、2018年3月の連邦第5巡回区控訴審で無効との判決が出ている[63]。

さらに、米国 SEC は、2018 年 4 月にブローカー・ディーラーの投資商品販売に関するレギュレーション BI を提案した。内容としては、ブローカー・ディーラーに対し、顧客に投資の推奨を行う場合は、当該推奨が顧客の最善の利益であると合理的に信じることができる根拠を示すことや、利益相反の解消や顧客への開示を求めるものとなっており、DOL のフィデューシャリー・ルールのようにフィデューシャリー・デューティーを課すものとはなっていない。

各州の状況としては、多くの州では、投資商品の販売にフィデューシャリー・デューティーがあるとはしていない[64]。しかし、2017 年からネバダ州[65]とコネチカット州[66]では投資の推奨を行うブローカー・ディーラーにもフィデューシャリー・デューティーを課すようになった。また、カリフォルニア、ミズーリ、サウス・カロライナ、サウス・ダコタの 4 州では、判例法によりブローカー・ディーラーにも一定のフィデューシャリー・デューティーが課されている[67]。

従来は投資商品の販売には適合性の原則を求めていたが、最近は一定の場合にフィデューシャリー・デューティーまたはそれに近いものを求めるようになってきているのは、日米とも同じ傾向である。ただし、アプローチ方法としては、日本は、行政当局が原則を示し、具体的な対応は金融機関の自主性に任せているのに対し、米国では規制を制定することで金融機関に一定の義務を課そうとしている点が異なる。もっとも、何が「顧客の最善の利益」に該当するのかについて具体的には示されていない点は、日米とも同じである。

(c) その他関連する規制

(i) 非公開顧客情報管理

ここでは、直接利益相反管理には関係ないが、管理態勢の構築にあたり、法人格を分けるべきか、あるいは情報隔壁の設置で対応すべきか、という判断に

---

63) Chamber of Commerce of the United States of America, et al. v. U. S. Department of Labor, et al. (Case: 17–10238 Date Filed: 03/15/2018).

64) Kirby, *supra* note 26 at 1.

65) Nevada Senate Bill 383.

66) Substitute House Bill No. 6992 Public Act No. 17–120.

67) Kirby, *supra* note 26 at 2.

第2章　フィデューシャリー・デューティー、利益相反に係る米国金融機関を取り巻く環境　　91

一定の影響を及ぼすと考えられる規制として、非公開顧客情報の管理に関する規制について日米の違いを確認した。

①信託兼営銀行

　日本では、まず全ての金融事業者には、「個人情報の保護に関する法律」(以下「個人情報保護法」という)が適用され、原則としてあらかじめ本人の同意を得ないで、個人データを第三者に提供してはならず、その第三者にはグループ企業も含まれるものとされている[68]。

　銀行法では、業務で取得した顧客情報の適正な取扱いのための措置を講ずることを求めており、施行規則で顧客情報を委託する場合の安全管理措置義務、返済情報や機微情報の目的外利用の禁止が定められている。

　米国では、まず連邦レベルでは、公正信用報告法とグラム・リーチ・ブライリー法に基づくプライバシー規制の2つの規制があり、それぞれが独立した規制として金融機関に課されている。

　公正信用報告法は、いわゆる信用情報を規制するもので、与信や雇用等で得た信用情報および一般的な評判といった情報を「消費者報告」に該当する情報とし、当該情報を第三者に提供する場合は、提供者を「消費者報告機関」として、開示や記録保持等の義務を課すものである。

　公正信用報告法では、グループ企業の間でどのような情報の共有が可能かが定められており、取引情報やコミュニケーション情報は消費者報告には該当せず共有可能とされ、取引情報およびコミュニケーション情報以外の情報についても、顧客向け開示とオプト・アウト方式(顧客に拒否をする機会を提供)による顧客同意で共有可能なものとしている。

　ただし、取引情報やコミュニケーション情報であっても、それらの情報を勧誘目的で利用する場合はその旨の開示とオプト・アウトの機会提供が必要とされている。また、医療関係情報(病状、病歴、治療内容、医薬品や医療サービス支払い情報等)についてはグループ企業間での情報共有は禁止されている。

　グラム・リーチ・ブライリー法に基づくプライバシー規制では、非公開顧客

---

68)　個人情報保護法23条1項、金融分野における個人情報保護に関するガイドライン13条2項。

情報[69]をグループ内で共有することは顧客向けに開示を行えば、顧客同意がなくても可能となっている。同法では、グループ外の第三者と共有する場合であっても、原則として開示とオプト・アウト方式での顧客同意で可能となっている。同法に基づき、銀行当局(CFPB)と証券当局(SEC)がそれぞれプライバシーの規制を制定しており、銀行当局の規制はレギュレーションP、証券当局の規制はレギュレーションS–Pと言われている。

　州法については、上記の連邦法はいずれも州法に優先する旨の定めはない[70]ので、米国では、各州で別途厳しいプライバシー規制を定めることが可能になっている。最新の状況は不明だが、2002年の米国会計検査院(GAO)の報告によると、ニューメキシコ州とバーモント州では、グループ外の第三者と情報を共有する場合は、オプト・イン方式での顧客の同意取得を求めている[71]。

　日本では同一グループであっても法人格が分かれればオプト・イン方式で顧客の同意を得なければ顧客情報は共有できないが、米国ではグループ内であれば原則として情報共有が可能である点が異なっている。

②証券業、投資顧問業

　日本では、上記のとおり、個人情報保護法が適用される点は信託銀行と同じである。証券業については、「金融商品取引業等に関する内閣府令」で、グループ会社から非公開情報を授受して営業活動を行うためには、原則書面による事前同意が必要な旨(法人はオプト・アウト方式でよい)規定されている。

　米国では、連邦レベルでは、SEC所管の証券業、投資顧問業および投資会社に対しては、公正信用報告法に基づくレギュレーションS–AMとグラム・

---

69)　顧客が金融機関に提供した情報、顧客との取引または顧客へのサービス提供の結果の情報、その他金融機関が取得した情報で、公表されていないもの(15 U. S. Code § 6809(4)(A))。なお、信託における委託者や受益者の情報は顧客情報には該当しない。FRB "Regulation P FAQ" A3, https://www.federalreserve.gov/regulations/cg/faq.pdf(2019年3月8日最終検索).

70)　Joseph L. Seidel, *The Consumer Credit Reporting Reform Act: Information Sharing and Preemption*, 2 N. C. Banking Inst. 79, 84 (1998). 公正信用報告法は1996年の改正時には州法への優先条項があったが2004年に期限が切れている。FDIC, Privacy Rule Handbook, https://www.fdic.gov/regulations/examinations/financialprivacy/handbook/index.html(2019年3月8日最終検索). グラム・リーチ・ブライリー法のほうは当初から州法への優先条項はない。

71)　GAO–02–361 Status of State Actions on GLBA's Privacy Provisions, P 8.

第2章　フィデューシャリー・デューティー、利益相反に係る米国金融機関を取り巻く環境　93

リーチ・ブライリー法に基づくレギュレーション S-P が適用される。レギュレーション S-P では、銀行同様にグループ外の第三者と顧客情報を共有する場合にオプト・アウト方式による同意取得を求めている。一方、レギュレーション S-AM では、グループ会社間で規制対象の情報を共有することは可能だが、それをマーケティング目的で利用する場合は、顧客からオプト・アウト方式での同意取得を求めており[72]、銀行より厳しい規制となっている(州法の状況については、上記「①信託兼営銀行」での記述の通り)。

　以上より、米国の証券業や投資顧問業は、信託兼営銀行よりは若干厳しい規制がかかっているものの、日本との比較では緩い規制となっている。この結果、米国では同一グループ内で法人格を分けても日本のような同意取得の手間をかけずにグループ一体的な運営が可能となっており、顧客情報の授受・共有という点では、法人格を分けるハードルが低くなっている。

（6）行政処分について

　ここでは、利益相反に関する行政処分の日米での違いを把握するために、どの程度行政処分が実施されているのかを調べるとともに、比較的最近の行政処分の具体例を調べてみた。

（a）利益相反に関する行政処分の状況

　日米での行政処分の状況の比較を試みたが、米国側で適当な統計資料が見つけられなかったことから、比較可能な資料を揃えることはできなかった。以下は、対象時期も抽出方法も異なるが、処分件数に占める利益相反事例の割合や対象業態の傾向について大きな違いがあるかどうかの確認を行ったものである。結論としては、さほど顕著な差はみとめられなかった。

（i）日本

　金融庁ホームページの行政処分事例集(平成 29 年 12 月 29 日現在)に基づき、2002 年 4 月〜2017 年 12 月までの合計 2,437 件における公表されている処分事

---

72)　17 CFR 248.121.

表1　行政処分事例の利益相反に関連する処分事由別件数（重複あり）

	件数	構成割合（全体）	構成割合（内訳）
情報の不正利用	28	1.13%	14.6%
金融商品（サービス）の不適切な販売等	107	4.33%	55.7%
利益相反の未開示	2	0.08%	1.0%
忠実義務違反*	14	0.57%	7.3%
顧客財産の流用	38	1.54%	19.8%
その他利益相反取引	15	0.61%	7.8%
計	204		

＊行政処分のプレスリリースに明記しているものに限る。
出所：金融庁および各財務局の行政処分のプレスに基づき筆者作成。

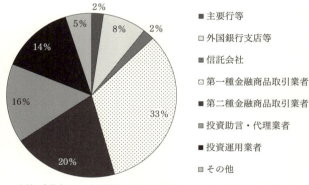

出所：金融庁および各財務局の行政処分のプレスに基づき筆者作成。なお、第二種金融商品取引業者で、投資助言・代理業の登録も行っているものは、投資助言・代理業者に含めた。また、第二種金融商品取引業者で投資運用業の登録も行っているものは、投資運用業に含めた。

図1　業態別内訳（重複なし）

由に基づき利益相反に関する事例の件数をカウントした結果、利益相反に関連する処分事由の件数は重複ありで204件（表1）、重複なしで180件となり、重複なしの件数で総数（2,473件）の約7.3％を占めることが分かった。内訳としては、金融商品の不適切な販売等、顧客財産の流用、情報の不正利用の割合が多い。

業態別では、第一種金商業者が33％、第二種金商業者が20％、投資助言・

95

表2 OCC の重要な行政処分で利益相反が確認された事例

対象先	処分日	利益相反とされた内容
JPMorgan Chase Bank, N. A.	2014/11/11	FX 取引で他の金融機関のトレーダーと連携をとり不適切なプライス提示を行っていた件。同行は顧客からのオーダーを自己勘定で受けていたため、行政処分では、これらの実務を潜在的に利益相反となりうるものとし、利益相反ポリシーの見直し等の管理の是正を求めている。
Citibank, N. A.	2014/11/11	同上
Bank of America, N. A.	2014/11/11	同上

出所：OCC の行政処分文書に基づき筆者作成。

代理業者が 16％、投資運用業者が 14％ となっている(**図1**)。「信託兼営銀行」であると言えるものは 6 件(3.3％)であった(「主要行等」に含まれる日本の信託銀行1 件、「外国銀行支店等」に含まれる外資系の信託銀行 5 件)。

(ii) 米国の銀行当局

米国の銀行監督当局の行政処分に関しては、公式の統計資料を見つけることができなかったため、重要な行政処分[73]の状況について調査を行った。

まず、OCC による 2008 年から 2017 年までの重要な行政処分 147 件を確認した結果、行政処分の文書の中で利益相反への対応を求めていることが確認されたのは 3 件(2％)に留まった(**表2**)。内容は同じで、外国為替(FX)取引で顧客からの注文を自己勘定で受ける行為を潜在的に利益相反となりうる行為としている。なお、顧客への金融商品の不適切な販売を行った場合は、利益相反ではなく「安全および健全な銀行実務上の問題」と位置付けて処分を行っていた。

次に CFPB による重要な行政処分について、設立(2011 年)から 2017 年までの全 56 件について内容を確認したところ、処分事由はほとんどが銀行業務(ローン、クレジットカード)関係で、フィデューシャリー業務に関する処分はなか

---

73) 「重要な行政処分」の定義は以下の通り。
　(1) グローバルでシステム上重要な金融機関(G-SIFIs)に対するもの
　(2) 以下を一つでも含むもの
　　(a) 100 万ドル以上の制裁金を課されたもの
　　(b) 大規模な消費者への救済命令を含むもの
　　(c) 連邦銀行規制当局とその他の規制当局が同時または共同して行政処分を行っているもの

表 3　SEC の 2017 年の行政処分で利益相反が確認された事例（重複あり）

処分事由	件数
投資商品推奨・販売において手数料の高いものを推奨・販売または別途報酬受領	16
自社または関係者へ利益供与(負担回避)するための取引を実施(未実施)	13
顧客資産の目的外流用	4
その他	2

出所：SEC の行政処分文書に基づき筆者作成。

った。

　以上を踏まえると、OCC は、商業銀行がアセットマネジメント業務を行う場合の利益相反ハンドブックを出しているが、それに基づく行政処分を積極的に行っているわけではないことがわかった。

(iii) 米国の証券当局

　SEC は 2017 年の行政処分に関する統計資料を初公表しており[74]、行政処分件数は 446 件で、制裁金総額が約 8 億ドル、利益吐出しが約 30 億ドルとなっている。類型としては、「発行者開示/監査＆会計」が 95 件 21.3%、「有価証券販売」が 94 件 21.1%、「投資顧問/投資会社」が 82 件 18.4%、「ブローカー・ディーラー」が 53 件 11.9% となっている。ただし、この統計資料では、SEC の行政処分がどのような事案で行われたのかは把握できないことから、SEC が提供する WEB での検索サービス "Enforcement" のページで 2017 年の金融機関の利益相反に関する行政処分を検索して内容を確認したところ、利益相反での行政処分件数は 26(重複なし)件で、総数 446 件の 5.8% を占めていた。利益相反の類型としては、投資商品の推奨・販売に関するものが 16 件(46%)(**表3**)と最も多くなっている。また、SEC が利益相反で行政処分を出しているのは全て投資顧問業者となっている。

---

74)　SEC, Division of Enforcement ANNUAL REPORT (2017), 16, https://www.sec.gov/files/enforcement–annual–report–2017.pdf(2019 年 3 月 8 日最終検索).

第 2 章　フィデューシャリー・デューティー、利益相反に係る米国金融機関を取り巻く環境　　97

（b）最近の処分事例

　日本は行政処分の件数が限られるが、米国ではかなりの件数になることから、論文や報道で取り上げられているような有名な行政処分および 2017 年に処分された事例を確認して日米で差異がないか確認を行った。その結果として気が付いた以下 3 点につき説明したい。

（i）米国の行政処分では巨額な民事制裁金が課されること

　米国では、2015 年に大手銀行の証券子会社が同社のラップ口座で、顧客資産を自社グループが運用する投信やヘッジファンドに優先して投資していること、その経済的インセンティブがあることを顧客に開示していなかったことを開示義務に違反するとした事例[75]があり、本件で当該金融グループは、SEC に利益吐出として約 1 億 3,930 万ドル（判決前利息含む）、民事制裁金として約 1 億 2,750 万ドルの合計約 2 億 6,680 万ドルを支払って和解している。

　日本でも経済的利得相当額を行政罰として科する課徴金制度はあるが、米国の場合、違反行為を抑止するために必要な場合に、違反者の利得額を超える金額の行政的または民事的な制裁金を科することが認められており[76]、これは日米の制度の違いを反映したものといえる。

（ii）米国では報酬（手数料）の高い投資商品を推奨する行為が利益相反とされること

　2017 年の SEC の行政処分で多数見受けられた[77]のが、他に報酬が安いシェアクラスの投信に投資できるにもかかわらず、報酬が高いシェアクラスの投信を推奨または販売したことに対する処分であった。

　米国では、投資信託の報酬について、同一の投資信託であっても、例えば大口の投資家向けに報酬を安く設定するなど、複数の報酬体系を設定することが

75）　SEC, In the Matter of JPMorgan Chase Bank, N. A. and J. P. Morgan Securities LLC, https://www. sec. gov/litigation/admin/2015/33-9992. pdf（2019 年 3 月 8 日最終検索）.

76）　杉村和俊「金融規制における課徴金制度の抑止効果と法的課題」金融研究 34 巻 3 号（2015）143 頁、147 頁。

77）　前掲**表 3** 参照。例えば、In the Matter of UBS FINANCIAL SERVICES INC.（Oct. 17, 2017）; In the Matter of Credit Suisse Securities（USA）LLC（Apr. 4, 2017）など。

でき、そういった報酬体系が違う投資信託の持分を「シェアクラス」[78]という。米国では投資信託を推奨・販売するにあたり、同じ投資信託でより安いシェアクラスを顧客が利用できるにもかかわらず、それを推奨・販売しなかった場合に利益相反であると認定している。日本にはクラスシェア制度はないため、同様の事象は発生しない。

(iii) 米国ではセールス競争の実施が利益相反となり得ること

2018年に、マサチューセッツ州証券当局が、同州に登録している証券会社（ブローカー・ディーラー）が社内でセールス競争を実施していたことを、「顧客の最善の利益ではなく、自らの最善の利益のために投資推奨を行うことが、合理的に予測できるものであった」とし、DOLのフィデューシャリー・ルールに準拠して作成された同社の社則違反であるとして処分を行っている[79]。

DOLのフィデューシャリー・ルールはその後裁判所の判断により無効とされている[80]が、社内でセールス競争を行うことは利益相反行為を誘発するという考え方は、その後SECが提案しているレギュレーションBIの中でも言及されている[81]。日本では、金融庁の「顧客本位の業務運営に関する原則」の中で、従業員への適切な動機づけの枠組みとして業績評価体系の適正化等に言及している[82]が、米国のように、セールス競争の実施のみで行政処分を行うような事例は見られない。

---

78) SEC Rule 18f-3 に基づく制度。もともとは販売時に手数料を収受するタイプしかなかったが、DCやノーロード投信といった販売チャネルの拡大を受け、1995年にSECがルール改正を実施したもの。販売時に手数料を収受するクラスA、販売手数料はかからないが期中の費用が高いクラスC、大口だが販売手数料も期中の費用も安いクラスI等様々なシェアクラスが設定されている。*See*, Cihan Bige Kahraman, *Do Mutual Fund Brokers Exploit Investors Through Their Fee Schedules?*, 5-6, http://www.eief.it/files/2011/02/02-jmp_kahraman.pdf(2019年3月8日最終検索).

79) In The Matter of: Scottrade, Inc., Commonwealth of Massachusetts Office of The Secretary of The Commonwealth Securities Division No. E-2017-0045 (2018), なお、行政処分文書では特に顧客との間のトラブルや事故等の発生に関する言及はない。

80) Chamber of Commerce of the USA, et al. v. U.S. Department of Labor, et al., case number 17-10238 (5d Cir. 2018).

81) Regulation Best Interest, *supra* note 19 at 21621, セールス競争等のインセンティブは、利益相反を招きやすく、特に洗練されていないリテール顧客を対象とする場合、利益相反の防止対策はより難しいものになるとの見解が示されている。

82) 金融庁「顧客本位の業務運営に関する原則　原則7」。

第 2 章　フィデューシャリー・デューティー、利益相反に係る米国金融機関を取り巻く環境　　99

3　「市場」について

　これまで主に制度面での違いを中心にみてきたが、金融サービスがどのような市場(規模、構造や慣行)で提供されているのかについても日米で差異があるものと考えられる。市場規模やプレーヤーの状況、そして、各金融機関がどういったビジネスモデルを採用しているのかが把握できれば、規制のあり方の違いへの理解も深まることとなる。公開資料での把握は困難が伴う事項も多かったが、ベスト・エフォートベースで日米での違いについて調査を行った。

(1)　日米の市場規模の違いについて

　ここでは、資産運用サービスを提供する信託業を兼営する銀行や投資顧問の状況、そして資産運用市場の規模の違いがどの程度であるのかについて調査した。

(a)　信託業を兼営する銀行の状況

　米国では預金保険加盟金融機関の状況につき統計資料があり、2018 年 12 月末現在で 1,685 行[83]がフィデューシャリー免許を取得し、そのうち 1,196 行(約 2 割)がフィデューシャリー業務の実施状況を当局に報告している。日本は 2019 年 3 月現在で信託銀行や商業銀行や地方銀行等で信託を兼営する金融機関の合計は 47 行[84]で、全銀行(193 行)に占める割合は約 2 割となっている。信託業を兼営する銀行数は、米国は日本の約 25 倍であるが、銀行に占める割合は日米ともほぼ同水準となっている。

　資産残高については、米国におけるフィデューシャリー業務での運用および管理資産残高は約 116 兆ドル[85](1 ドル 111 円で約 1.3 京円)。日本の信託財産の合計額は約 1,156 兆円(2018 年 9 月末)[86]であり、米国は日本の約 11 倍の資産規

---

83)　FDIC, Quarterly Banking Profile: Fourth Quarter 2018 at 14.
84)　金融庁「銀行免許一覧(2018 年 11 月 5 日)」「兼営信託金融機関認可一覧(2019 年 3 月 7 日)」。
85)　FDIC, *supra* note 83 at 14. 管理資産残高には有価証券の保管・管理を行うカストディー業務における資産残高を含む。
86)　(社)信託協会統計資料「信託の受託概況(2018 年 9 月末)」1 頁。

100 3 「市場」について

模となっている。一行あたりの単純平均は米国が約 11 兆円、日本が約 25 兆円となっている。内訳として、運用資産残高は、米国は約 4.1 兆ドル[87]（1 ドル 111 円で約 457 兆円）で日本の資産運用型信託の残高約 122.5 兆円[88]の約 4 倍。管理財産は、約 111 兆ドル[89]（1 ドル 111 円で約 1.24 京円）で日本の資産管理型信託の 913 兆円[90]の約 14 倍の規模となっている。

(b) 証券会社（ブローカー・ディーラー）の状況

米国では SEC に登録しているブローカー・ディーラーの数は 2017 年 12 月末で 3,726 社[91]で、うち投資顧問に二重登録をしている業者数は 594 社[92]（15.9％）となっている。日本は、2017 年 12 月末で証券会社は 264 社、登録金融機関は 209 社[93]であり、米国のブローカー・ディーラーの業者数は日本の証券会社の約 14 倍となっている。

登録外務員数は、米国は、2017 年 12 月末で約 64 万人[94]。うち投資顧問の外務員と二重登録を行っている者が約 29 万人[95]とその 4 割を占める。日本は、約 44 万人[96]で、うち証券会社が約 7.7 万人（17.6％）、登録金融機関が約 35.6 万人（81.7％）[97]となっている。米国でも銀行による投信の窓販が積極的に行われていた時代があったが、現在ではあまり積極的には行われなくなったのに対し、日本では登録金融機関（銀行）所属の者が多くを占めており、販売チャネルに日米の差が認められる。

(c) 投資顧問の状況

米国では 2017 年 12 月末で 12,693 社[98]。従業員 10 人以上 100 人未満が

---

87) FDIC, *supra* note 83 at 14.
88) 前掲注 86)。
89) FDIC, *supra* note 83 at 14.
90) 前掲注 86)。
91) FINRA, 2018 FINRA Industry Snapshot at 13.
92) *Ibid.*
93) （社）日本証券業協会資料「Fact Book 2018」41-42 頁。
94) FINRA, *supra* note 91 at 5.
95) *Ibid.*
96) （社）日本証券業協会資料・前掲注 93) 22 頁。
97) 同上。

4,963 社(39.1%)、従業員 10 人未満が 6,857 社(54%)となっており[99]、規模の小さな業者が多い。銀行を兼営している投資顧問は僅か 21 社(0.2%)[100]に留まる。日本は 2018 年 3 月末で投資運用業が 285 社、投資助言業が 482 社の合計 767 社[101]であり、業者数で米国は日本の約 17 倍の規模となっている。

運用残高は、米国は 2017 年 12 月末で約 71.8 兆ドル[102](1 ドル 113 円で 8,113 兆円)。日本は 2018 年 3 月末で約 308 兆円(投資一任が 257 兆円、投資助言が 51 兆円)[103]であり、米国は日本の約 26 倍となる。

(d) 投資会社(投資信託)の状況

米国では 2017 年 12 月末の投資会社等の数は 16,818[104]で、うち投資信託(狭義)は 9,356 本となっている。投資信託(狭義)をシェアクラス別にすれば 25,112 本[105]となり、シェアクラスという制度がない日本と比較する上では、実質的な本数は合計 32,574 本と言える。日本の 2017 年末のファンド本数(公募、私募合計)は 11,726 本[106]であり、米国は日本の約 2.8 倍となっている。

ファンド残高は、米国は 2017 年 12 月末で約 22.5 兆ドル[107](1 ドル 113 円で約 2,542 兆円)であり、うち投資信託(狭義)の残高は約 18.7 兆ドル[108]と全体の約 83% を占めている。日本は公募投信と私募投信の合計は約 207 兆円であり、米国の市場規模は日本の約 12 倍となっている。

1 ファンドあたりの平均残高は、米国の投資信託(狭義)はシェアクラスベー

---

98) SEC, Information About Registered Investment Advisers and Exempt Reporting Advisers に基づき筆者が集計。

99) *Ibid.*

100) *Ibid.*

101) (社)日本投資顧問業協会「統計資料」(平成 30 年 3 月末)。

102) SEC, *supra* note 98.

103) 前掲注 101)。

104) ICI(米投資法人協会), Fact Book 2018 at 34. なお、同協会の統計では日本では全て投資信託または投資法人と言える Mutual Funds と Closed-end Funds、ETFs、UITs (Unit Investment Trusts)を分けて集計している。したがって本章ではこの分類に基づく Mutual Funds のデータを示す場合は「投資信託(狭義)」と表記する。

105) *Id.* at 208.

106) (社)投資信託協会「投資信託の主要統計等ファクトブック」(2017 年 12 月末)。

107) ICI, *supra* note 104 at 34.

108) ICI, *supra* note 104 at 34.

スで約7億ドル(1ドル113円で約800億円)。日本の公募投信は約193億円であり、米国は日本の約4倍となっている。

　米国では、投資信託(狭義)は、その90%を家計が保有している[109]。したがって、少なくともファンド全体の75%は家計が保有していることになる。日本の公募投信の残高は約120兆円[110]で私募投信を含めたファンド残高に占める割合は約58%。家計が保有する投信は2017年で約73兆円[111]であり、そのうち公募投信に占める割合は約61%、ファンド全体では約35%となっており、米国よりかなり低い。

　投資信託へ投資するにあたり、投資家が負担する費用については、米国は株式投信については、資産加重平均では年0.59%、単純平均で1.25%となっている[112]。日本は、公募株式投信(追加型)の2017年12月末の販売手数料平均は2.29%で、期中の運用管理費用の平均は1.09%となっている[113]。一見すると日本のほうが高いが、以下の3点を踏まえると、単純な比較は難しいものと考えられる。

①日本の数値は報酬率が低く設定されていることが多いDC向けファンド、ラップ向けファンド等を除いたものであること。

②米国で販売手数料がかからないノーロードファンドが拡大している背景として、販売手数料を受領する証券ビジネスから、資産残高に応じた報酬を受領する投資顧問ビジネスへの変化が掲げられており[114]、その場合、投資家は別途投資顧問報酬を負担していることから投信の報酬は低く設定するケースが多いこと。

③日本では、投資ロットが大きい分、報酬を低く設定することが多い機関投資家向け投信は私募投信で設定されることが多いが、米国はシェアクラス

---

109)　ICI, *supra* note 104 at 60.
110)　(社)投資信託協会・前掲注106)1頁。
111)　日本銀行資金循環統計「資産・―投資信託受益証券／家計／ストック」。
112)　ICI, *supra* note 104 at 123.
113)　(社)投資信託協会・前掲注106)15頁。
114)　ICI, *supra* note 104 at 132 "Over the past few decades, the way that fund shareholders compensate financial professionals has changed significantly, moving away from front-end loads toward asset-based fees."(ここ数十年で、投信の投資家が金融のプロに手数料を支払う方法は大きく変わってきており、販売手数料から資産残高に応じた手数料に移行している。)

制度を使い同一の投信で機関投資家向けの報酬体系を（リテール向けとは別に）設定するのが通常の実務であり、米国の数値は機関投資家向けの報酬水準も含んだものとなっていること。

販売チャネルに関しては、米国では81％の家計がDC等の事業主が用意した制度で投資信託を保有しており、それら制度の外で投信を保有している家計は64％となっている[115]。利用しているチャネルは、ブローカーが26％、ファイナンシャル・プランナーが26％で、銀行等は18％となっている[116]（重複ありの数値）。日本は、販売業態別の資産残高に基づくシェアは、証券会社が55.4％、登録金融機関（銀行）が43.3％となっている[117]。日米の違いとしては、米国ではファイナンシャル・プランナー経由で投信を購入している層が一定程度存在すること、日本では銀行での窓販の割合が高いことなどが挙げられる。

（2）ビジネスモデルの異同について

個人に対する投信の販売または投資顧問が提供する投信に係る投資サービス（投信ラップ等）[118]の方法・条件について、日米の代表的な金融機関[119]を比較すると以下の異同が見られた。

（a）日米で同じと考えられる点

（i）サービス提供方法

日米とも証券口座で投資信託を販売するか、投資顧問口座（契約）で投資信託の運用を行うサービスを提供するかの選択権を投資家に与えていることが一般的であること。

---

115) ICI, *supra* note 104 at 152.
116) ICI, *supra* note 104 at 152.
117) （社）投資信託協会・前掲注106）12頁。
118) 投信ラップとは、投資顧問契約（日本では投資一任契約）で投資顧問に運用を委託し、投資顧問が自由裁量権を持って複数の投資信託に分散投資を行うことでポートフォリオ運用を行うという商品。
119) 米国は預かり資産上位のFidelity、UBS、Morgan Stanley Wealth Management、Merrill Lynch, Pierce, Fenner & Smith等について開示資料に基づき調査を行った。

104   3 「市場」について

(ii) 報酬水準

　投信ラップ等の投資顧問（投資一任）の報酬水準については、対面取引を前提
としたサービスの場合、運用資産残高におおよそ年率1%〜2%程度の報酬率
を掛けた金額に設定されている。また、投資家はこの投資顧問報酬とは別に投
資対象の投資信託で発生する報酬や取引コストを別途負担することになる点も
同じであった。

(b) 日米で異なっていると考えられる点

(i) 投信や投資顧問でのチャネル別での報酬設定方法

　米国では、ノーロード投信であっても証券会社が別途取引手数料を設定して
いるケースが多く見受けられる。その結果、ノーロード投信の販売において、
米国ではオンラインと対面取引で手数料に差をつける、また、短期売買を制限
する手数料体系（例：購入から60日以内の売却に対し手数料を設定する）にするとい
った対応がなされている。これに対し、日本では、投資信託であらかじめ定め
られた手数料以外に販社が追加で手数料を課すという実務慣行はあまりないと
考えられる。

　また、投資顧問サービスでも、米国では、オンラインだけを前提とした取引
については、アドバイザーによる対面取引を前提とした取引から報酬率をかな
り低く設定することや、報酬率が低い場合は一定の取引規模を求めること等が
行われており、報酬水準に提供コストを反映させる仕組みとなっている。

(ii) グループ会社投信への投資

　投信ラップといった投資顧問サービスで、同じグループの運用会社が運用を
行う投資信託へ投資する場合、米国では投信に掛かる報酬を投資顧問報酬から
控除するという対応がなされている社がある[120]。また、そういった対応を行
わない場合であっても米国では利益相反行為として顧客向け開示を行っている。

---

120)　Fidelity では控除を行っている。

(iii) 投信運用会社等からの収益還元

米国では証券口座や投資顧問口座で投資信託を一定の残高保有している場合、契約に基づき当該投資信託の運用会社から、収益の一部が還元される取引慣行がある[121]。日本では販社でのマーケティング活動の一部を投信運用会社が支援することは行われているようであるが、米国のような取引慣行は見られない。

おわりに

以上の通り、金融機関の利益相反に関する日米の周辺環境の概観として、私法、行政および市場の各分野について調査を行った。本調査では参考文献やWEB での公開情報を中心に、サリバン＆クロムウェル外国法共同事業法律事務所やグループ企業や取引先の金融機関の協力も得つつ米銀の実態把握に努めた。得られた情報の限りではあるが、以下 3 点の知見が得られた。

(1) 情報隔壁の重要性について

日米とも情報隔壁により利益相反管理態勢を構築するという考えは一般的であった。また、ただ単に情報隔壁を設置すれば有効と評価されるわけではなく、その有効性は実態を踏まえて評価されるべきとの考えもまた同様であった。なお、米国では同一グループであれば、法人格を分離しても実態としてほぼ一体的な運営が可能であり、グループベースで有効な情報隔壁を設置する必要性は日本より高いと考えられる。

(2) 顧客への利益相反の開示の重要性

投資顧問では規制により開示が義務づけられているように、米国では利益相反管理態勢として、「顧客への開示と同意取得」が日本よりも重視されている。投資に関して投資家の自己責任の考えが強いのが背景にあると推測されるが[122]、これに伴い、利益相反の存在を金融グループ全体として正確に把握し、適切に対処しているかといった情報提供が極めて重要な問題となっている。

---

121) Fidelity および Morgan Stanley Wealth Management では、還元された収益相当分を投資顧問報酬から減らすことで顧客に還元を行っている。

（3）リテール向け投資サービス提供に対する規制強化の傾向

　米国では、リテール向け投資サービス提供に関する規制が強化されてきている。例えば同一グループの運用会社が運用する投資信託に金融機関が裁量権をもって投資することは、かつては広く行われていた[123]が、現在は利益相反行為とされ、その管理と顧客向けの開示が求められるようになっている。また、DOL のフィデューシャリー・ルールや SEC のレギュレーション BI の提案を踏まえると、米国ではリテール顧客向けに販売手数料をとって投資信託を販売する行為や、従業員にセールス目標やインセンティブを与えて営業活動を行うことでさえ、利益相反が生ずる恐れがある行為とされ、規制すべき実務であると考えられるようになってきている。

　銀行業務や一般製造業等の他の業界では、自社製品やサービスを販売することが問題視されることはまずないと考えられるが、投資信託はその商品の特性上、特にリテール顧客に提供を行う場合は情報格差に基づく利益相反行為が生じやすく、過去の歴史でも利益相反により投資家が損害を被るケースが多かったことが、こういった規制が社会から必要とされるようになった要因と考えられる。

　現在、米国の各証券会社では、こういった規制強化の動きを踏まえ、投資顧問業に二重登録を行い、投資商品の販売を行う証券業から、投資助言や投資一任サービスを提供する投資顧問業へビジネスの重心を移すといった動きが生じている。日本でも金融庁が掲げる「顧客本位の業務運営に関する原則」の中では原則 7 にて「金融事業者は、顧客の最善の利益を追求するための行動、顧客の公正な取扱い、利益相反の適切な管理等を促進するように設計された報酬・業績評価体系、従業員研修その他の適切な動機づけの枠組みや適切なガバナンス体制を整備すべきである」と同様の考えが示されており、こういった米国で

---

122)　ただし、SEC が提案しているレギュレーション BI では、投資顧問向け行動基準(Standard of Conduct)の解釈の変更案が示されており、その中で「利益相反取引の救済方法として、顧客が理解できないような複雑な利益相反の場合は開示と顧客同意ではフィデューシャリー義務を果たしたことにならないのではないか」との見解が示されており、米国でも投資家の自己責任を必ずしも問えない場合があるとの考えが示されていることに留意が必要。

123)　ICI FUNDAMENTALS（1996 年 11 月）（Figure 8）では、銀行の信託/機関投資家部門で販売された投資信託の 77.3% がグループ会社投信となっている。

の動きは一つの大きな同じ流れとして、日本でも参考になるものであると考えられる。

Ⅱ
各論

第3章

米国金融機関に対する司法判断の状況

溜箭将之

　本章では、米国の金融機関とフィデューシャリー・デューティーとの関係を、判例を中心に検討する。金融機関は、顧客との関係で、常にフィデューシャリー・デューティーを負うわけではない。以下では、いかなる場合に金融機関がフィデューシャリー・デューティーを負うかを概観したうえで(1)、裁判におけるフィデューシャリー・デューティーの認定とこれに対する違反がどのような効果を持つのかを検討する(2)。そして、フィデューシャリー・デューティー違反が疑われる場合にこれを争う意味を、民事訴訟の文脈を出発点に、立法行政との関係、通常の業務における予防法学の観点へと、視野を広げながら検討してゆく(3)。そのうえで、日本法との比較を行った上で、我が国への示唆を導くことにする(4)。

1　フィデューシャリー・デューティーの認定

(1) 金融機関とフィデューシャリー・デューティー

　フィデューシャリー・デューティーは、一般に、一方当事者が、相手方当事者の財産や重要な利益に影響を与える権限を有し、当該相手方当事者の利益のみのために行為する義務を負う関係において認められる[1]。英米の判例の伝統において、信託、遺言執行・遺産管理、代理、会社といった関係が、定型的にフィデューシャリー・デューティーを生じさせる場面とされる。しかし、こう

---

1) TAMAR FRANKEL, FIDUCIARY LAW 7–12(2011); タマール・フランケル(三菱 UFJ 信託銀行 Fiduciary Law 研究会訳・溜箭将之監訳)『フィデューシャリー——「託される人」の法理論』(2014)7–14 頁。

112　　1　フィデューシャリー・デューティーの認定

した典型的な場面の外に、どのような場合にフィデューシャリー・デューティーが認められ、その義務内容がいかなるものかは、英米においても争いが存する。フランクファーター連邦最高裁裁判官も述べているように、「人がフィデューシャリー・デューティーを負うといっても、それは分析の入り口に過ぎない。さらなる検討の方向性を示すのである。誰に対してフィデューシャリー・デューティーを負うのか？　いかなる内容のフィデューシャリー・デューティーを負うのか？　いかなる点で義務履行を怠ったのか？　義務違反の帰結は何か？」[2]。

　この一般論は、金融機関についてもあてはまる。金融機関が、信託の受託者や遺言執行者、あるいは代理人を務める場合には、顧客に対してフィデューシャリー・デューティーを負う。金融機関の取締役も会社に対してフィデューシャリー・デューティーを負う。それ以外の文脈では、金融機関と顧客の関係は債権者・債務者関係であって、一般にはフィデューシャリー・デューティーは生じないとされる。しかし、金融機関と顧客の関係でも、具体的な事情によっては、フィデューシャリー・デューティーを認められる場合がある。加えて、従業員退職所得保障法（以下「ERISA」という）[3]や1940年投資顧問法[4]（以下「米国投資顧問法」という）など立法によってフィデューシャリー・デューティーが認められる場合もある。とりわけ1990年代以降、金融機関に対する規制緩和が進み、金融機関は複数の業務を担うようになり、顧客との関係で複雑な利益相反を抱えるようになってきた[5]。こうした認識を背景に、金融機関とフィデューシャリー・デューティーをめぐる米国の議論は、近年特に高まりつつある。

　金融機関の業務は、①商業銀行業務、②投資銀行業務、③証券取引業務、④資産管理業務と大きく4つに分けられる[6]。ただし、この分類とフィデューシャリー・デューティーの有無は必ずしも対応しない。①商業銀行業務は預金・

---

2)　SEC v. Chenery Corp., 318 U. S. 80, 85–86 (1943).

3)　Employee Retirement Income Security Act of 1974, codified as amended at 29 U. S. C. §1001 et seq.

4)　Investment Advisers Act of 1940, codified as amended at 15 U. S. C. §80b–1 through 15 U. S. C. §80b–21.

5)　商業銀行業務や投資銀行業務、保険業務の兼業を禁じた1933年銀行法（グラス・スティーガル法）を改正した、グラム・リーチ・ブライリー法（Gramm–Leach–Bliley Act）、1999年金融サービス近代化法（Financial Services Modernization Act of 1999）。

貸付を中心としたもので、原則としてフィデューシャリー・デューティーを生じない。しかし、銀行と顧客の間に特別な信頼関係が成立した場合には、例外的にフィデューシャリー・デューティーが認められる場合がある。②投資銀行業務は、証券発行やM＆Aの助言を中心とする。証券発行業務が直ちにフィデューシャリー・デューティーを生じさせることはないが、業務に伴って専門的な助言を行った場合にはフィデューシャリー・デューティーが認められる場合があるし、M＆Aにおいては投資銀行が高度に専門的な助言を行うので、フィデューシャリー・デューティーが認められることも少なくない。③証券取引業務は、ブローカー業務、取引、自己勘定による取引・投資、調査分析など、証券に関わる多様な業務が含まれる。こうした業務は伝統的にフィデューシャリー・デューティーを発生させないとされてきたが、ブローカー業務については、顧客への助言を伴うことがあり、これについてフィデューシャリー・デューティーを課すべきか、近年特に立法をめぐる議論が活発になされている。④資産管理業務は、株式への投資ファンド、ミューチュアル・ファンド、ヘッジファンドやベンチャーキャピタル、不動産やインフラへの投資ファンドなど、さまざまな目的の投資資産の管理を内容とする。こうした管理業務は信託や法人の形式をとることがあるが、そうした中にフィデューシャリー・デューティーが発生することも多い。

　本研究会では、金融機関がフィデューシャリー・デューティーを負うか否か、またその義務内容を検討した判例をリストアップするため、判例検索サービスを用い、2000年以降の判例から、同一段落に financial institution と fiduciary duty が用いられたものを抽出した。素朴な検索手法であるが、抽出された588件から、何らかの形でフィデューシャリー・デューティーについて判断を行っている判例が260件得られたが、そのうち、フィデューシャリー・デューティー違反ありとされた事例は44件（16.9％）にとどまった（詳細につき、巻末 Appendix 参照）。本章では、ここで抽出された判例を中心に検討を進めてゆくが、この抽出方法では漏れが生じ得ることに注意し、適宜事案を補ってゆくことにする。

---

6)　Andrew F. Tuch, *Fiduciary Principles in Banking, in* OXFORD HANDBOOK OF FIDUCIARY LAW 125, 126 (Evan Criddle, Paul Miller & Robert Sitkoff eds., 2019).

(2) コモン・ロー上のフィデューシャリー関係

コモン・ローで伝統的にフィデューシャリー・デューティーが認められてきたのが、信託における受託者と受益者の関係、遺産管理・遺言執行における遺産管理人・遺言執行人と相続人・受遺者の関係、代理における代理人と本人の関係、会社における役員と会社の関係である。

信託は、銀行のフィデューシャリー業務の典型である。例えば信託の受託者の情報提供義務に関するリーディング・ケースとされる Allard v. Pacific National Bank 事件[7]では、被告の Pacific National Bank は原告を受益者とする信託の単独受託者だった。ただし、金融機関が受託者や遺言執行者であるような事件は、上記判例検索調査では出てこない。国法銀行が信託業務を行うには、通貨監督庁(Office of the Comptroller of Currency：以下「OCC」という)による認可を要し、国法銀行はその規制(レギュレーション9[8])の規律を受けるほか、各州の信託法に基づくフィデューシャリー・デューティーに服することになる。

会社法の分野では、上記判例検索調査で目立ったのは、破綻した銀行の取締役に対する連邦預金保険公社(Federal Deposit Insurance Corporation：以下「FDIC」という)の訴えである。破綻前であっても、FDIC は銀行取締役のフィデューシャリー・デューティー違反に対し、行政処分を下すことができる。例えば Michael v. Federal Deposit Insurance Corporation 事件[9]では、銀行の取締役が自ら個人的利害を有するホテル転売取引において、銀行に購入資金の貸付けをさせた事案で、FDIC が規則(レギュレーションO)とフィデューシャリー・デューティーの違反を理由に、当該取締役の解任を命ずる行政処分を下した。取締役はこれを争ったが行政法審判官は異議を退け、さらに裁判所への上訴も退けられた。ただしこれらの事案で問題となっているのは、取締役の銀行に対するフィデューシャリー・デューティーであって、銀行の顧客に対するフィデューシャリー・デューティーではない。

---

7)　663 P. 2d 104 (Wash. 1983).
8)　12 CFR Part 9.
9)　687 F. 3d 337 (7th Cir. 2012).

（3） 立法の定めるフィデューシャリー関係

コモン・ロー上はフィデューシャリー・デューティーが認められない場合でも、立法でフィデューシャリー・デューティーを課す場合もある。特に重要な例が ERISA で、この連邦法は、企業年金の運用につき重要な役割を果たす者に対して広くフィデューシャリー・デューティーを課した。ERISA は 3 条(21)で、(i)年金プランの経営につき裁量的な権限やコントロールを行使する者や、資産の運用や処分について権限またはコントロールを行使する者、(ii)年金資産について手数料その他の報酬を得て投資助言を与えるか、与える権限または責務を有する者、(iii)年金プランの運営につき裁量的な権限または責任を有する者にフィデューシャリー・デューティーを負わせている[10]。

例えば、F. W. Webb Company v. State Street Bank and Trust Company 事件[11]は、事業会社と同社の年金プランおよびプラン受益者が、401(k)プランの受託者(State Street Bank の子会社)と、投資管理会社 2 社(State Street Bank の子会社 SSGA と、State Street Bank と Citibank が合弁で設立した CitiStreet)を訴えた事件である。原告は、被告らが提供するプラン・メニューに含まれたファンドの一つ Yeild Plus Fund(YPF)がリーマン・ショックによって大暴落したため、損害賠償を求めて訴えを提起した。裁判所は 3 被告とも ERISA によりフィデューシャリー・デューティーを負うとした上で、1996 年から YPF を「安全かつ高利回り」と推奨した SSGA はフィデューシャリー・デューティーに違反していないが、2000-01 年頃からハイリスクのモーゲージ投資に切り替えつつ安全な投資と虚偽の事実を伝えた CitiStreet はフィデューシャリー・デューティーに違反したとする判断を下した。270 万ドルを請求した訴えは 2011 年 3 月に和解したが、和解額は公表されていない[12]。

ERISA の定めるフィデューシャリー・デューティーを根拠とする訴訟で、米国で 2000 年代以降に話題となったのが、過剰報酬訴訟(Excessive Fee Litigation)と呼ばれる訴訟である。先駆的判決とされる Braden v. Wal-Mart Stores, Inc. 事件(2009)[13]では、ウォルマートの 401(k)プランに加入していた従業員が

---

10) Employee Retirement Income Security Act § 3(21); 29 U. S. C. § 1002(21).

11) 2010 U. S. Dist. LEXIS 82759 (S. D. N. Y. August 12, 2010).

12) https://www.law360.com/articles/234449(最終検索日 2019 年 6 月 3 日：以下同).

ウォルマートに対して提起したクラス・アクションで、第8巡回区上訴裁判所が原告の訴えを認めた。原告は、被告が手数料の安い機関投資家向けファンドではなくリテールのミューチュアル・ファンドを選定したこと、またファンドの手数料や手数料収入の分配に関する情報公開を怠ったことは、フィデューシャリー・デューティー違反にあたると主張した。原告はさらに、プランの管理者で運用顧問でもあったメリルリンチも被告に追加し、手数料収入の分配額を基準にファンド提供の判断をしたことで、フィデューシャリー・デューティーに違反したと主張した。第8巡回区は、訴えを却下した第一審を覆した。差戻審で1,350万ドルの和解が成立したと報じられている[14]。

　こうしたいわゆる過剰報酬訴訟は、2000年代半ばに一部の原告側弁護士によって仕掛けられた訴訟で、Jerry Schlichterなど、従来は人身損害賠償訴訟を手掛けた弁護士の名前が挙げられている[15]。こうした訴訟は、年金プランの手数料に対する関心を高めた一方、争われる額の大きさから、根拠のない訴訟や和解狙いの濫用的な訴えを招いたともいわれるなど、毀誉褒貶がある。

　1940年投資会社法（以下「米国投資会社法」という）も、36条で投資会社と関わるフィデューシャリー・デューティー違反について規定している[16]。同条(a)項は、投資会社の執行役、取締役、助言委員会メンバー、投資助言者らにフィデューシャリー・デューティーを課したうえで、義務違反について民事訴訟を提起する権限をSECに与えている。さらに(b)項は、手数料の支払いについて投資助言者にフィデューシャリー・デューティーを負わせたうえで、義務違反について投資家に私的訴権を与えている。この36条(b)項の下で、連邦最高裁が判断を下したのが、Jones v. Harris Associates L. P. 事件(2010)[17]である。この中で連邦最高裁は、ミューチュアル・ファンドの手数料が、受認者の提供し

---

13)　588 F. 3d 585 (8th Cir. 2009).

14)　Court Grants Preliminary Approval to Settlement of Wal-Mart 401(k) Fee Lawsuit (Dec. 13, 2011), https://www. groom. com/wp-content/uploads/2017/09/1093_Wal-Mart_401k_fee_Settlem ent. pdf

15)　Greg Iacurci, *Jerry Schlichter's fee lawsuits have left an indelible mark on the 401(k) industry* (Sep. 23, 2017), http://www. investmentnews. com/article/20170923/FREE/170929980/je rry-schlichters-fee-lawsuits-have-left-an-indelible-mark-on-the

16)　Investment Company Act of 1940 §36; 15 U. S. C. §80a-35.

17)　559 U. S. 335 (2010).

たサービスとの合理的な関連性を欠いていることは許されないとして、手数料が過剰か否かは複数の考慮要素によって実質的に判断すべきだと判示した[18]。この判決を受けて、36条(b)項に基づく訴えが各地で25件以上起こされた[19]。しかしこれまでのところ、こうした訴訟で原告が勝訴する事例は必ずしも多くない。Kasilag v. Hartford Investment Financial Services, LLC 事件(2017)[20]は、そうした中でトライアルまで至った事件ではあるが、連邦地裁は、被告の提供するサービスの内容と質、利益率、被告の得る付随的利益、規模の利益、競合ファンドの手数料との比較といった要素を考慮しつつ、原告の訴えを退けた。

（4）関係の特性によるフィデューシャリー・デューティーの認定

　判例法や立法によりカテゴリーとしてフィデューシャリー・デューティーが認められる場面の外で、金融機関と顧客との取引関係において、その関係の特性に照らしてフィデューシャリー・デューティーを認めた事案は、数としては少ないが、存在しないわけではない。ここでは、比較的緩やかにフィデューシャリー・デューティーを認めた例として、3つの判決を見てみよう。いずれも連邦地裁による判断だが、こうした事案は一般に州の判例法に基づいて判断され、州ごとにばらつきがある。事件数が少ないため確たることは言えないが、3つの事件ではいずれも、必ずしも大きな金融センター(例えばボストン、シカゴ、ニューヨーク、サンフランシスコ、ワシントンDC)を抱えてはいない州の州法が適用されている。

　1件目が、ユタ州地区連邦地裁の UBS Bank USA v. Ibby LLC 事件[21]である。この判決は、一般論として、フィデューシャリー・デューティーに「一方当事者が相手方の信頼と信用を得て、相手方に通常と異なる影響力を及ぼした時」

---

18)　これは第2巡回区における判断基準を肯定するもので(Gartenberg v. Merrill Lynch Asset Management, Inc., 694 F.2d 923 (2d Cir. 1982))、適切な情報開示がなされていればよいとする第7巡回区の判断を覆すものだった。

19)　Another Court Rejects Excessive Fee Claims Following Trial on Mutual Fund "Manager of Managers" Theory (March 7, 2017), https://www. ropesgray. com/en/newsroom/alerts/2017/03/Another‒Court‒Rejects‒Excessive‒Fee‒Claims‒Following‒Trial‒on‒Mutual‒Fund‒Manager‒of‒Managers‒Theory

20)　2017 U. S. Dist. LEXIS 28280 (D. N. J. February 28, 2017).

21)　2009 U. S. Dist. LEXIS 115396 (D. Utah, December 10, 2009).

に認められると述べ、フィデューシャリー・デューティーを肯定した点で注目できる。この事件は、金融機関 UBS が Ibby LLC（実質的に Ibbetson 個人の会社）に対し、資産を担保に信用を供与し、ハイリスクの投資をするよう助言をしたところ、多額の損を生じた事件である。裁判所は、通常の金融取引ではフィデューシャリー・デューティーは生じないものの、本件で被告は、投資経験のない原告にレバレッジローンを勧めており、通常の金融取引より踏み込んだ助言をしたとして、裁判所はフィデューシャリー・デューティーの成立する余地を認めた。より厳密には、フィデューシャリー・デューティーは両者の取引全体についてではなく、信用を供与した範囲で限定的に認められている。しかし裁判所は、フィデューシャリー・デューティー違反を根拠に、不法行為による経済的損失の賠償を求めた原告の請求は肯定できると判示した。これにより事件はトライアルに進み、そこで具体的な損害賠償額が判断されることになる。

オハイオ州南部地区連邦地裁の Ponder v. Bank of America 判決[22] も、例外的に金融取引におけるフィデューシャリー・デューティーを肯定した事例である。これは、自宅にモーゲージを設定した不動産所有者 17 人がモーゲージ取引相手方の金融機関を訴えた事件である。被告は多重債務者へのアウトリーチ・イベントを開催し、訪れた原告らに、債務整理の上で支払いを継続できると伝えた。しかし被告はこれに対するフォローアップを怠り、その間に原告の自宅に対してモーゲージが実行された。裁判所は、一般にモーゲージ取引のような債権債務関係でフィデューシャリー・デューティーは生じないが、本件では原告と被告との間に特別の信頼と信用の関係があり、フィデューシャリー・デューティー違反による請求が認められる余地があるとして、被告の却下の申立を退けた。

最後に、*In re* Merrill Lynch Auction Rate Securities Litigation 事件[23]を見てみよう。これは、メリルリンチの子会社である証券会社が発行した仕組債 Auction Rate Securities に関わるクラス・アクションである。被告はこの仕組債の発行助言と引受け業務を行う一方で、仕組債市場で入札・相場維持も行っていた。この取引には利益相反的な面があり、被告は 2006 年に、情報開示が

---

22)　2011 U. S. Dist. LEXIS 154581 (S. D. Ohio, March 8, 2011).
23)　758 F. Supp. 2d 264 (S. D. N. Y. 2010).

不適切だとして SEC から制裁を課されていた。その後 2008 年にリーマン・ショックが発生すると、仕組債市場の相場が維持しきれなくなり、仕組債の利率は 12% まで上昇する事態となった。損失を被った原告が提起したクラス・アクションにおいて、裁判所は、被告証券会社は原告に対し、最適な債務ストラクチャーについて継続的に助言する関係にあったとしてフィデューシャリー・デューティーの存在を認めた。この判断により、原告らが過剰な利払いをした分と、債務整理にあたって要した費用について損害賠償が認められ得ることになった。具体的な損害賠償額については、後の裁判手続で判断が下される。

　なおこの事件で裁判所は、ルイジアナ州の銀行法上、銀行がフィデューシャリー・デューティーを引き受けるには書面によることを求める規定があることに触れている。ただし結論としては、本件の被告は証券会社であり銀行法の規定は当てはまらないとされ、この点は傍論となる。それでも、このことは金融機関のフィデューシャリー・デューティーの認定に慎重であるべきという規範が、判例だけでなく立法でも定立され得ることを示している。他方で、この銀行法上の書面要件がどこまで厳格なのか、また同一金融機関が銀行業も証券業も営む今日、その適用範囲が明確かなど、やや曖昧さをはらむようにも見受けられる。

　以上の 3 件はいずれも、通常の金融取引から生ずる債権債務関係について、一般にはフィデューシャリー・デューティーが認められないとしつつ、金融機関が顧客に対して信頼と信用を生じさせ、特別の影響力を持つような特段の事情があった場合に限ってフィデューシャリー・デューティーを肯定している。具体的には、顧客が信頼せざるを得ないような高度な助言をした、その際に金融機関が顧客と利益相反的な立場にあった、またそうした事情について情報を開示しなかった、といった事実があると、フィデューシャリー・デューティー違反が認められやすくなる。

　金融取引で、高度な助言と顧客の信頼、利益相反と情報開示といった要素が目立つ局面が、投資銀行による M＆A 助言業務である。米国の判例でも、M＆A 助言業務において投資銀行がフィデューシャリー・デューティーを負う場合があることは認められている。上記の抽出判例に含まれた判決ではないが、*In re* Daisy Systems Corp 事件[24]において第 9 巡回区上訴裁判所は、Daisy

Systems 社が競合会社に対する敵対的買収を仕掛けた際に、助言を提供した投資銀行 Bear Stearns が、フィデューシャリー・デューティーを負い得ると判示した。Daisy Systems は買収に成功したが、Bear Stearns が買収に必要な資金の融資を提供することを拒んだために破産に追い込まれ、Daisy Systems の破産管財人が Bear Stearns に対し損害賠償を求めて訴えを提起した。第一審裁判所は、Daisy Systems は商業取引に精通しており Bear Stearns が優越的な立場にあったとは言えないとして訴えを退けたが、第9巡回区はこれを覆し、Bear Stearns は Daisy Systems の経験のない取引で助言を依頼されたのであり、フィデューシャリー・デューティーを生じさせるに足るだけの優越的な立場にあったと認める余地があるとして、事件を差戻した。判決の中で第9巡回区は、フィデューシャリー・デューティーの存否は当事者間の信頼関係や代理関係の有無など、事実関係によることを強調している。差戻審では陪審審理が行われ、陪審はフィデューシャリー・デューティーの存在を肯定したものの、義務違反は否定した。ただし陪審は、Bear Stearns が専門家として過失を犯したとして、2億7,700万ドルの請求のうち1億800万ドルの損害賠償を認める判決を下した。管財人側は、もしフィデューシャリー・デューティー違反が認められれば、損害賠償額は10億ドル近くに上っただろうとコメントしている[25]。

2　フィデューシャリー・デューティー違反認定の効果

(1) フィデューシャリー・デューティー違反への救済概論

　フィデューシャリー・デューティー違反に対する効果を、まず金融取引に限定せず、一般論として概観しておこう。

　米国では、フィデューシャリー・デューティー違反に対してエクイティ上の救済が与えられ、コモン・ロー上は認められない踏み込んだ救済が認められるとされる。具体的には不法行為や契約におけるコモン・ロー上の救済では損害賠償しか認められないところ、エクイティ上の救済では差止命令も認められ得

---

24)　97 F. 3d 1171, 1177-80 (9th Cir. 1996).

25)　M. Breen Haire, *The Fiduciary Responsibilities of Investment Bankers in Change-of-Control Transactions: In re Daisy Systems Corp.*, 74 N. Y. U. L. REV. 277, 288-89 (1999).

第3章　米国金融機関に対する司法判断の状況　　121

る。また損害賠償も、損害の塡補に留まらず、受認者の利得の返還など、行為の悪質さに応じて裁判所の裁量を伴う広い救済が認められ得る。

　フィデューシャリー・デューティー違反に対する救済のリーディング・ケースとして、*In re* Rothko's Estate 事件(1977)[26]がある。この事件で、有名な現代画家 Mark Rothko に遺言執行者に指定された者が、利益相反の立場にありながら遺産に含まれる絵画を次々に売却したのに対し、裁判所は緊急的差止命令や暫定的差止命令など、裁判の早い段階から踏み込んだ救済を打ち出した。

　今日の米国において、フィデューシャリー・デューティー違反に対する差止命令は決して稀ではない。特に会社法の分野では、差止命令が重要な救済とされており、近年のデラウェア州裁判所でも、*In re* Del Monte Foods Co., S'holders Litigation 事件(2011)[27]や、*In re* El Paso Corp. S'holder Litigation 事件(2012)[28]など、暫定的差止命令が下され、注目を集めた。しかし、銀行など金融機関と顧客との取引におけるフィデューシャリー・デューティー違反が問題となる事案では、実際に損失が発生した後に損害賠償を中心とした救済を求められる事案がほとんどであるように見受けられる。したがって、以下では不当利得返還を含めた金銭賠償を中心に検討してゆくことにする。

① 不法行為法

　まずは、不法行為法、契約法、代理法といった実体法から見てゆく。不法行為法(経済的損失の損害賠償責任)第3次リステイトメントも、フィデューシャリー・デューティー違反についての規定を置いている。

　20条　フィデューシャリー・デューティー違反
　(a) フィデューシャリー・デューティーに違反した者は、義務を負う相手方に対し損害賠償義務を負う。
　(b) 意図的に他者をフィデューシャリー・デューティーに違反するよう誘引した者、またはフィデューシャリー・デューティー違反を意図的かつ実質的

---

26)　43 N. Y. 2d 305, 372 N. E. 2d 291 (1977).
27)　25 A. 3d 813 (Del. Ch. 2011).
28)　41 A. 3d 432 (Del. Ch. 2012).

に幇助した者は、フィデューシャリー・デューティーの相手方に対して損害賠償責任を負う[29]。

　一見すると同語反復的な規律だが、この規定は、米国の不法行為法において、経済的損失を避ける一般的な注意義務が認められないことに照らすと、重要な規定である[30]。経済的損失については、特段の事情により注意義務が認められない限り、過失不法行為で救済が与えられない。したがって、フィデューシャリー・デューティーが認められれば、本来認められない経済的損失の賠償が認められることになる。換言すれば、金融機関が受認者とされるか次第で、顧客の経済的損失の損害賠償責任の有無が左右される。

　ただしコメントでは、フィデューシャリー・デューティー違反に基づく主張をする原告は、不法行為法に基づく救済よりも不当利得法に基づく救済を求める方が一般的だとされる。なぜなら、フィデューシャリー・デューティー違反は往々にして受認者に大きな利益をもたらすので、被害者は擬制信託などのエクイティ上の救済でこの利益を取り返そうとするからである。これに対して不法行為に基づく救済は損害の填補であり、これが有効なのは原告の被った損失が被告の得た利益より大きい場合である。さらに、フィデューシャリー・デューティー違反に対して懲罰的賠償が認められることもありえ、この場合は契約や不当利得よりも不法行為に基づく請求の方が認められやすい[31]。

　この20条には、通常の契約とフィデューシャリー・デューティー違反の関係についても解説がある[32]。契約の文言によって、一方当事者の福利が他方当事者に委ねられるような場合には、フィデューシャリー・デューティーが生ずる場合もある。他方で、契約関係のある当事者間で、契約文言に対する違反はなくても、フィデューシャリー・デューティー違反が認められる場合がある。

　具体例として20条の事例3は、通常であればフィデューシャリー・デューティーが認められない新規株式公開における引受契約について、フィデューシ

---

29) Restatement (Third) of Torts: Liability for Economic Harm §20 (Tentative Draft No. 3, March 2018).

30) *Id.* §1 cmt. a–c.

31) *Id.* §20 cmt. b.

32) *Id.* cmt. c.

ャリー・デューティー違反が認められる場合を示している[33]。新規株式公開で発行会社に専門的な助言をしている引受人が、別の顧客との間で、その顧客が新規公開株を低い公募価格で入手して高値で売れた場合には、その利益の一部を引受人に支払う契約を結んだ。ここで引受人は、通常の引受業務よりも高度の助言を行っており、別の顧客との契約のために公募価格を低く設定するよう助言する動機をもち、こうした事情を発行会社に開示していない。この場合には、引受契約違反がなくとも、フィデューシャリー・デューティー違反に基づく損害賠償が認められる。この事例は、ゴールドマンサックスが引受人を務めた事案をめぐる判決を下敷きにしている[34]。

(b)項のフィデューシャリー・デューティー違反の誘引と幇助については、リステイトメントの解説は5章における二次的責任についての規律を参照するよう指示している。本章でも、以下で具体的な事案との関係で扱うことにする[35]。

② 契約法

契約法第2次リステイトメントは、フィデューシャリー・デューティーについて直截の規定はおいていないが、いくつかの条項でフィデューシャリー・デューティーに触れている。そこでの特徴は、契約当事者が原則として互いに情報提供義務を負わないところで、フィデューシャリー・デューティーがかかわる場合には受認者に情報開示義務を負わせている点である。

まず、契約締結時の情報開示に関する規定が次の161条である。

161条 非開示が事実の言明と同視される場合

一方当事者が知っている事実を開示しなかった場合、当該事実の不存在を言明したのと同視されるのは、次の場合に限られる：

〔(a)-(c) 略〕

---

33) *Id.* illustration 3.

34) EBC I, Inc. v. Goldman Sachs & Co., 5 N.Y. 3d 11, 799 N.Y.S. 2d 170, 832 N.E. 2d 26 (2005).

35) 後掲注52)-54) 参照。

(d) 当事者間の信頼と信用の関係を理由として、相手方当事者が当該事実を知る権利を有する場合

ここでは、契約締結時の情報非開示が不利に扱われる場面として、(a)以前の言明が不実表示や詐欺になるのを防ぐのに開示が必要な場合、(b)契約締結の前提に関する相手方の錯誤を解消するために開示が必要で、かつ不開示が信義誠実の原則に反する場合、(c)契約の内容に関する相手方の錯誤を解消するために開示が必要な場合と並び、信頼と信用の関係が存在する場合が掲げられている。

なお、161 条が想定するのは、「信頼と信用の関係」というフィデューシャリー関係より広い場面である。より厳密にフィデューシャリー関係が認められる当事者間の契約では、受認者に厳格な情報開示義務を課される。これを定めるのが、次の 173 条である。

173 条 フィデューシャリー関係の濫用により契約が取消され得る場合[36]
受認者が受益者とフィデューシャリー関係の対象内の事柄について契約を結んだ場合、次の 2 要件が満たされない限り、契約は受益者によって取消され得る：
(a) 契約が公平な条件によること
(b) 受益権的利益を有するすべての当事者が、自らの法的権利および受認者が知るか知るべき関連事実すべてを完全に理解した上で、同意を表示すること。

そして、フィデューシャリー関係を濫用した契約が取消され無効となった場合の効果については、次のように規定する。

374 条 契約が取消しうる場合の不当利得返還
無能力、錯誤、不実表示、強迫、不当威圧、またはフィデューシャリー関係

---

36) Restatement (Second) of Contracts §173 (1981).

の濫用により契約を取消した(無効とした avoid)当事者は、契約の履行または
信頼によって相手方当事者に与えたすべての利得の返還を受ける権利を有す
る[37]。

したがって、受託者や代理人などフィデューシャリー・デューティーを負う者
が自己取引にあたる契約をした場合は、契約の取消しを介して不当利得返還の
救済に接続されている[38]。
　さらに193条は、フィデューシャリー・デューティー違反を誘引するような
契約を公序良俗に反し効力を認めないとしている。ただしその場合にフィデュ
ーシャリー・デューティーの相手方の得られる救済については、信託や代理法
などフィデューシャリー・デューティーを生じさせる関係の側で規律されるこ
とになる。

③ 代理法

　代理法第3次リステイトメントを見てみよう。そこでは、代理人のフィデュ
ーシャリー・デューティーについて次のように規定している。

8.01 条　フィデューシャリー・デューティーの一般的原則
　代理人は、代理関係に関わるすべての事柄につき、本人の利益のために忠実
に行為するフィデューシャリー・デューティーを負う[39]。

　代理人のフィデューシャリー・デューティー違反に対する救済は、コメント
に記載がある[40]。そこでは、救済の一般論として差止命令のほか、不法行為法
(懲罰的賠償含む)、契約法、不当利得法に基づく金銭賠償が認められるとして、

---

37)　*Id.* § 374.
38)　なお、フィデューシャリー関係より広く、当事者間に信用と信頼の関係がある場合には、信用
　と信頼を受ける当事者は、相手方が特定の事実を知る権利を有するにもかかわらずこれを開示しな
　かった場合には、当該事実が存在しないと確約したものとみなされる。*Id.* § 161. この場合には確
　約は不実表示となる。
39)　Restatement (Third) of Agency § 8. 01 (2006).
40)　*Id.* cmt. d.

126   2 フィデューシャリー・デューティー違反認定の効果

具体的な救済はそれぞれの法分野のリステイトメントが参照されている。
　そうした中で、具体的な類型における救済についていくつか記載がある。そのひとつが、手数料その他の報酬の没収の可否である。リステイトメントはこの論点について、全米の裁判所の間で立場に揺らぎがあることを認め、裁判所の裁量が大きいことを指摘している。これは、過剰報酬訴訟を念頭におきつつ、リステイトメント起草時の流動的な状況を踏まえて、慎重な記述をしているものと推測される[41]。

④ 不当利得法
　以上を踏まえ、不当利得法の救済につき、不当利得法第3次リステイトメントのフィデューシャリー・デューティー違反についての規定を見てみよう。

43条　フィデューシャリー関係または信頼関係
(a)フィデューシャリー・デューティー違反、(b)これに相応して信頼と信用に基づく関係により課される義務への違反、または(c)他者の同様の義務違反によって利益を得た者は、義務の相手方に対して、不当利得を返還する義務を負う[42]。

　この規定のコメントは、不当利得返還の目的が利益の吐出しにあることを強調し、この救済を認めるにあたって、受益者の損害の証明は要しないことを明言している[43]。具体例としては、受託者がフィデューシャリー・デューティーに反して取得した賃借権[44]、弁護士が利益相反で受任した事件の報酬、代理人が横領した財産、当該財産による取引の対価、信託財産の流用による利益、機密情報により行ったビジネスの利益などが、不当利得返還の対象となり得る。金融機関が代理人として行為する際に財産を横領したり、顧客の機密情報によりビジネスを行ったりすることもあり得るので、これらの例示は金融機関とも

---

41)　前掲注 13)-15)。
42)　RESTATEMENT (THIRD) OF RESTITUTION § 43 (2011).
43)　*Id.* comt. b.
44)　この例示は、利益相反に対して厳格な立場をとり、救済として不当利得の返還を命じたイングランドの古典的判例 *Keech v Sandford* (1726) 25 E. R. 223 を念頭においている。

無縁ではない。

　そしてフィデューシャリー・デューティー違反について、吐出しの対象となる利得の算定ルールを具体的に規定するのが、以下の規定である。

51条　不正行為による不当利得；利得吐出し；清算した上での償還
(4)……意図的な不正行為者、または知識または過失を問わずフィデューシャリー・デューティー違反者の不当利得は、その基礎となる不正に帰せられる総利益である。ここでの不当利得返還の目的は、不正行為から得られる利益を失わせつつ、可能な限り懲罰を避けることにある。この目的のための不当利得返還の救済は、しばしば「利得吐出し disgorgement」または「清算した上での償還 accounting」と呼ばれる。
(5)総利益を決定するにあたって、裁判所は、(4)で示された不当利得返還の目的に沿って、合理性と公正性にかなうような、因果関係と疎遠性の判断基準の適用、額の振り分け、加算と控除、証拠提出義務の割り振りをすることができる。……

(4)は端的に、不当利得の額は不正に帰せられる総利益であるとしている。しかし具体的な算定にあたっては、裁判所にかなりの裁量の幅が与えられており、その考慮要素が(5)で示されている。

　因果関係と疎遠性[45]の判断基準は事案によって調整されうる。違反行為と事実的因果関係がある利得は、違反者の手元に残しておくべきではないという判断であれば、吐出しの対象になる。受認者が託された財産をフィデューシャリー・デューティーに反して投資に回して得た利益は、受認者が投資の能力を発揮した、たまたま相場がよかった、といった他の要因が介在しても一般に不当利得返還の対象となる。投資に回して得た利益をさらに別の資産に投資して得た利益、といったように因果関係が連鎖する場合は、典型的に疎遠性の法理が考慮され、そこでの因果関係の有無や損害が疎遠か否かといった判断には、当該利益をフィデューシャリー・デューティー違反者が保持するのを許すべきか、

---

45)　疎遠性の法理(remoteness of damage)とは、原因行為と損害との間に因果関係があっても、その関係がかけ離れている場合には、法的因果関係を否定するコモン・ローの法理を指す。

本来の財産保有者に戻させるべきかという暗黙の価値判断が反映される[46]。また、仮に受認者が問題の財産に手を付けていなくても、別の資金源を用いて同じ投資をして同じ利益を得ていたであろうことが証明され、その意味で事実的因果関係が否定されても、それが直ちに不当利得返還を否定することにはならない[47]。このように、リステイトメントのコメントは、裁判所に、因果関係と疎遠性の判断について広い価値判断と裁量を認めている。

　不当な利得の振り分け、すなわち不正行為が複雑なビジネスの一環で行われ、得られた利得に正当な利益と不当な利益が混在する場合にも、いずれを不当利得とするか算定するにあたり、価値判断が伴う[48]。

　不当利得の額の加算と控除にも、個々の事案に応じて、裁判所の価値判断が反映され得る。意図的不正行為者またはフィデューシャリー・デューティー違反者は、財産を取得または保存するために支出した金銭を、返還すべき不当利得の額から控除できる。この支出は相手方に利得となっているので、いわば不当利得の相殺として認めることができるからである。これに対し、役務による貢献は控除を許されない。これは、権利者がフィデューシャリー・デューティーに違反した相手と役務契約を結ばされるのに等しいため、正当化できないからである。また原告に対する不正を働くのに直接的に生じた支出については、加算を許されない。利益相反取引の取引手数料を取ることは正当化できない[49]。

　さらに、不当利得の額の算定には不確実性が伴うことが多い。この不確実性のリスクをどちらに負担させるかも、裁判所の価値判断にかかってくる。伝統的には、不当利得の額は返還を求める側が証明責任を負い、不当利得の減額分は不正行為をした側が証明責任を負うとされた。しかし第3次リステイトメントは、証明責任の移動という手法を取らず、証拠提出責任の分配という手法を取り、返還を求める側の証明の負担を緩和した。利得吐出しを求める原告は、少なくとも不当な利益の額の合理的な概算ができるだけの証拠を提出する義務を負う。総利益の算定にあたって不確実さのリスクが残る場合には、その不利

---

46) RESTATEMENT (THIRD) OF RESTITUTION §51(5)(a)(b) cmt. f (2011). コメントでは受託者のフィデューシャリー・デューティーを例に用いているが、これを本文では受認者に一般化した。
47) Id. §51, illustration 12.
48) Id. §51(5) cmt. g.
49) Id. §51(5)(c) cmt. h.

益は被告が負う[50]。

　不当利得返還額の算定は、エクイティ裁判所の裁量による面が大きいが、以上のように裁判所による算定に価値判断が伴うことを正面から認めつつ、ガイドラインを示している点で、リステイトメント 51 条は重要な意義をもつ。同時に、本条を含めリステイトメントは、この価値判断があくまで不当利得を不正行為者の手許から除去することを目的とし、懲罰を加えることを可能な限り避けるべきだと強調している[51]。ただし、この懲罰の点については、後に(3)で見るように米国では論争がある。

（2）金融機関のフィデューシャリー・デューティー違反と損害賠償

　近年フィデューシャリー・デューティー違反に対する救済として、高額の損害賠償が認められた事案として興味深いのが、投資銀行が M & A 取引の助言を行った際に、顧客会社の取締役による注意義務違反を幇助教唆したと認定された RBC Capital Markets, LLC v. Jervis 事件[52]である。この事件では、救急医療用搬送サービスを手掛ける Rural 社の身売りに際して、Royal Bank of Canada 傘下の投資銀行 RBC Capital が取締役会に助言を行っていた。ところが Rural 社の競合会社も身売りを検討しており、これを買収した会社が Rural のビジネスも買収すると目される中、RBC は Rural 社の売却に関わりつつ、その後の買収取引の助言ビジネスも狙う動きを見せた。最終的に Rural 社の売却は成立したが、Rural 社の株主は RBC が買収側に利害関係を有していたため、不当に低い価格で買収が成立したとして、損害賠償を求めるクラス・アクションを提起した。下級審は原告の主張を認め、被告が利益相反のため適正な買収価格を目指す助言を怠り、取締役の注意義務違反を幇助教唆したとして、本来の適正価格と実際の買収価格との差額を基礎に、7,580 万ドルの損害賠償を認めた。デラウェア最高裁は、結論としてこの判決を支持する判断を下した。

　なおこの事件では、Rural 社の取締役は注意義務に違反したとされたが、損害賠償責任は免除された。デラウェア州法の下では、会社定款の規定により取

50）　*Id.* § 51(5)(d) cmt. i.

51）　*Id.* § 51(5) cmt. k.

52）　129 A. 3d 816 (Del. 2015). この判決については、Deborah DeMott 教授から教示を受けた。

締役の免責が認められ[53]、Rural 社はこれに基づく定款規定を有していたためである。被告は、注意義務違反を行った本人が免責され、教唆幇助者がすべての損害賠償責任を負わされるのは正当化できないと抗弁した。しかし最高裁は、取締役の注意義務についての損害賠償責任の免除は経営判断原則と同じ理由で正当化できるのに対し、被告らは取締役の信頼を受けて助言を提供しながら、意図的に取締役の注意義務違反を幇助教唆したのであり、その場合には全損害の賠償責任を負わせることが立法意図にかなうと判示した[54]。

もう１件、興味深いのが、利益相反に対処する情報隔壁について判示がなされた AFTRA Retirement Fund v. JPMorgan Chase Bank 事件[55]である。JP モルガンは、複数の年金受託者からセキュリティ・レンディング取引を受託し、預かった証券をシグマ・ファイナンスに貸し付けていた。これは年金受託者から受託したフィデューシャリー業務となる。他方で JP モルガンは、自己勘定でシグマ・ファイナンスとレポ取引をしていた。そこにリーマン・ショックが発生し、シグマ・ファイナンスは経営危機に陥った。その際 JP モルガンのレポ取引をしていた部門は早期に債権を回収することに成功したが、情報隔壁が敷かれていたため、セキュリティ・レンディングをしていた部門は情報入手が遅れ、その間にシグマ・ファイナンスは破綻した。このため損失を被った年金の受託者らは、被告 JP モルガンに対し民事訴訟を提起し、フィデューシャリー・デューティー違反に基づく損害賠償を求めた。裁判所は、自己勘定部門の取引について、フィデューシャリーでない業務に従事する者はフィデューシャリー・デューティーを負わず、またフィデューシャリー部門に情報を伝える義務もないとして、原告の主張を退けた。ただし、フィデューシャリー部門が注意義務を果たしたかについては、さらに審理が必要だとした。この事件では、最終的に 2012 年 6 月に 1 億 5,000 万ドルで和解が成立したと報じられている[56]。

この２つの事件では、RBC は利益相反の立場に立ったために厳格な損害賠

---

53) Delaware General Corporation Law, Section 102(b)(7).

54) *RBC Capital*, 129 A.3d, at 874-75.

55) 806 F. Supp. 2d 662 (S.D.N.Y. 2011).

56) https://www.bloomberg.com/news/articles/2012-03-20/jpmorgan-chase-settles-aftra-pension-suit-for-150-million

償責任を負ったのに対し、JP モルガンは情報隔壁によって利益相反の認定を回避した。これによって、自己勘定部門取引における利得の返還ないし吐出しといった厳格な損害賠償は避けることができた。ただし、注意義務違反に対する損害賠償でも、取引の規模の大きさに伴い、損害賠償額は決して小さくなかったものと想像され、それが高額の和解金に結び付いたといえる。

（3）損害賠償の正当化根拠

　フィデューシャリー・デューティー違反に対する利得吐出しを含めた救済をどのように理論的に位置づけるかについて、近年の米国では議論がある。

　米国では伝統的に、民事訴訟における損害賠償の意義として、①損害の塡補、②不正行為の抑止、③懲罰の 3 つがあると言われてきた。契約法における救済では、あくまで①の損害塡補を旨とし、契約違反を抑止したり、それに懲罰を加えたりはしない、と言われる。このことが、原告の損害軽減義務やいわゆる契約を破る自由といった議論に反映される[57]。不法行為における救済は、②抑止や③懲罰にまで及び、悪質な行為に対しては契約違反では認められない懲罰的賠償により、実損よりも高額な損害賠償が認められる。

　こうした中で、フィデューシャリー・デューティー違反に対する不当利得返還はどのように位置づけられるだろうか。この点につき、近年の連邦最高裁が興味深い判決を下している。いわゆる「利得吐出し disgorgement」の救済が「懲罰 penalty」といえるかが問題となった Kokesh v. SEC 事件[58]である。問題となった救済は、投資会社法違反につき、SEC が裁判所のエクイティ上の差止権限の行使として請求できる付随的司法救済 (ancillary remedy) で、一般的な民事訴訟における救済ではない。しかし、その判示には利得吐出しについて興味深い一般論が展開されていた。

　連邦最高裁は、利得吐出し命令とは、被告が公法に違反した者だと懲罰の目的でレッテルを貼るもので、損害賠償より踏み込んだ救済だと判示した。実際に、利得吐出し命令では、被告が得た利益以上の額の支払いを命ずる場合もある、というのである。

---

57)　樋口範雄『アメリカ契約法〔第 2 版〕』(2008) 49-54 頁。
58)　137 S. Ct. 1635 (2017).

132　　2　フィデューシャリー・デューティー違反認定の効果

　ただしこの論点に対しては、有力な体系書が異なる結論を導いていたことに
注意する必要がある。Hazen 教授の証券規制関係法のホーンブックでは、利
得吐出しはあくまで救済であることが強調されている[59]。確かに、利得吐出し
は損失塡補に留まるものではないが、懲罰目的で認められるものではない。救
済の主要な機能は、不正行為を行った者に、不当な利益の果実を与えないこと
だというのである。

　こうした抽象論が実際の救済の帰結にどこまで影響を及ぼすかは、不透明な
面も多い。実際に Kokesh 判決で争われたのは、「懲罰 penalty」の執行に関わ
る訴えについて 5 年の時効を設けた連邦法のテクニカルな解釈問題だった。連
邦最高裁は、利得吐出しに基づく訴訟が「懲罰」に当たると判断したが、具体
的な利得の吐き出しが争われたわけではない[60]。しかし、利得吐出しの救済の
位置づけについて、今日でも争いがあることは理解することができる。

　これと関連する論点が、フィデューシャリー・デューティー違反に対して懲
罰賠償を認めるか、という問題である。これを留保付きながら肯定するのが、
信託法第 3 次リステイトメントである。このリステイトメント 100 条に付され
た解説では、信託違反への救済は、原則として信託財産の復旧と本来の分配の
回復と、不当な利得の返還という原状回復的な内容だとしている。しかし、州
によっては懲罰的賠償を認めている[61]。既にみたように、不当利得リステイト
メント 51 条は不当利得返還が懲罰を目的としないことを強調していた。しか
し、問題となる不正行為が、利得吐出しで十分な抑止にならないならば懲罰的
賠償が別途認められる余地はあり、ただしそれは不当利得リステイトメントの
対象外とする態度がとられていた[62]。

　しかし論者の中には、フィデューシャリー・デューティー違反に対する懲罰
的賠償を認めるのに否定的な見解も少なくない[63]。フィデューシャリー・デュ
ーティー違反に対する懲罰的賠償は、米国の法律家による擬制信託の無理解を

---

59)　Thomas Lee Hazen, The Law of Securities Regulation 681 (7th ed. 2017).
60)　28 U. S. C. § 2462.
61)　Restatement (Third) of Trusts § 100, cmt. d (2003).
62)　Restatement (Third) of Restitution § 51(4), cmt. k (2011).
63)　Samuel L. Bray, *Punitive Damages against Trustees?*, in Research Handbook on Fiduciary Law 201 (D. Gordon Smith & Andrew S. Gold eds., 2018).

反映する。それは、原状回復の理念に反する上に、リスク回避型の人を過剰に抑止し、リスク選好型の者に対する抑止として不十分だとして、望ましいインセンティブには結びつかない、というのである。

エクイティ上の損害賠償を懲罰と認めるか否かは、先に触れた米国の忠実義務違反に対する救済に関するリーディング・ケース *In re* Rothko's Estate 事件の位置づけをめぐっても争われている。この事件でニューヨークの最上級審裁判所は、利益相反の立場にありつつ信託財産の絵画を売却した受認者（遺言執行人）に対し、売買契約を取消した上で、絵画そのものの取戻しかまたは判決時までに上昇した絵画の価格の賠償を命じた。これを従来の米国の信託法では一般に、利益相反に対して厳格な立場をとるものとして肯定してきた[64]。

しかしこれに対し、Rothko 判決で認められた損害賠償は、過度に制裁的であるとした批判も根強い。この立場からは、判決時の絵画の価格に相当する損害賠償命令は、義務違反を認められた受認者に対し、価格変動リスクに対する保険の提供を命ずることに他ならない。遺言執行人の絵画の売却条件も Rothko 自身が生前に行った取引の条件とあまり変わらないこと、利益相反の立場に置かれた者を遺言執行人に選任したのが Rothko 自身だったことに照らすと、Rothko 事件での忠実義務違反がそこまで重大だったかにも疑問がある。こうした事情であれば、損害賠償の額はせいぜい遺言執行人が取引を通じて得た利得の吐出しにとどめるべきだ、というのである[65]。

このように、フィデューシャリー・デューティー違反に対する救済をどのように正当化し位置づけるかについては、米国でも揺れがある。

3　フィデューシャリー・デューティー違反を争う意味

(1) フィデューシャリー・デューティー違反を巡る訴訟の全体像

フィデューシャリー・デューティー違反を訴訟で争うことの意味を考えるに

---

64) SCOTT AND ASCHER ON TRUSTS §24.10.

65) Richard V. Wellman, *Punitive Surcharges Against Disloyal Fiduciaries—Is* Rothko *Right?*, 77 MICH. L. REV. 95, 113 (1978); John H. Langbein, *The Contractarian Basis of the Law of Trusts,* 105 YALE L. J. 625, 666 (1995).

134　　3　フィデューシャリー・デューティー違反を争う意味

あたって、ここまで見てきた金融機関とフィデューシャリー・デューティーに関わる判例の全体像を改めて整理してみよう。

まず、金融機関が受託者や遺言執行人のような典型的な受認者である場合を除けば、金融機関がフィデューシャリー・デューティーを負うか否かが争われた訴訟では、否定事例が圧倒的に多い。終局判決において高額の損害賠償が認められた判決は、むしろ見つけるのが困難なほどである。この背景には、米国では金融取引に関する紛争のほとんどは、仲裁などの裁判外紛争解決手続で処理されることがある。裁判所で争われることは稀だとされ、金融機関の責任が認められる事案の多くは仲裁で処理され、公表されていない可能性が高い[66]。

第二に、より法理論的な理由として、米国の判例法理は、金融機関が信託業務を行っている場面を除いては、必ずしもフィデューシャリー・デューティー違反を積極的に認める立場をとっていない。金融機関がフィデューシャリー・デューティーを負う可能性を一般論として肯定し、その基準を示した判決であっても、事案との関係ではフィデューシャリー・デューティーを否定していることが多い[67]。金融機関が顧客への助言によって特別な信頼を生じさせたり、その際に利益相反の立場にあるにもかかわらず適切な情報開示を怠ったりした場合でない限り、一般に債権債務関係を中心とした金融取引でフィデューシャリー・デューティーは認められない。

しかし第三に、金融機関のフィデューシャリー・デューティーが認められる可能性を侮ることはできない。金融機関に対する訴えは、一般的に損害賠償を請求する訴訟が多いが、そこで金融機関によるフィデューシャリー・デューティー違反が認められると、利得の吐出しや報酬の返還などの救済もあり得る。この利得吐出しの救済の法的性格や懲罰的賠償が認められるか否かについて、米国の判例法理は必ずしも明確ではない。しかし、中間的判断でフィデューシャリー・デューティーが認められると、最終的な制裁的な救済が認められ、高額な損害賠償の支払いが命じられる可能性が高まることになる。

第四に、フィデューシャリー・デューティー違反が認められても、救済は損

---

66)　Andrew F. Tuch, *The Weakening of Fiduciary Law*, *in* RESEARCH HANDBOOK ON FIDUCIARY LAW 354, 372-73 (D. Gordon Smith & Andrew S. Gold eds., 2018).

67)　*See, e. g.*, Szulik v. State St. Bank & Trust Co., 935 F. Supp. 2d 240 (2013).

害額の塡補に留まる場合も多いが、事件がクラス・アクションになれば、全体としての損害賠償額は高額になり得る。フィデューシャリー・デューティー違反の認定は、往々にして一金融機関と一顧客との関係に留まらない。年金プランや投資ファンドなどが関わる訴訟は、かなり大規模訴訟の対象となり得、一銀行と一私人の訴訟であれば大した額にはならない手数料の返還も、クラス・アクションとなれば賠償額は大きくなり得る。フィデューシャリー・デューティーへの関心の高まりと、クラス・アクションの可能性は、一般的な労働者の退職金や投資資金が金融市場に流れている現状を反映している面も大きい。製造物責任や証券訴訟のクラス・アクションの余地が狭まってきた米国にあって、こうした状況は原告弁護士の稼ぎ場を提供してもいる。

　第五に、金融機関のフィデューシャリー・デューティーの有無やクラス・アクションの認証をめぐって法廷で争われるのが、中間判決の段階である。中間的判断で、フィデューシャリー・デューティー違反が認められ、クラス・アクションの認証が認められれば、最終的な損害賠償額は莫大なものになりうる。他方で、クラス・アクションが認められず、一対一の訴訟で実損の塡補に留まることになれば、原告の訴訟追行への意欲はしぼむ。いずれにせよ、中間判決が下されると、損害賠償額の見通しがつきやすくなるので、当事者間の和解の機運はかなり高まる。したがって、中間判決は実質的に紛争の帰趨を決する分水嶺であり、実際に抽出した判決ではこうした手続的争点をめぐる争いが多くを占めていた[68]。金融機関としては、細かな損害賠償額の争いになる以前に、裁判所に対しフィデューシャリー・デューティーを負っていない、またはフィデューシャリー・デューティーを十分に果たしたと示せるかは、重要な訴訟戦略上の意味を持ってくる。

（2）立法・行政との関係

　民事訴訟における不透明さに関連して、立法・行政との関係について触れておこう。米国の行政機関は、立法の規定に基づき民事訴訟、刑事訴訟、行政手続といった形式で訴訟を提起する。本研究会で抽出した判例の中にも、行政機

---

68)　*See e. g.*, Goldberg v. Bank of America, 846 F. 3d 913 (2017).

関の関わる訴訟は一定数含まれる。しかし、民事訴訟との整合性が取れているとは限らず、時々の政治状況や社会情勢によって振幅も見受けられる。

SECは、証券取引所法、証券法、投資会社法、投資顧問法などの立法について管轄権を有し、これらの立法には対象の金融機関や業者にフィデューシャリー・デューティーを負わせる規定があったり、一般的な規定に裁判所の解釈によりフィデューシャリー・デューティーが読み込まれたりしている。

比較的最近の判例では、United States v. Skelly 判決(2006)[69]がある。この事件で第2巡回区連邦上訴裁判所は、証券取引所法の詐欺禁止規定 10b–5 は、原則として証券取引業者に手数料について情報を開示する義務を課すものではないが、当該業者がフィデューシャリー・デューティーを負う立場にあった場合には、そうした情報開示を怠ったことについて有罪判決を受ける可能性がある、と判示した。裁判所は、信頼と信用の関係がある場合にはフィデューシャリー・デューティーが認められ得ると述べたものの、第一審裁判所の陪審説示がかなり抽象的だったため、フィデューシャリー・デューティーの認定の詳細には踏み込まなかった。ただし政府による別の法理に基づいた主張で有罪は揺るがないとされ、有罪判決が維持された。

米国投資顧問法の詐欺禁止規定[70]については、投資助言者に対してフィデューシャリー・デューティーを課すものとの解釈が、連邦最高裁の SEC v. Capital Gains Research Bureau 判決(1963)[71]によって確立している。ここで認められたフィデューシャリー・デューティーは、SEC の関わる訴訟(民事・刑事・行政)で重要な意味をもつ。「下級審は、Capital Gains 判決を、投資助言者について連邦のフィデューシャリー・デューティーの判断基準を明らかにしたものと解してきた。しかし Capital Gains 判決から 50 年後、規制機関、裁判所、研究者は、依然として投資助言者の義務を明示したものとして同判決に立ち戻ってゆく[72]」。ただし SEC は、規則制定、立法・規則の解釈、執行権限を有するが、司法的判断権限を有しない[73]。

---

69) 442 F. 3d 94 (2nd Cir. 2006).
70) Securities Advisors Act § 206.
71) 375 U. S. 180 (1963).
72) LIABILITY OF ASSET MANAGERS § 13. 43 (Danny Busch & Deborah DeMott eds., 2012).
73) THOMAS LEE HAZEN, THE LAW OF SECURITIES REGULATION 28 (7th ed. 2017).

また連邦最高裁は 1970 年代末の判決 Transamerica Mortgage Advisors (tama) v. Lewis 判決 (1979)[74]において、投資顧問法の詐欺禁止規定について、私的訴権を認めることはできないと判示し、これが今日まで維持されている。投資顧問法で私的訴権が認められるのは、同法違反の契約を無効とする 215 条のみで、救済は手数料の返還に留まる。これは、証券取引所法の詐欺禁止規定 (10 条(b)、SEC ルール 10b-5)で私的訴権が認められているのとは対照的である。

銀行を監督する行政庁も、規制またはガイドラインによって金融機関の安全性および健全性に関する基準を設定しており、それぞれに利益相反に関する章が設けられている。具体的には、国法銀行を監督する OCC のハンドブックに利益相反に関する規定を有し、州法銀行を監督する FDIC のマニュアル 8 章が、利益相反・自己取引を含む法令遵守に関する規定である。ただし、これらハンドブック・マニュアルは、あくまでガイドラインであって法的拘束力はない。したがって、これらを遵守したとしても、民事訴訟で裁判所を拘束するものではなく、「遵守していなかった場合よりも有利な状況を確保することができる可能性が高い」に留まる[75]。

さらに労働省が管轄する ERISA にフィデューシャリーの規律が含まれている。民主党オバマ政権下の労働省は 2016 年にフィデューシャリーの定義を拡充する規則を導入したものの、共和党トランプ政権が 2017 年にその実施を延期したことは、米国はもちろん日本でも関心を集めた[76]。さらに 2018 年には、第 5 巡回区連邦上訴裁判所が Chamber of Commerce of the United States v. Department of Labor 事件[77]において、このフィデューシャリー・ルールが ERISA の文言と矛盾し労働省の権限を逸脱し無効だとする判決を下した。その結果、本章執筆時点では、従来の 1975 年のフィデューシャリー・ルールが再び適用されている。しかし、現場では新フィデューシャリー・ルールを前提としたコンプライアンス制度構築が進み、これを前提としたコンプライアンス違反を理由とした訴えも、州レベルで提起されている[78]。この間 2018 年に

---

74) 444 U. S. 11 (1979).
75) 研究会事務局が行った照会に対するサリバン・クロムウェル LLP からの回答。
76) Definition of the Term "Fiduciary" Conflict of Interest Rule–Retirement Investment Advice, 81 FR 20945, 20958–59 (Apr. 8, 2016).
77) 885 F. 3d 360 (5th Cir. 2018).

SEC がルール制定案を公表するなど、先行きが不透明な状況が続いている[79]。

(3) 予防法学的側面

　民事訴訟においても、立法・行政との関係でも、フィデューシャリー・デューティーに関係する判例法理に曖昧さが残り、かつ義務違反に対し高額な損害賠償が課せられるリスクがある、ということは、予防法学の必要性を示唆する。

　この点で、英米法には予防法学に適する側面が一つある。それがコモン・ローとエクイティの区別である。コモン・ローと認められると損害賠償額が限定され、エクイティの救済がかかる領域では広範な救済が認められる、ということは、通常の行動、金融機関であれば組織編成や業務形態を、コモン・ローとエクイティの論理に沿って構築することを可能にする。

　本章で触れた典型例が、情報隔壁である。先に触れた AFTRA Retirement Fund 事件において、JPMorgan Chase Bank は自己勘定でリーマン・ショックの影響を回避しながら、フィデューシャリー業務で大きな損を出していたが、ウォールが機能していたために忠実義務違反を問われなかった[80]。ただし、これまでもすでに指摘されてきたように、情報隔壁も万能ではない[81]。とりわけ近年の金融機関は、複数の業務を兼業することが許されているから、組織内で複雑な利益相反が発生することは避けがたく、また情報隔壁で完全に遮断することも難しい。

　今一つの方法が、顧客との契約による責任限定である。銀行が融資契約書に、当該契約が代理関係やフィデューシャリー関係を生じさせるものではないとの条項を盛り込むことは、米国ではしばしば見られる[82]。例えばニューヨーク州では、契約に明確にフィデューシャリー・デューティーを否定する条項があれ

---

78)　マサチューセッツ州司法長官が 2018 年に証券会社 Scottrade に対して開始した州証券法執行訴訟は、連邦地裁に移管されたが、連邦地裁によって州裁判所に差戻されている。Enforcement Section of the Mass. Secs. Div. of the Office of the Secy. of the Commonwealth v. Scottrade, Inc., 327 F. Supp. 3d 345 (D. Mass. 2018).

79)　SEC, Proposed Rule: Regulation Best Interest, Release No. 34-83062 (2018).

80)　前掲注 55)-56) に対応する本文参照。

81)　Tuch, *supra* note 66, at 367-70. 同論文は、AFTRA Retirement Fund 事件を、情報隔壁の有効性を肯定した画期的な判決と評価する。

82)　Tuch, *supra* note 66, at 361-67.

ば、裁判所がこれに法的効果を与える[83]。しかしニューヨークの裁判所も、ルイジアナ州法が適用になった前出の *In re* Merrill Lynch Auction Rate Securities Litigation 事件では、フィデューシャリー・デューティーが成立するか否かは、当事者関係に関わる具体的な事実や状況によって決まるとして、フィデューシャリー・デューティーを肯定した[84]。代理法リステイトメントも、代理を「本人が代理人に対し、代理人が本人の支配・監督の下、本人のために行為することへの容認を表明し、代理人がそのように行為することを容認もしくは同意する時に生ずるフィデューシャリー関係」と定義しつつ[85]、当事者が関係をどのように性格付けるかは、代理関係の成立を左右するものではない、と明記している[86]。したがって、契約で代理関係やフィデューシャリー関係を排除する条項を設けても、裁判所がフィデューシャリー関係を認めるに足るような信用と信頼の関係があれば、常にフィデューシャリー・デューティーを否定できるとは限らない。

さらに、金融機関と顧客との間にフィデューシャリー関係が成立しても、受認者が利益相反や報酬の内容を適切に開示して、顧客の同意を得れば、理論的にはフィデューシャリー・デューティー違反にはならない。今日の金融機関において組織内における利益相反を完全には除去できないとすれば、こうした同意とその前提となる適切な情報開示は、重要な意味を持つ。ただし、こうした情報開示でフィデューシャリー・デューティーが十分に果たされたといえるかについては、判例によってもばらつきがある。前記の RBC Capital Markets 判決では、投資銀行の委任契約に一般的な情報開示条項があったものの、利益相反とその影響の開示が具体的に開示されていないとされた[87]。また適切な情報開示のあり方を巡っては、労働省のフィデューシャリー・ルールと SEC のベスト・インタレスト・ルール(レギュレーション BI)とで差異があるように立法

---

83) Valentini v. Citigroup, 837 F. Supp. 2d 304, 326 (S. D. N. Y. 2011); LBBW Luxemburg S. A. v. Wells Fargo Sec. LLC, 10 F. Supp. 3d 504, 523 (S. D. N. Y. 2017).

84) *In re* Merrill Lynch Auction Rate Securities Litigation, 758 F. Supp. 2d., at 282. 事案の詳細については、前掲注 23) および対応する本文参照。

85) Restatement (Third) of Agency § 1. 01 (2006).

86) *Id.* § 1. 02.

87) *RBC Capital*, 129 A. 3d, at 865 n. 191. 同事件の事案の詳細については、前掲注 52)-54)に対応する本文参照。

論上も争われている。

　以上みたように、組織内での利益相反が避けがたい今日の金融機関にとって、利益相反を適切に管理することは必要である。その手段として、情報隔壁、情報開示、顧客の同意といった手法があり、そうした利益相反の管理のあり方を顧客や規制当局、また紛争になった場合には裁判所に対して説得的に説明することは有効でありうる。しかし同時に、いずれの手段によっても、確実にフィデューシャリー・デューティーを排除したり、フィデューシャリー・デューティー違反からの免責を確保したりできるわけではない。

　こうしてみると、少なくとも今日の米国では、フィデューシャリー・デューティーの境界が曖昧で、利益相反を抱えた金融機関が完全にフィデューシャリー・デューティー違反を免れることは難しいように見受けられる。むしろこうした曖昧さを積極的に捉える見解もある。フランケル教授は、フィデューシャリー・デューティーの外縁の曖昧さには、フィデューシャリー・デューティーを負う者が慎重に行動し、また曖昧な場合には情報を相手方に開示する動機になるとして、曖昧さをむしろ肯定的に評価している[88]。

4　日本法との比較

　以上の米国法の検討から、いかなる示唆を導くことができるだろうか。まずは日本法と米国法との異同を確認したうえで、比較検討をしてゆくことにする。

（1）日本におけるフィデューシャリー・デューティー

　日本には、フィデューシャリー・デューティー（信認義務）を明示的に規定した法律はない。またフィデューシャリー・デューティーの中核とされる忠実義務についても、英米諸国からの受容は必ずしもスムーズなものではなかった。昭和25年商法改正では、254条の2として忠実義務の規定が導入されたが、最高裁は八幡製鉄所事件[89]において「商法254条ノ2の規定は、同法254条3項、民法644条に定める善管義務を敷衍し、かつ一層明確にしたにとどまるの

---

88)　FRANKEL, *supra* note 1, at 77-78; フランケル・前掲注 1) 79 頁。
89)　最大判昭和 45 年 6 月 24 日民集 24 巻 6 号 625 頁。

であって、……通常の委任関係に伴う善管義務とは別個の、高度な義務を規定したものとは解することができない」と判示した。これに対しては、忠実義務と善管注意義務の重要な違いを看過していると、批判的な学説も存在する[90]。

　しかし、日本法の規律を実質的に見てみると、フィデューシャリー・デューティーや忠実義務の具体的内容である、自己取引の禁止、競業避止義務、利益相反の禁止は随所に見られる。代理（民法 99-118 条）、組合（民法 667-688 条）、委任（民法 643-656 条）、後見・補助・補佐（民法 838-876 条の 10・任意後見契約に関する法律）、相続財産管理（民法 936 条、家事事件手続法 191-208 条）、遺言執行（民法 1004-1021 条）、寄託（民法 657-666 条、商 595-617 条）、代理商（商 27-31 条）、信託（信託法、信託業法）、会社（会社法）など、英米でフィデューシャリー法理の発展してきた分野もカバーされている[91]。自己取引や利益相反の禁止の規定も、代理権の濫用や信義則などの法理によって判例法上拡張され、また立法上も拡充されてきた[92]。契約違反や不法行為に対する損害賠償が認められた事例も、実質的にはフィデューシャリー・デューティー違反に対する救済といえる場合も少なくない。

　さらに、第二次世界大戦後の日本では、投資助言（金商法 41 条〔旧投資顧問業法 21 条〕）、企業年金（確定給付企業年金法 69 条・70 条・71 条、確定拠出年金法 43 条・44 条・99 条）、法曹倫理（裁判所法、検察庁法、弁護士法、弁護士職務基本規定）、非営利法人など、投資家保護、組織のガバナンス、専門家倫理といった法分野で、受認者に善管注意義務と並んで忠実義務を規定する立法が広がっている[93]。

　さらに近年の最高裁判決は、匿名組合の営業者が匿名組合員と利益の相反する取引を行った事案で、善管注意義務違反により不法行為責任を認めた[94]。そ

---

90)　神田秀樹『会社法〔第 20 版〕』(2018)230 頁。

91)　J. Mark Ramseyer & Masayuki Tamaruya, *Fiduciary Principles in Japanese Law, in* OXFORD HANDBOOK OF FIDUCIARY LAW 643 (Evan Criddle, Paul Miller & Robert Sitkoff eds., 2019).

92)　従来の判例法理では、代理権の濫用があった場合には、民法 93 条但書の類推適用により代理行為の効果が否定されていた（最判昭和 42 年 4 月 20 日民集 21 巻 3 号 697 頁）。この代理権濫用法理は、債権法改正に伴い民法 107 条に取り込まれた。

93)　民法債権法改正では、委任契約について受認者の忠実義務を明記する提案がなされたものの、最終的には実現しなかった。法制審議会民法（債権関係）部会第 17 回会議議事録（平成 22 年 10 月 26 日）、http://www.moj.go.jp/content/000058430.pdf

94)　最判平成 28 年 9 月 6 日金判 1503 号 2 頁。

そも匿名組合の営業者については、旧商法または会社法において善管注意義務を規定した条文は存在しない。民法上の組合の組合員について民法671条により委任の規定が準用されているから、匿名組合について組合の規定が準用されるとすれば、あるいは、匿名組合について直接委任の規定が準用されるとすれば、匿名組合の営業者も民法644条に定める善管注意義務を負うことになると考えられる。ただし、そう考えても、会社法356条1項や信託法31条1項4号のように利益相反取引を規制する規定は存在しない。にもかかわらず、最高裁が善管注意義務の内容として利益相反禁止を規範として認めたことは、日本の法律家の間で利益相反禁止が法的思考様式として、広く定着しつつあることを示唆する。「フィデューシャリー・デューティー」の考え方は、日本法の下で「善管注意義務」としてひとくくりにされている義務の内容を精緻化し、利益相反取引についての厳格な義務を課すべき場合を整理する上で重要な役割を果たす可能性がある[95]。

(2) 日米の異同

　以上のように見てくると、今日では日本法の下でも、ほぼ米国と同様の場面で注意義務と利益相反禁止義務が生ずるということができる。さらに、利益相反に対する意識も、特に専門家や年金運用の関係者について高まってきている。

　やや逆説的だが、日米の違いは、フィデューシャリー・デューティーがかからない場面において顕著かもしれない。米国であれば、原則としてエクイティの救済が認められない、契約・不法行為の分野である。契約法の分野においては、伝統的コモン・ローの「買主注意せよ」の法格言に象徴されるように信義則や契約締結上の過失が認められず、「契約を破る自由」に象徴されるように契約を破っても損害賠償額は履行利益に限定され、損害軽減義務は債権者が負う。不法行為の分野では、特段の事情がない限り、経済的損失の賠償は切断される。もちろん米国においても、伝統的なコモン・ローは判例や立法で修正が加えられているから、こうした区別を過度に強調すべきではない。ただ、すでに述べたように、債務者の責任を否定するロジックが相対的に明快なコモン・

---

95)　松元暢子「金融分野における「フィデューシャリー・デューティー」の用語法についての一考察」能見善久・樋口範雄・神田秀樹編『信託法制の新時代』(2017)223頁、241-44頁。

ローと、受認者が重い責任を負わされるリスクの伴うエクイティとの落差は、受認者の行動規範にも大きく影響を与える。

　今一つの日米の違いは救済面、とりわけ日本の不当利得と英米のrestitutionないしunjust enrichmentとの違いにありそうである。日本では不当利得の規定が「法律上の原因なく他人の財産又は労務によって利益を受け、そのために他人に損失を及ぼした者……は、その利益の存する限度において、これを返還する義務を負う」(民法703条。傍点は筆者)となっているから、損害の存在が前提とされる。コモン・ローの伝統では、受益者は自らに損失がなくとも、受認者が不当に得た利得の返還を求めることができ、また擬制信託の法理により受認者が得た財産、情報あるいは機会から得られた利得も含めて吐き出させることができる[96]。

　しかし、日本でも利得の吐出しは可能かもしれない。例えば、山崎製パン事件[97]では、山崎製パン社が千葉および関西地域への進出を決意し、市場調査等を進めていたところ、同社代表取締役がその地域において競合する会社、株式会社山崎製パン千葉工場(旧商号川口パン株式会社)と関西ヤマザキの代表取締役として経営を行った。東京地裁は、これが取締役の競業避止義務に反するとして損害賠償を命じた。具体的に、被告およびその家族らは、その有する両社の株式を、取得に要した価額の金員と引き換えに引き渡すことを命じられた。命じられた損害賠償は、あくまで損失の塡補とされたが、株式の引渡という救済を実質的に見れば、受認者が利益相反で得た情報ないし機会から得られた利得の吐出しが命じられたということができる。

(3)　今後の課題

　我々は、フィデューシャリーの時代を生きている[98]。日米ともに、高度かつ複雑化する金融取引に、複数の受認者が関与し、受認者が連鎖する。集団投資や年金基金のような金融取引を通じた投資の規模も大きくなる。それにつれて、政策担当者や一般市民の受任者責任への関心も高まってくる。不正行為により

---

96)　古典的判例として、*Keech v Sandford* (1726) Sel Cas Temp King 61; 25 ER 223.
97)　東京地判昭和56年3月26日判時1015号27頁。
98)　樋口範雄『フィデュシャリー〔信認〕の時代――信託と契約』(1999)。

損害が発生した場合に損害賠償も高額となり、これをだれがどのような割合で負担するかは、実際上困難な問題を生じ得る。

　全国の企業年金基金から 1,460 億円の運用を任された投資顧問が、資産のほとんどを消失させた AIJ 事件の記憶はまだ新しい。一部の投資顧問業者の不適切な投資や会計報告、厚生年金基金の理事との不明朗な関係に加え、年金制度自体がこうした事態を止められず、かつその責任の所在が明らかにならない状況に、「信認法なき社会」[99]といわれた。

　同じ時期、全国小売酒販組合中央会事件[100]でも、海外に投資された年金資産の大半が消失したとして、民事訴訟が提起された。この事件では、全国組合の事務局長が、私的年金の資産の大半を外国法人の発行する単一の仕組債に投資し、ほぼ全額が失われた。加入者による損害賠償請求に対し、裁判所は事務局長、組合、専務理事および仕組債の紹介者に対し不法行為に基づく損害賠償責任を認めたが、その他の理事については損害賠償責任を否定した。判決からは、裁判所が悪質な行為者の責任を問いつつ、これに積極的に加担しなかった組合の理事らに高額の損害賠償責任を負担させないよう苦心したことがうかがえる。しかし、組合とその理事らを信頼した加入者は救済されず、事務局長の暴走を止められたはずの理事らの責任は、問われずに終わった。

　逆説的だが、こうした状況で重要なのは、フィデューシャリー・デューティーがその核心において素朴なものだという認識なのかもしれない。それはすなわち「汝盗むなかれ」に尽きる。これは私自身、フランケル、シットコフ、ラムザイヤーと専門分野も思想も異なる 3 人に、それぞれ異なる機会に諭すように言われたことでもある。こうした倫理的なフィデューシャリー・デューティーのとらえ方は、3 研究者が一神教を信ずる敬虔な宗教者であるからかもしれない。しかし、汝盗むなかれ、という倫理は、洋の東西を問わず、また宗教の違いを超えた普遍的な倫理でもある。この倫理を個別具体的事案にどう適用してゆくか。

　すでにみたように、フィデューシャリー・デューティーの概念は、その具体的当てはめの段階で、一義的な回答を与えるものではない。「汝のもの」をど

---

99)　樋口範雄「AIJ 問題が示唆するもの──信認法なき社会」商事法務 1985 号(2012)16 頁。
100)　大阪地判平成 23 年 7 月 25 日判時 2184 号 74 頁。

うとらえるか、「盗む」をどのように性質決定するか。人が盗みをせずに、人に盗みをさせずに、人が人を信頼できる制度をどう構築するか。立法府であれ、行政・規制官庁であれ、裁判所の裁判官であれ、裁判所で法的解釈を争う弁護士であれ、あるいは取引や投資のスキームを設計する立場であれ、また研究者としてであれ、法律家としては念頭に置くべき問いであるように思われる。その意味で、フィデューシャリー・デューティーの概念は、本質的に問いを提起する概念であって、個々の専門家の良心と解釈姿勢を問う概念だということもできる。

第4章

信託兼営銀行の利益相反管理の考え方

松尾直彦

はじめに

本章は、金融規制の観点から、信託兼営銀行に求められる利益相反管理体制の考え方を取り上げるものである。その際には、タテ（日本の規制の沿革）およびヨコ（外国制度の代表としての米国の金融規制）の視点から、整理することとする。

1 信託銀行制度の沿革と考え方

(1) 概観

日本の信託銀行制度の沿革[1]は、大きく、①信託会社の時代、②信託銀行への転換の時代、③信託分離行政の時代、④信託分離行政の見直しの時代、⑤信託分離行政の撤廃の時代、および⑥信託にかかる利益相反管理の時代に区分することができる。

---

1) 金融制度調査会専門委員会報告「専門金融機関制度のあり方について　第三編参考資料」（昭和62年12月4日）19-29頁、金融制度調査会答申「我が国金融システムの改革について」（平成9年6月13日）、金融審議会金融分科会第二部会「信託業のあり方に関する中間報告書」（平成15年7月28日）2頁・3頁および金融審議会金融分科会第二部会（第25回）・「信託に関するWG」（第12回）合同会合における金融庁提出資料「信託法改正に伴う信託業法の見直しについて」（平成17年11月16日）4頁・5頁。また、三菱UFJ信託銀行編著『信託の法務と実務〔6訂版〕』（金融財政事情研究会、2015）31-41頁。

（2） 信託会社の時代

明治38年に「担保附社債信託法」の制定が行われ、明治39年頃から信託会社が相次いで設立され、大正10年末には488社に達した。

大正11年に「信託法」および「信託業法」が整備され、大正12年に信託会社5社が免許を付与され、その後30社程度の信託会社が免許を付与された。

（3） 信託銀行への転換の時代

昭和18年に「普通銀行等ノ貯蓄銀行業務又ハ信託業務ノ兼営等ニ関スル法律」（兼営法）が制定された。兼営法は、「貯蓄増強等の観点から制定されたもの」[2]であり、信託業務と銀行業務の完全分離主義の修正を図ったものであった。兼営法の制定を契機として、信託会社と銀行との合併が進み、信託会社数は昭和20年には7社に減少した。

昭和21年に「金融機関再建整備法」が制定された。信託会社は、再建整備契約の認可（昭和23年）を受けるに当たり、信託業務を兼営する銀行に転換した（信託業免許の返上、銀行法による普通免許取得および兼営法による信託業認可取得）。

この点については、「戦後、GHQの方針により、すべての信託会社が信託兼営法に基づき信託銀行に転換した」[3]ものであり、「信託会社が証券取引法65条により証券業務が営めなくなったこともあって、経営上の梃子入れを図るという見地から、まず銀行に転換させ、銀行業務を行えるように配慮した上で兼営法により信託業務を併せ営めるように措置されたわけである。その後、法律上、銀行法にいう銀行が信託業務を兼営する形をとってはいるが、行政上は、信託業務を主業とするよう指導が行われている。」[4]と説明されている。

そして、昭和27年に「貸付信託法」が制定された。この点については、「昭和27年に、信託銀行にとって主力商品となる貸付信託が創設され、信託銀行は長期金融機関としての役割をも担うこととなった。」[5]と説明されている。

---

2) 金融制度調査会金融制度第二委員会中間報告「新しい金融制度について」（平成元年5月16日）。

3) 金融制度調査会金融制度第二委員会中間報告・前掲注2）。

4) 金融制度調査会専門委員会報告「専門金融機関制度のあり方について　第一編　第二編」（昭和62年12月4日）145頁。

5) 金融制度調査会金融制度第二委員会中間報告・前掲注2）。

（4）信託分離行政の時代

　昭和29年から昭和41年まで、「信託分離行政」の方針がとられた。この点については、「戦前のような信託会社という形態はとらずに、信託業務を主業とする銀行のみに信託業務を認めるという信託主業化政策」[6]や「長期資金が不足している情勢の下で、長期金融機能としての信託業務を専門的な金融機関に行わせるとともに、信託の仕組みが持つ財務管理機能も発展させるため、昭和30年頃から、信託業務を主力とする銀行のみに信託業務を認めるといういわゆる信託分離の方針が採られた。したがって、現在、信託銀行以外は原則として信託兼営の認可を受けられず、信託業務を行うことはできない。これは一般に信託分離制度と言われている。」[7]と説明されている。

　具体的には、信託兼営地方銀行(7行)の信託勘定の閉鎖および信託兼営都市銀行の信託部門の整理(信託銀行2行設立と信託部門の営業譲渡)が行われる一方、大和銀行の信託兼営は継続された。

　このように「信託分離制度」とは、信託業務を信託専業の銀行に認めることであり、銀行業務と信託業務を分離することではない。

（5）信託分離行政の見直しの時代

　昭和46年の「貸付信託法」の改正などによる信託の発展に伴い、以下のとおり、信託分離行政の見直しが順次進められた。

- 昭和56年銀行法制定(昭和57年4月施行)に伴う「普通銀行ノ信託業務ノ兼営等ニ関スル法律」への題名変更。
- 外銀系信託銀行9行の営業開始(昭和60年10月～61年5月)
- 平成4年金融制度改革法[8]の制定(平成5年4月施行)による業態別子会社形式での銀行および証券会社の信託業務への参入ならびに地域金融機関本体の限定的信託業務への参入の解禁
- 同法に伴う「金融機関の信託業務の兼営等に関する法律」への題名改正お

---

6)　金融制度調査会専門委員会報告・前掲注4) 146頁。
7)　金融制度調査会金融制度第二委員会中間報告・前掲注2)。
8)　「金融制度及び証券取引制度の改革のための関係法律の整備等に関する法律」の略称である。

および「金融機関の信託業務の兼営等に関する法律施行令」の制定。
- 信託銀行子会社の業務範囲拡大としての貸付信託、特金(特定金銭信託・特定金外信託)および指定単(単独運用指定金銭信託)の解禁(平成9年10月)
- 地域金融機関本体での信託業務拡大(平成9年10月)
- 信託銀行子会社の業務範囲拡大としての年金信託および合同運用指定金銭信託の解禁(平成11年10月)

(6) 信託分離行政の撤廃の時代

金融庁「都市銀行等の信託業務の解禁について」(平成13年1月26日)において、普通銀行、長期信用銀行および農林中央金庫の本体による信託業務参入が解禁されることとされ、具体的には以下の措置が講じられた。

- 金融庁「金融機関の信託業務の兼営等に関する法律施行令等を改正する政令案等に対するパブリックコメントの結果について」(平成14年1月11日)
- 金融庁「事務ガイドライン(第一分冊:預金取扱い金融機関関係)の一部改定について」(平成14年1月25日。2月1日適用)

こうした信託分離行政の撤廃により、銀行による信託業務の兼営が拡大されてきている。

(7) 信託にかかる利益相反管理の時代

平成16年には信託業法の全面改正が行われ、①受託可能財産の拡大、②信託会社(運用型・管理型)制度の創設や③受託者の義務に関する規定の整備などが行われた。上記③として、以下の規定が整備されている(同年12月施行)[9]。

- 受託者責任にかかる一般的な義務規定としての善管注意義務(信託業法28条2項)、忠実義務(同条1項)、分別管理義務(同条3項)および自己執行義務(同法22条)にかかる規定。

---

9) 金融審議会金融分科会第二部会・前掲注1)19頁・20頁。

第 4 章　信託兼営銀行の利益相反管理の考え方　　151

- 利益相反防止規定（忠実義務を具体化した行為準則）（同法 29 条）。

　そして、平成 20 年銀行法改正により、銀行の利益相反管理体制の整備義務が導入されている（平成 21 年 6 月施行）[10]。信託会社については、当該義務が導入されていない[11]。銀行の信託業務については、銀行の利益相反管理体制の整備義務の対象とされている（銀行法 13 条の 3 の 2 第 1 項および銀行法施行規則 14 条の 11 の 3 の 2）。

　銀行の利益相反管理の方法の例示[12]として、①部門の分離（情報共有先の制限）、②取引の条件・方法の変更、③一方の取引の中止、および④利益相反事実の顧客への開示が挙げられている（銀行法 13 条の 3 の 2 第 1 項、銀行法施行規則 14 条の 11 の 3 の 3 第 1 項 2 号および金融庁「主要行等向けの総合的な監督指針　本編」（平成 30 年 8 月）V-5-2(2)[13]）。上記①の部門の分離は、「部門間の情報隔壁」（チャイニーズ・ウォール）の構築を意味する[14]。

(8) まとめ

　以上の沿革から、信託銀行制度では、同一の法人において銀行業務と信託業務の兼営が認められた上で、利益相反管理が行われているといえる。すなわち、

---

10)　信託銀行の利益相反管理については、友松義信「信託銀行のチャイニーズ・ウォール」NBL 820 号（2005）62 頁、加地伊和男＝酒井敦史「特集＝利益相反管理体制の構築　事例 3「債権流動化と融資金回収」および「同一スキームにおける複数の立場での関与」の 2 つの事例を題材として」金融法務事情 1850 号（2008）65 頁、および利益相反研究会編『金融取引における利益相反〔各論編〕』別冊 NBL 129 号（2009）59-108 頁。

11)　この点については、「信託会社については、銀行法第 13 条の 3 の 2 の規定に基づく利益相反管理体制整備義務の名宛人とはなりません。これは、新たな利益相反管理体制の整備義務の導入であることを踏まえ、法令に基づく義務としては、利益相反の生じる場面が相対的に多いと考えられ、かつ、その業容等からして適切な体制整備の必要性の程度が一般的に高いと考えられるものをまずは対象とすることが適当であるとの考えに基づくものです。」と説明されている（金融庁「パブリックコメントの概要及びコメントに対する金融庁の考え方」（平成 21 年 1 月 20 日）34 頁。

12)　金融庁・前掲注 11) 37 頁。

13)　「銀行・証券間のファイアーウォール規制」については、「利益相反による弊害や銀行等の優越的地位の濫用等、本規制が本来のねらいとする行為を抑制するための措置」として説明されている（金融審議会金融分科会第一部会報告（平成 19 年 12 月 18 日）12 頁）ところ、金融庁監督局証券課「金融商品取引業者等向けの総合的な監督指針」（平成 31 年 4 月）IV-3-1-4(2)（親子法人等との非公開情報の授受に係る留意事項）では、当該記載よりも詳細に記載されている。

14)　金融庁・前掲注 11) 37 頁。

信託業務を担う法人の分離(以下「エンティティ分離」という)の考え方は採られていない。

2 銀行の信託業務にかかる利益相反管理のあり方

(1) 概観

信託分離行政の見直しの過程において、銀行の信託業務の兼営については、利益相反による弊害の防止の観点からは問題が少なく、同一法人の組織内部において情報や人事等の交流に関して信託部門を銀行部門から遮断する方向が示されていた。

一方、直近には、信託銀行における運用部門と法人営業部門との間における利益相反が着目されている。

(2) 金融制度調査会専門委員会報告(昭和62年12月)

金融制度調査会専門委員会報告「専門金融機関制度のあり方について　第一編　第二編」(昭和62年12月4日)では、以下のとおり、銀行業務と信託業務の間の利益相反問題への対応について、主要国では銀行業務と信託業務とが分離されておらず、同一法人内でのいわゆるチャイニーズ・ウォールの設定により対応されていることなどが指摘されていた。

- 「金融機関における利益相反は金融機関が証券業務や信託業務にまで業務を広げた場合に特に顕著になることは各方面から指摘されているところである。」(75頁)
- 「1932年の米国ペコーラ委員会、1979年の西ドイツのゲスラー委員会は個別の事例を挙げながら金融機関が起こす利益相反を詳細に論じている。これらの事例は各国に共通して起こり得るものである。……信託業務を兼営している場合には、売れ残った社債を銀行の信託勘定にはめ込む、などが挙げられる。これらの事例は決して過去のものでなく、規制のあり方によっては将来にわたり大規模に行われる可能性すら存在する。」(76頁)
- 「信託の分野では、大正11年に制定された信託法、信託業法が利益相反

問題を重視して制定されており、信託財産の分別管理が厳格に行われているところである。」(77頁・78頁)[15]

• 「当専門委員会としては、……金融機関の業務分野を頭から限定し狭いものとしなければならないという考え方には賛意を示すことができない。他方、……競争原理を強調して、それによって利益相反問題が全て解決されるという考えにも疑問を抱かざるを得ない。また、組織内にチャイニーズ・ウォールを設ければ万事うまく機能するという考え方についても同様である。」(79頁・80頁)

• 「諸外国の信託業務の取扱いをみると、米国、英国、フランス、西ドイツ、スイス等いずれの国も普通銀行業務と信託業務とを分離していない。つまり普通銀行が信託業務を兼営できることが法律上認められており、また実際にも普通銀行の多くは信託業務を行っている。」(150頁)

• 「米国では普通銀行にとって信託業務は周辺業務の一つとして重要な業務となっている。ただし、信託の委託者と受託者である銀行との間の利益相反に周到な注意が払われており、兼営する普通銀行の組織の内部で情報や人事等の交流に関し信託部門を銀行部門から遮断することが厳しく要求されている。いわゆるチャイニーズ・ウォールの設定である。こうした事情は各国とも同じである。」(151頁)[16]

• 「各国の法制上、銀行業務と信託業務を全く同一視することはしていない。しかし、営業主体として銀行業務と信託業務を我が国ほど、はっきりと峻別している国は他に例をみない。また、我が国の信託銀行のような業務内容をもつ経営形態は他国では見当たらない。

　他方、銀行が信託業務を行う場合には各国とも総じて、①業務を行うフロアーないし建物の分離、②情報交換の禁止、③人事上の交流の禁止、④銀行勘定と信託勘定の間の出入りややりとりの禁止、等の厳しい措置が講じられている。

---

15) 金融制度調査会専門委員会報告・前掲注1) 63頁では、「銀行が信託業務を兼営する場合に生ずるおそれがある弊害を防止するため通達(「信託銀行の業務運営に関する基本事項等について〈昭和57年4月1日〉」)が発出され、信託財産の分別管理が義務づけられている。」と記載されている。

16) 米国のチャイニーズ・ウォールについては、中村宗男「商業銀行の信託部門とチャイニーズ・ウォール」商事法務1184号(1989)37頁。

154　2　銀行の信託業務にかかる利益相反管理のあり方

　他の諸外国では、信託業務は財産信託、財産管理機能が中心であるのに対し、我が国は金銭信託が大宗を占めその業務内容は銀行業務と極めて近似している。

　この点とも関連して、外国では単独運用、実績配当が中心であるが、我が国では合同運用方式が中心をなしている。」(152 頁)

(3)　金融制度調査会答申（平成 3 年 6 月）

金融制度調査会答申「新しい金融制度について」(平成 3 年 6 月 25 日)[17]では、以下のとおり、銀行の信託業務の併営について、利益相反による弊害の防止の観点からは問題が少ないなどと指摘されていた。

- 「金融機関の業務範囲を拡大することに伴い、利益相反による弊害や銀行による企業支配といった問題が生じないようにすることが重要である。」(13 頁)
- 「利益相反による弊害の防止については、各金融機関の自主規制やディスクロージャーの拡充等による対応でなお十分でない場合には、弊害防止のために必要な措置を講ずることについて検討する必要があるが、こうした措置の具体化に当たっては、金融の効率化及び利用者利便の向上という制度見直しの意義を減殺しないように留意する必要がある。」(17 頁)
- 「普通銀行業務、長期信用銀行業務及び信託業務間の相互参入については、これらの業務の間では、信用秩序の維持、利益相反による弊害の防止の観点からは問題が少なく、金融機関本体で併せ営むことも考えられる。しかしながら、これらの業務を行う金融機関間の店舗数の格差等の現状を踏まえれば、競争条件の公平性の確保等の観点からみて、少なくとも現時点においては、金融機関本体での相互参入を図ることは問題なしとしない。従って、こうした業務を営む場合にも、当面は、基本的には、子会社のような別組織により行う方式によることが適当であろう。金融機関本体で併せ営むことについては、競争条件の公平性等に留意しつつ、今後の環境の変

---

17)　金融制度調査会制度問題専門委員会報告「新しい金融制度について」(平成 3 年 6 月 4 日)と同一内容である(以下では、当該報告の頁数を記す)。

化に応じて考えるべきである。」(20 頁)

(4) 金融庁「顧客本位の業務運営に関する原則」(平成 29 年 3 月)

金融庁「顧客本位の業務運営に関する原則」(平成 29 年 3 月 30 日)において、金融事業者は「利益相反の適切な管理」(原則 3)を求められている[18]。原則 3 では、金融事業者が利益相反の可能性を判断するに当たって、例えば、「同一主体又はグループ内に法人営業部門と運用部門を有しており、当該運用部門が、資産の運用先に法人営業部門が取引関係等を有する企業を選ぶ場合」という「事情が取引又は業務に及ぼす影響についても考慮すべきである」と注記されている。

当該原則は、金融審議会市場ワーキング・グループ報告「国民の安定的な資産形成に向けた取組みと市場・取引所を巡る制度整備について」(平成 28 年 12 月 22 日)を踏まえたものであるところ、同 WG の検討過程における事務局説明資料では、以下が取り上げられていた[19]。

- 第 4 回 WG 会合・事務局説明資料(インベストメント・チェーンにおける顧客本位の業務運営の観点からの指摘の例)(平成 28 年 8 月 2 日)

  ［資産管理・運用］

  - 運用部門と法人事業部門など利益相反のおそれのある様々な事業主体が同一主体に併存。
  - 議決権行使に当たり、受益者の利益以外の要素を考慮(営業先たる企業への配慮など)。

---

18) 原則 3 については、「本原則を採択した金融事業者は、顧客の最善の利益を図る観点から、適切な判断が求められる」、「本原則をもって金融事業者に直接新たな法的義務を課すものではありません。」、「本原則を採択した金融事業者において、原則 3. に示されている内容を実施する場合には、金融商品取引法第 36 条第 2 項の規定等を参考としつつ、ベスト・プラクティスを目指して主体的に創意工夫を発揮することが求められます。」および「本原則はプリンシプルベース・アプローチを採用している」と説明されている(「コメントの概要及びそれに対する金融庁の考え方」(平成 29 年 3 月 30 日)23 頁 No.80、24 頁・25 頁 No.88 ならびに 25 頁 No.89 および No.91)。

19) 日本経済新聞平成 28 年 10 月 24 日記事では、「日本最大の機関投資家である信託銀行が岐路に立っている。信託業務と銀行業務を兼営することで機関投資家としての意識が薄れているとの疑念を金融庁が抱き始めたからだ。」と指摘されていた。

156   2　銀行の信託業務にかかる利益相反管理のあり方

- 運用能力の向上に関する課題。
- 第 8 回 WG 会合・討議資料（利益相反の管理）［利益相反のおそれのある典型的な取引例］（同年 11 月 2 日）
  - 運用会社が、投資先の企業の議決権行使に当たって、顧客の利益に関わらず、親会社等の意向を優先して行動する場合。
  - 運用部門が、投資先の選定や議決権行使に当たって、年金基金の利益に関わらず、融資や証券代行、法人営業などを行う法人事業部門の意向を優先して行動する場合。

　以上から、直近では、信託銀行における運用部門と法人営業部門との間における利益相反が着目されていることになる。

(5) 信託の機能と利益相反管理

(a) 新しい金融の流れに関する懇談会「論点整理」における整理

　大蔵省・新しい金融の流れに関する懇談会「論点整理」（平成 10 年 6 月 17 日）27-31 頁では、「金融サービス」の類型として、①「販売・勧誘」、②「売買（ディーリング）」、③「仲介（ブローカレッジ）」、④「引受（アンダーライティング）・売出（セリング）」、⑤「資産運用（アセット・マネジメント）」、⑥「資産管理（カストディ）」、⑦「助言（アドバイス）」、および⑧「仕組み行為」が挙げられている。

　「資産運用」の運用者や「資産管理」の管理者は「受託者」としての役割を担うものとされていることから、信託の機能は、「資産運用」および「資産管理」に分類されているものと考えられる。

　論点整理では、「業者に対する行為ルール等（「業者ルール」）」の一環として、「利益相反防止義務（忠実義務）」が取り上げられており、以下の指摘がされている（論点整理 54 頁）。

- 「利益相反等の忠実義務違反の防止に係る業者への行為義務規制としては、(a)利用者と利益相反的な立場に身を置くこと自体について禁止する、(b)利益相反的な立場にあることを利用者に開示することを義務付ける、(c)

サービスの対価の関係を明示する、(d)実際に利益相反行為を行うことを禁止する、(e)利益が競合する場合は受託者に当該利益の分別管理を義務付ける、等の選択肢について検討する必要があるのではないか。」

- 「忠実義務違反は、情報優位性の濫用・悪用に起因する場合が多く、業者の助言部門ないし運用部門と自己売買部門との間の情報隔壁(チャイニーズ・ウォール)等の内部管理体制に関する義務・規制も考えられるか。なお、その一方で、情報隔壁の実効性については懐疑的な意見も見られる。」

（b）金融審議会金融制度スタディ・グループ「中間整理」における整理

金融審議会金融制度スタディ・グループ「中間整理――機能別・横断的な金融規制体系に向けて」(平成 30 年 6 月 19 日)では、「金融」の機能が「決済」「資金供与」「資産運用」「リスク移転」の 4 つに分類されている(中間整理 6 頁)。

「資産運用」サービスの提供者には、例えば、受託資産を運用する者などが含まれるとされている(中間整理 9 頁)。この点について、同グループ第 2 回会合(平成 29 年 12 月 15 日)の討議資料 6 頁では、「信託財産の管理……等を「資産管理」機能として整理する考え方があり得る。しかし、信託財産の管理は、委託者側から見ると、運用を含めて財産の管理を委託することが少なくないと考えられ、便宜上、「資産運用」の一類型として検討を始め、必要があれば、各「機能」内における行為の類型化を検討する中で、より詳細な分析をしていくことが考えられるのではないか。」と説明されている。信託の機能は、「資産運用」に分類されているものと考えられる。

中間整理では、「規制の態様」の一類型として、「利用者に対する情報提供等」が挙げられており、その中で「忠実義務」について、「利用者から資産を預かって運用を行うサービスなどのように、利用者からの委託を受け、当該利用者の利益のために業務を行うことが期待され、相当の裁量的判断を伴う場合に課されていると考えられる。」と整理されている(中間整理 14 頁)。

（c）まとめ

以上から、信託の機能については、おおむね「資産運用」に分類され、資産運用サービス提供者の忠実義務の観点から、利益相反の問題が取り扱われるこ

とになる。このような観点から、信託銀行における運用部門と法人営業部門との間における利益相反の問題が着目されているものと考えられる。

3 米国における銀行の信託業務にかかる利益相反管理

(1) 米国の国法銀行の信託業務の根拠規定

米国の「国法銀行(national bank)」が行うことのできる「銀行業(business of banking)」およびその「付随業務(incidental powers)」には、信託業務は含まれていない(合衆国法典[20]12編24条(7))。

国法銀行は、州法・地方法に反しない場合には、「通貨監督官(Comptroller of the Currency)」による「特別の許可(special permit)」を得て、信託業務を行うことができる(合衆国法典12編92a条(a))。

国法銀行の信託業務は、その所在する州法の下で国法銀行と競合する州法銀行、信託会社またはその他会社が許容されている、「受託者(trustee)」、「遺言執行者(executor)」、「財産管理者(administrator)」、「株式・債券記録者(registrar of stocks and bonds)」、「財産後見者(guardian of estates)」、「譲受人(assignee)」、「財産保全管理人(receiver)」、「精神障がい者の財産委員会(committee of estates of lunatics)」、またはその他いかなるフィデューシャリーの立場(fiduciary capacity)として行為する業務をいう(同条(a))。

(2) 米銀の信託業務の類型

米銀の信託部門(trust department)の業務は、3つの類型に分類される[21]。

第1に、最古の信託業務として、個人信託業務である。当該業務は、個人により、資産運用(asset management)の手段または資産の計画的投資を通じての富の保全・承継の手段として、利用される。銀行は、受託者として、財産の所有権を持ち、運用する権限を有する。

---

20) United States Code(U. S. C.)の日本語訳である。なお、本章における日本語訳語については、田中英夫編集代表『英米法辞典』(東京大学出版会、1991)を参照している。

21) Symons, Jr., Edward L. and White, James J., *BANKING LAW: TEACHING MATERIALS Third Edition*, West Publishing Co., 1991, pp 285.

第4章 信託兼営銀行の利益相反管理の考え方　159

　第2に、法人信託サービスである。これは、配当支払、株式発行、地方債発行の受託者や最重要な企業年金・利益分配信託ファンドの運用である。

　第3に、代理口座の管理(managing agency account)である。個人が、信託部門の口座に資産を置くものの、信託に財産所有権を移転するのではなく、投資に関するすべての権限を有するものである。銀行は、口座の投資運用にかかる限定的な代理権限を有する。受託者(trustee)と代理者(agency)の各地位はいずれもフィデューシャリーの立場(fiduciary capacity)に立つが、両者の義務・責任は大きく異なり得る。

(3) 米銀の信託業務にかかる利益相反管理に関する説明

　米国における銀行の信託業務にかかる利益相反管理について、文献・資料では、以下のとおり説明されている。

　sound fiduciary principles の遵守の観点から、銀行組織の内部において、商業銀行部門と信託部門を組織的に分離する「隔壁(ウォール)」を設ける方法が採られていると説明されている。

(a) 米国法律関係文献における説明
- 「通貨監督官は、国法銀行の信託権限行使を管理するために、12 C. F. R. Pt. 9 などに規制を定めている。これらの規制に具体化されているように、信託監督に関する通貨監督官の方針は、絶対的禁止を最小限に保つことである。したがって、レギュレーション9では、すべてを包摂する制限・制約リストを編集する試みは行われていない。通貨監督官は、信託部門の運営においては sound fiduciary principles の遵守が常に義務づけられている事実に照らすと、そうしたリストは必要ないと結論づけた。」[22]
- Merrill Lynch 事件(Merrill Lynch が発行会社の四半期情報の公表前に投資顧問顧客に対して当該情報を伝達して当該顧客が当該発行会社の株式を売却した件について SEC 規則 10b-5 違反として SEC から制裁を受けた事件)について、SEC は「IN THE MATTERS OF MERRILL LYNCH, PIERCE, FENNER &

---

22)　Symons, Jr. and White, pp 290.

SMITH」(1968)において、「秘密情報の開示に対するより効果的な保護を提供するための Statement of Policy」を採択した。「当該方針は、分離主義アプローチ、又は、より流布的に「隔壁(The Wall)」として知られるようになった。銀行に適用されると、銀行は、重要な内部情報(material inside information)が越えることのない、商業部門と信託部門の間に隔壁を確立することを意味する。」[23]

(b) 金融制度調査会専門委員会報告「専門金融機関制度のあり方について第三編」(昭和 62 年 12 月 4 日)60 頁・61 頁

- 「米国における銀行業と信託業の兼営に伴う利益相反問題

米国では 1960 年代半ばまで、信託部門の職員はプルーデント・マン・ルールに則り銀行部門の情報を参考にして信託財産を運用してきた。しかし 1966 年、連邦地方裁判所が「内部情報を利用して、公開市場で有価証券の取引に従事することは、証券取引所法に照らし違法である」と判示したことにより、重要内部情報を使用してはならないという義務と信託受託者としてプルーデント・マン・ルールを遵守しなければならないという義務の双方を負うこととなった。

これらの義務を両立させるために考え出された方策が銀行部門と信託部門との分離であり、ここに両部門を遮断する内部規制(チャイニーズ・ウォール=Chinese Wall、万里の長城)の考え方が確立されたわけである。通貨監督官も、チャイニーズ・ウォールの必要性を認め、銀行に対し、レギュレーションで重要な内部情報を利用しないということを確実にするための明文による施策、手続きを作ることを義務づけている。

チャイニーズ・ウォールの具体的内容は各銀行により異なるが、一般的には建物やフロアーを分離するといった物理的な面にとどまらず、情報へのアクセスや人事交流を制限するといった方針が採用されている。また行為に対してチャイニーズ・ウォールの必要性を認識させる教育も盛んに行われている。」

---

23) Symons, Jr. and White, pp 311-314.

（c）金融庁提出資料「信託法改正に伴う信託業法の見直しについて」（平成17 年 11 月 16 日）[24)]

- 「○米国
  - 我が国の信託法に相当するものとして、各州の信託法が存在。
  - 業法に相当するものとしては、銀行の信託業務の兼営を規制する連邦規則（レギュレーション 9）が存在。銀行は、財務省通貨監督局から免許を受けることで信託業務を兼営することが可能となるが、銀行法の規制の結果として他業は制限される。（信託業の担い手の 9 割は銀行。）
  - 銀行以外の信託会社を認める州もあり、免許により信託会社の設立が可能。」

（4）国法銀行法 92a 条の概要

国法銀行の信託権限（trust powers）について定める合衆国法典 12 編 92a 条（国法銀行法 92a 条）は、**表 1** の構成となっている。

商業銀行業務と信託業務の利益相反管理の観点からの条項が一部みられる（92a 条（c）（d）（h））ところ、禁止措置は、信託部門（trust department）の預金への決済性資金の受入れ禁止（同条（d））および信託資金の役職員への貸付けの禁止（同条（h））にとどまる。

表 1　国法銀行法 92a 条の構成

（a）通貨監督官の権限（Authority of Comptroller of the Currency）
（b）州・地方法に違反しないとみなされる権限付与・行使（Grant and exercise of powers deemed not in contravention of State or local law）
（c）フィデューシャリー資産と一般資産の分離、各別の帳簿・記録および検査報告書・帳簿・記録・資産への州銀行当局のアクセス（Segregation of ficuciary and general assets；separate books and records；access of State banking authorities to reports of examination, books, records, and assets）
（d）禁止業務、別投資口座および業務利用の一定の資金への担保設定（Prohibited operations；separate investment account, collateral for certain used in conduct of business）

---

24)　金融庁提出資料・前掲注 1) 20 頁。

162　3　米国における銀行の信託業務にかかる利益相反管理

(e) 銀行破綻の場合における先取特権・請求(Lien and claim upon bank failure)

(f) 私的信託・裁判信託の保護のための証券の預託および保証証書の執行・免除 (Deposits of securities for protection of private or court trusts; execution of and exemption from bond)

(g) 信託職員の宣誓・宣誓供述書(Officials' oath or affidavit)

(h) 信託資金の役職員への貸付けの禁止および罰則(Loans of trust funds to officers and employees prohibited; penalties)

(i) 申請許可・拒否の決定の考慮:最低資本・剰余金(Considerations determinative of grant or denial of applications; minimum capital and surplus for issuance of permit)

(j) 信託権限の返納:取締役会決議、通貨監督官の認証、影響を受ける業務および規則制定(Surrender of authorization; board resolution; Comptroller certification; activities affected; regulations)

(k) 許可の取消し:適用される手続(Revocation; procedures applicable)

(5) 国法銀行のフィデューシャリー業務に関する規則の概要

連邦行政規則第12編第9部(12 CFR Part 9[25])において、「国法銀行のフィデューシャリー業務(Fiduciary Activities of National Banks)」に適用される基準(standards)が定められている(同規則9.1条(b))。外国銀行の連邦免許の支店にも適用される(同条(c))。同規則の構成は、**表2**のとおりである。

国法銀行は、フィデューシャリーにかかる自己取引および利益相反を防止するため、方針・手続の整備を求められ(9.5条(c))、一定の行為規制が設けられている(9.12条、9.18条)ところ、禁止措置は限定的である(9.18条(b)⑧)。

また、国法銀行のフィデューシャリー業務にかかる解釈として、以下が示されている。

- 国法銀行は、債券の発行について、潜在的な利益相反を管理する適切な統制を維持している場合には、デフォルト90日後までは信託証書受託者および債権者として行動できること(9.100条(Acting as indenture trustee and creditor))。

---

25) CFR は、Code of Federal Regulations の略称である。

- 銀行が投資助言に手数料を徴求する場合には投資顧問業者(investment adviser)としてフィデューシャリーの立場で行動することになること(9.101条(Providing investment advice for a fee))。

表 2　国法銀行のフィデューシャリー業務に関する規則の構成

【9.1条】根拠権限・目的・範囲(Authority, purpose, and scope)

【9.2条】定義(Definitions)

【9.3条】OCC の事前認可(Approval Requirements)

【9.4条】フィデューシャリー権限の管理(Administration of fiduciary powers)

【9.5条】方針・手続(Policies and procedures)

　　フィデューシャリー権限(fiduciary powers)を行使する国法銀行は、フィデューシャリー業務にかかる法令遵守の維持に適切な書面による以下を含む方針と手続を採用・遵守するべき。

　　(a)　ブローカー選定実務(brokerage placement practices)

　　(b)　フィデューシャリー業務担当役職員(fiduciary officers and employees)が証券売買にかかる決定または推奨に関して重要な内部情報(material inside information)を利用しないことを確保する方法

　　(c)　自己取引(self-dealing)および利益相反(conflicts of interest)を防止する方法

　　(d)　銀行およびフィデューシャリー業務担当役職員に対してフィデューシャリーに関する事柄について容易に助言できる法務顧問(legal counsel)の選択・保持

　　(e)　短期投資を含むフィデューシャリーとして保有する資金の投資および投資・分配待ちのフィデューシャリー資金(fiduciary funds)の取扱い

【9.6条】フィデューシャリー口座の検証(Review of fiduciary accounts)

【9.7条】複数州におけるフィデューシャリー業務(Multi-state fiduciary operations)

【9.8条】記録保管(Recordkeeping)

【9.9条】フィデューシャリー業務の監査(Audit of fiduciary activities)

【9.10条】投資・分配待ちのフィデューシャリー資金
　　　　　(Fiduciary funds awaiting investment or distribution)

【9.11条】フィデューシャリー資金の投資(Investment of fiduciary funds)

【9.12条】自己取引および利益相反(Self-dealing and conflicts of interest)

　　(a)　フィデューシャリー口座のための投資(Investment for fiduciary accounts)

164　　3　米国における銀行の信託業務にかかる利益相反管理

　　(b)　フィデューシャリー口座からの貸付け・売却その他移転
　　　　　(Loans, sales, or other transfers from fiduciary accounts)
　　(c)　フィデューシャリー口座への貸付け(Loans to fiduciary accounts)
　　(d)　フィデューシャリー口座間の売却(Sales between fiduciary accounts)
　　(e)　フィデューシャリー口座間の貸付け(Loans between fiduciary accounts)
【9.13条】フィデューシャリー資産の管理(Custody of fiduciary assets)
【9.14条】州当局への証券預託(Deposit of securities with state authorities)
【9.15条】フィデューシャリーの報酬(Fiduciary compensation)
【9.16条】銀行の倒産または自主清算(Receivership or voluntary liquidation of bank)
【9.17条】フィデューシャリー権限の返納または取消し
　　　　　　　(Surrender or revocation of fiduciary powers)
【9.18条】集団投資スキーム(Collective investment funds)
　　(a)　一般(In general)
　　　　国法銀行は、フィデューシャリーとして保有する資産を、当該銀行・関
　　係銀行により維持されている専用ファンドまたは連邦所得税免除の退職・
　　年金・利益分配・株式ボーナス・その他の信託の資産のみからなるファン
　　ドに、投資できる。
　　(b)　要件(Requirements)
　　　　①書面プラン、②ファンド運用、③比例持分、④バリュエーション、
　　　　⑤口座の入金・出金、⑥監査・財務報告、⑦広告制限、
　　　　⑧自己取引・利益相反、⑨運用手数料、⑩費用、⑪認証禁止、
　　　　⑫善意の誤り
　　(c)　他の集団投資(Other collective investments)
【9.20条】名義書換代理人(Transfer agents)

(6)　通貨監督官ハンドブックの概要

　財務省通貨監督庁は、「通貨監督官ハンドブック　資産運用　利益相反　第
1版 (OCC Comptroller's Handbook Asset Management (AM) Conflicts of Interest)」
(2015年1月)を定めている。その構成は、**表3**のとおりである。

表3　通貨監督官ハンドブックの構成

【序論（Introduction）】
［概観（Overview）］
- 利益相反の類型（Types of Conflicts of Interest）
- 関連当事者・利害関係者・フィデューシャリー口座の間の自己取引
  （Self–Dealing Between Related Parties and Interests and Fiduciary Accounts）
- 関係サービス提供者との取引および関係者へのブローカレッジ・サービスの分配（Dealings With Affiliated Service Providers and Allocation of Brokerage Serv ces to Affiliates）
- 関連当事者・利害関係者に金融利益をもたらす第三者との取引
  （Dealings With Third Parties That Result in Financial Benefits to Related Parties and Interests）
- 許容されない業務の承認（Authorization of Otherwise Impermissible Activities）
- 相反する役割・責任（Conflicting Roles and Responsibilities）
- 従業員の行為（Employee Conduct）

［利益相反に関係するリスク（Risks Associated With Conflicts of Interest）］
- コンプライアンス・リスク（Compliance Risk）
- オペレーショナル・リスク（Operational Risk）
- レピュテーショナル・リスク（Reputational Risk）
- 戦略リスク（Strategic Risk）

［リスク管理（Risk Management）］
- 取締役会および経営陣の監督（Board and Management Supervision）
- 方針（Policies）
- プロセス（Processes）
- 人員（Personnel）
- 統制システム（Control Systems）

【検査手続（Examination Procedures）】
- 範囲（Scope）
- リスクの質（Quality of Risk）
- リスク管理の質（Quality of Risk Management）
- 結論（Conclusions）

【付属文書（Appendixes）】
- 付属文書A：重要な未公表情報の利用

(Appendix A: Use of Material Nonpublic Information)
- 付属文書 B：フィデューシャリー口座と関連当事者・利害関係者との間の取引
  (Appendix B: Transactions Between Fiduciary Accounts and Related Parties and Interests)
- 付属文書 C：ブローカレッジの配分と証券売買
  (Appendix C: Brokerage Allocation and Securities Trading)
- 付属文書 D：ソフトダラーとブローカレッジ手数料のアレンジメント
  (Appendix D: Soft Dollars and Brokerage Commission Arrangements)
- 付属文書 E：フィデューシャリー投資としてのミューチュアル・ファンドの利用
  (Appendix E: Use of Mutual Funds as Fiduciary Investments)
- 付属文書 F：ミューチュアル・ファンドおよび集団投資スキーム――レイト・トレーディングとマーケット・タイミング
  (Appendix F: Mutual Funds and Collective Investment Funds–Late Trading and Market Timing)
- 付属文書 G：潜在的利益相反をもたらす稀な状況
  (Appendix G: Unique Situations Posing Potential Conflicts of Interest)
- 付属文書 H：合理的報酬(Appendix H: Reasonable Compensation)
- 付属文書 I：利益相反要請レター(Appendix I: Conflicts of Interest Request Letter)
- 付属文書 J：略語(Appendix J: Abbreviations)

(7) FDIC 信託検査マニュアルの概要

連邦預金保険公社(FDIC)は、「信託検査マニュアル(Trust Examination Manual)」を定めている(以下「FDIC 信託検査マニュアル」という)。FDIC は、預金保険加入の州法銀行(州免許の銀行)の「主管連邦銀行当局(appropriate Federal banking agency)」である。

FDIC 信託検査マニュアルの章立ては、①経営、②運営・統制・監査、③資産運用(asset management)および証券取引・処理・管理(administration)、④個人・慈善口座に関するコンプライアンスおよび管理、⑤従業員給付口座に関するコンプライアンスおよび管理、⑥法人信託口座の口座管理(account administration)、⑦プール投資ビークル(pooled investment vehicles)のコンプライアンス、⑧利益相反、自己取引および偶発債務、⑨収益・量的トレンド・見通し、⑩そ

第4章　信託兼営銀行の利益相反管理の考え方　　167

の他信託マター、ならびに⑪FDIC登録名義書換代行機関(transfer agent)検査マニュアルである。

FDIC信託検査マニュアル第1章(Section 1)「経営(Management)」では、「信託部門経営の原則に関する方針(Statement of principles of trust department management)」として、以下の要件が必要最小限であるとされており、信託部門の銀行のその他部門からの分離運営(separate and apart)が求められている。

①信託部門の確立および継続的運営に関する取締役会の関与
②信託部門の銀行のその他部門からの分離運営、信託資産にかかる銀行所有の他の資産からの分別および各信託口座資産のその他信託口座資産からの分別
③信託部門の全業務を適切に反映する信託部門に関する十分に詳細な別の帳簿・記録の維持

FDIC信託検査マニュアル第8章(Section 8)「利益相反、自己取引および偶発債務(Conflict Of Interest, Self–Dealing and Contingent Liabilities)」の構成は、**表4**のとおりである。

利益相反の管理については、経営陣による、①利益相反の存在または潜在的存在の認識、および②フィデューシャリーの忠実義務違反を防止するために十分な手続上・監督上のガイドラインがあることの保証が健全な管理であるとされている。

表4　FDIC信託検査マニュアル第8章の構成

【A 利益相反(Conflicts of Interest)】
1.　定義(definition)
2.　相反の管理(Management of Conflicts)
3.　管理文書基準(Management Documentation Standards)
【B 自己取引(Self–Dealing)】
【C 偶発債務(Contingent Liabilities)】
【D 重要な非公表情報(Material Nonpublic Information)】

1. 一般概観と経営措置（General Overview and Management Actions）
2. 不適切な管理の潜在的結果
   （Potential Consequences of Inappropriate Administration）

【E　利益相反・自己取引の共通事例（Common Instances of Conflict of Interests and Self-Dealing）】

1. 口座管理以外の手数料（Fees other than for the Administration of an Account）
2. 証券関連業務（Securities-Related Activities）
   a. ソフトダラー（Soft Dollars）
   b. 自行または関係会社ブローカレッジ・サービスの利用
      （Use of Own-Bank or Affiliated Brokerage Service）
   c. 証券売買実務（Securities Trading Practices）
   d. 自己勘定プール投資ビークル（Proprietary Pooled Investment Vehicles）
   e. 唯一のファンド・ファミリーの利用（Use of Only One Fund Family）
   f. リサーチ・アナリスト関係会社との関係
      （Research Analyst Affiliate Relationships）
   g. 議決権行使（Proxy Voting）
   h. ブラックアウト期間における売買（Trading During Blackout Periods）
   i. 投資パフォーマンスの広告（Advertising Investment Performance）
3. 自行または関係銀行の預金の利用
   （Use of Own-Bank or Affiliate Bank Deposits）
   a. 一般概観（General Overview）
   b. ERISA・預金保険・保証（ERISA, Deposit Insurance, and Pledging）
   c. 自行預金の適合性（Suitability of Own-Bank Deposits）
4. 自行または関係会社の証券への投資
   （Investment in Own-Bank or Affiliate Company Securities）
5. 信託資産の銀行・銀行内部者・銀行代理者・銀行関係者との売買
   （Sale or Purchase of Trust Assets to or From the Bank, Bank Insiders, Agents, or Affiliates）
6. 自行または関係会社により引き受けられた証券への投資
   （Investment in Securities Underwritten by Own-Bank or Affiliates）
7. 外部サービス提供者との関係（Relationships with Outside Service Providers）
8. 口座間の取引（Inter-Account Transactions）
9. 複数口座の取引（Multi-Account Transactions）
10. 約款違反（Contravention of Terms of the Governing Instrument）
    a. 曖昧な用語（Ambiguous Language）

b. 事情変更(Changing Circumstances)

c. 無権限の資産混合(Unauthorized Commingling of Assets)

d. 非遵守の投資(Nonconforming Investments)

e. 投資し損ない(Failure to Invest)

f. 共同フィデューシャリーの同意・承認のない行為
   (Acts Without Consent or Approval of a Co–Fiduciary)

11. プライバシー(Privacy)

a. プライバシーとオンライン・バンキング(Privacy and On–line Banking)

12. 抱合せアレンジメントの禁止(Prohibitions Against Tying Arrangements)

(8) まとめ

以上から、米国における銀行業務と信託業務にかかる規制については、信託業務における資産運用を含め、エンティティ分離という考え方は採られておらず、兼営が認められた上で、兼営に伴う利益相反の問題について、詳細な指針が定められているといえる。

おわりに

以上からまとめると、第1に、我が国の信託銀行制度では、同一の法人において銀行業務と信託業務の兼営が認められた上で、利益相反管理が行われており、信託業務を担う法人の分離(エンティティ分離)の考え方は採られていない。

第2に、我が国では、信託の機能については、おおむね「資産運用」に分類され、資産運用サービス提供者の忠実義務の観点から、利益相反の問題が取り扱われることになる。このような観点から、信託銀行における運用部門と法人営業部門との間における利益相反の問題が着目されている。

第3に、米国における銀行業務と信託業務にかかる規制については、信託業における資産運用を含め、エンティティ分離という考え方は採られておらず、兼営が認められた上で、兼営に伴う利益相反の問題について、詳細な指針が定められている。

これらのことから、我が国の信託銀行は、引き続き銀行業務と信託業務を兼

営し、同一法人内で運用部門と法人営業部門を有する場合には、金融庁「顧客本位の業務運営に関する原則」（平成29年3月30日）における「利益相反の適切な管理」（原則3）とのプリンシプルを踏まえ、米銀の利益相反管理に関する指針を参考にしつつ、顧客の最善の利益を図る観点から、ベスト・プラクティスを目指して主体的に創意工夫を発揮することが求められるものと考えられる。

第5章

法人における事実認識の有無に関する
法的判断の構造

加毛　明

はじめに——検討の対象と理由

　私法上、法主体がある事実を認識していたか否かが、不利益な法律効果の発生について意味を有することがある。そして、法主体が法人である場合には、自然人のような認知能力を観念できないので、事実認識の有無を判断するために、当該法人と一定の関係を有する自然人を基準とする必要が生じる[1]。このことを前提として、本章は、法人による事実認識の有無を法的に判断するために、いかなる思考枠組みによるべきか、について検討する。

　この問題については、近時、学説における議論の進展がみられるものの、なお検討すべき点が残されていると考えられる。また、法人による事実認識の問題は法人内部における情報管理の在り方と密接にかかわるため、法人における情報利用の重要性に鑑みれば、この問題に関する議論を蓄積することに積極的な意義を見出すことができる。

　もっとも、事実認識の有無が法律効果の発生に影響を与える理由は多様であり、問題となる局面に応じた個別の検討が要請される。また、認識の対象とされる事実の内容も問題となる場面ごとに異なる。そのため、一般的な形で、法人の事実認識の有無に関する法的判断の構造を論じることには困難が伴う。そ

---

1)　今後の技術の進展に伴い、法人による情報の収集および行為の決定が自然人を介さずに行われるようになると、自然人を基準として、法人の事実認識の有無を判断できなくなる可能性がある。その場合には、法律効果の発生について事実認識の有無が考慮される趣旨に遡った検討が必要になると考えられる。しかし本章では、このような場合を検討対象から除外する。

こで、以下ではまず、法人である銀行が直面し得る若干の具体的事例の検討を通じて、検討すべき課題を設定することにしたい。

1 事例を通じた課題の設定

(1) 事例

(a) 事実認識の有無が不利益な法的取扱いの要件とされる場合

①悪意

まず、私法上、ある事実を知っていたこと(悪意)が、不利益な法的取扱いの要件とされる場合がある。

【事例1】 A銀行は、B社に対して3,000万円の貸付をした。B社は経営不振のために支払不能に陥った。A銀行の被用者Cは、B社が支払不能に陥ったことを知った[2]。その後、B社は、分割弁済の約定に従い、A銀行に500万円を弁済した。B社に対して破産手続の開始決定があった。B社の破産管財人Dは、A銀行に対して、B社による債務の弁済を否認し、500万円の返還を求めた。

破産者が支払不能後に債権の消滅に関する行為(債務の弁済など)をしていた場合、破産管財人は、債務者の支払不能または支払停止を債権者が知っていたことを証明すれば、弁済を否認することができる(破162条1項1号イ)。債権者の悪意が否認の要件とされる理由は、「債務者の経済状況について善意の債権者に対する弁済を保護し、取引の安定性を確保する[3]」ためであると説明される。この善意者保護という趣旨の反面として、悪意の債権者が弁済の否認という不利益を被ることに着目すれば、悪意の債権者には、債権者の平等という破産手続上の利益(他の債権者の利益)を害しないよう行為する(債務者による偏頗的な弁済を拒絶する)ことが要請されるものと考えられる。

---

2) 支払不能は「債務者が、支払能力を欠くために、その債務のうち弁済期にあるものにつき、一般的かつ継続的に弁済することができない状態」を意味する(破2条11項)。それゆえ、支払不能を知ったといえるか否かは——単純な事実の認識ではなく——法的評価を伴うものといえる。しかし、以下では、被用者Cが(法的評価を伴う)B社の支払不能という事実を知ったといえることを前提として議論を進める。

3) 竹下守夫編代『大コンメンタール 破産法』(青林書院、2007)654頁〔山本和彦〕。

第5章　法人における事実認識の有無に関する法的判断の構造　　173

　債権者が法人である場合にも、破産管財人の否認権行使が妨げられる理由はない。それゆえ、法人と一定の関係にある自然人(被用者など)が債務者の支払不能などを知っていたことを理由として、債権者平等の利益を害する行為をしないことが当該法人に要請される場合には、当該法人を悪意と評価すべきものと解される。【事例1】においても、CがB社の支払不能を知ったことによって、A銀行がB社による弁済を受領しないようにする(自動引落しの停止などの措置をとる)必要があったと評価されるのであれば、A銀行を悪意の債権者として、破産管財人Dの否認権行使が認められることになる。

　以上の判断においては、支払不能などの事実を認識した自然人(被用者など)が、法人といかなる関係にあるか——法人からいかなる職務を与えられていたのか——が重要な意味を有する。自然人の事実認識を根拠として、法人による偏頗的弁済の受領拒絶の必要性が基礎づけられるとすれば、そのような法人の行為に影響を与える地位に当該自然人があったことが必要であると考えられるからである。

　②過失による善意

　さて、【事例1】のように、悪意のみが不利益な法的取扱いの要件とされる場合には[4]、法人の悪意を認定する前提として、自然人が事実を認識したことが必要になる。これに対して、私法上は、悪意に加えて、過失による善意——ある事実を知るべきであったにもかかわらず知らなかったこと——が、不利益な法的取扱いの要件とされる場合も多い。この場合には、法人の過失が認定されれば法律効果が発生するので、自然人の事実認識に基づいて法人の悪意を認定する必要はないことになる。もっとも、その場合でも、法人と一定の関係にある自然人が事実を認識したことが、法的効果の発生に意味を持つことはある。次のような事例を考えてみよう。

　　【事例2】　E銀行の顧客Fは、E銀行・甲支店に普通預金口座(乙口座)を開設し、

---

4)　債権者が債務者の支払不能または支払停止を知らなければ、そのことに過失があっても、破産管財人による否認権の行使は認められない。「債権者には弁済を受領するについて債務者の財産状況を調査する義務は観念できない」ためであると説明される(竹下編代・前掲注3) 654頁〔山本〕)。

174　1 事例を通じた課題の設定

> 1,000 万円を預け入れていた。F は、自筆証書遺言(遺言①)において、乙口座の預金を法定相続人 G に相続させること、および弁護士 H を遺言執行者に指定し、乙口座から預金を払い戻す権限を与えることを定めた。その後、F は別の自筆証書遺言(遺言②)を作成し、遺言①を撤回すること、乙口座の預金を法定相続人 I に相続させること、および弁護士 J を遺言執行者に指定し、乙口座から預金を払い戻す権限を与えることを定めた。E 銀行の被用者 K は、F から遺言②を提示され、その内容を知った。F の死亡後、弁護士 H は、E 銀行に対して、遺言①を含む必要書類を提示し、乙口座の預金の払戻しを求めた。E 銀行は、これに応じて払戻しを行った。その後、弁護士 J が E 銀行に遺言②を含む必要書類を提示して、乙口座の預金の払戻しを求めた。これに対して、E 銀行は、免責を主張した。

【事例 2】では、遺言①が遺言②によって撤回されたため(民法 1022 条)、弁護士 H は遺言①に基づいて乙口座の預金を払い戻すことができない[5]。それゆえ、E 銀行の弁護士 H に対する預金の払戻しは、債務の弁済としての効力を有しないことになる。そこで、E 銀行が免責の根拠として援用し得るのが、民法 478 条である。

　民法 478 条は、債務者が「債権の準占有者」——平成 29 年改正(平成 29 年法律第 44 号)後の民法 478 条では「取引上の社会通念に照らして受領権者としての外観を有するもの」——に対して債務を弁済した場合、当該債務者が、弁済受領権限の不存在について善意かつ無過失であれば、弁済としての効力が認められることを定める。弁済者(債務者)の善意に加えて無過失が要件とされる理由は、「弁済者の外観に対する信頼が保護に値するものと言える」必要があることに求められる[6]。

　この点を敷衍すれば、次のように理解することができる。まず、弁済の効力が認められるには、弁済受領権限を有する者に対して弁済を行うことが必要とされる。それゆえ、債務を弁済しようとする者が、相手方が弁済受領権限を有

---

5)　なお、預金を相続させる旨の遺言において遺言執行者の指定があった場合に、遺言執行者が預金を払い戻す権限を有するか否かについて、従前、見解の対立が存在した(議論の状況について、加毛明「預金債権を「相続させる」旨の遺言と遺言執行者の職務権限」金融法務研究会『銀行取引と相続・資産承継を巡る諸問題』〔金融法務研究会、2016〕61 頁)。これに対して、平成 30 年改正(平成 30 年法律第 72 号)により、預金債権に関する特定財産承継遺言(民法 1014 条 2 項)がある場合に、遺言執行者が預金の払戻しを請求できることを定める規定が新設された(民法 1014 条 3 項)。

しないことを知っていた場合（悪意の場合）には、無効な弁済を避けることができたはずであり、免責の利益を与える必要はない。また、無効な弁済を避けるため、弁済者には、相手方の弁済受領権限の有無を調査することが求められる。それゆえ、債務を弁済しようとする者が、適切な調査をしなかったために、相手方の弁済受領権限の不存在に気付くことができなかった場合（過失による善意の場合）には、やはり、免責の利益を与える必要はないことになる。

　以上を前提として【事例2】について検討すると、まず、被用者Kが遺言②の内容を知り、弁護士Hが弁済受領権限を有しないことを知ったことを理由として、E銀行が弁護士Hに対する弁済を避けることができたはずであると評価できるのであれば、E銀行の悪意を認定し、民法478条に基づく免責の利益の享受を否定すべきものと考えられる。

　次に、被用者Kの事実認識によってE銀行を悪意と評価できない場合でも、E銀行の過失の判断において、Kによる事実の認識が考慮要素となる。E銀行は、弁護士Hの弁済受領権限の有無を調査する義務を負うところ、被用者Kが弁護士Hの弁済受領権限の不存在を知っていたことが、E銀行による調査義務の履践を判断するうえで意味を有するからである。

　他方、E銀行の過失との関係では——【事例2】の内容を変えて——被用者Kが弁護士Hの弁済受領権限の不存在を知らなかった場合でも、E銀行が、弁護士Hの弁済受領権限を調査する義務を尽くしていなかったと評価されるのであれば、E銀行は免責の利益を享受できないことになる。

　もっとも、その場合でも、E銀行と被用者Kの関係に応じて、被用者Kが弁護士Hの弁済受領権限の不存在を知らなかったことが、直ちにE銀行の過失を基礎づける場合と、E銀行の過失を基礎づける一要素として考慮される場合があり得る。例えば、KがE銀行から与えられた職務の一環として弁護士

---

6)　河上正二「民法478条（債権者の準占有者に対する弁済）」広中俊雄＝星野英一編『民法典の百年III——個別的観察(2)債権編』(有斐閣、1998)177頁。民法478条の原始規定は弁済者の善意のみを要件としていたが、学説上は既に戦前から善意・無過失を要求する見解が有力に主張され(我妻栄『新訂債権総論(民法講義IV)』〔岩波書店、1964〕279頁参照)、判例も戦後になって一般的な形でこれを認めるに至った(最判昭和37年8月21日民集16巻9号1809頁など)。そして、平成16年改正(平成16年法律第147号)により、法律の規定上も、弁済者の善意・無過失が要件として明示されることになった。

Hの弁済受領権限を調査する立場にあったにもかかわらず、適切な調査をしなかったといえるのであれば、そのことがE銀行の過失を基礎づけることになる。これに対して、Kの職務にE銀行の過失を直接基礎づけるほどの重要性がない場合でも、Kを含むE銀行の被用者が事実を認識できなかったことが、E銀行による調査義務の懈怠と評価されるのであれば、E銀行に過失が認定される。このように、法人の過失の認定についても――悪意の認定の場合と同様に――法人と自然人の関係が重要な意味を有するのである。

　(b)　事実認識の有無が義務違反の判断において考慮される場合

　ここまで、法主体の悪意・過失による善意が不利益な法律効果の発生の要件とされる場合についてみてきたが、このほかにも、法主体による事実の認識が、法律効果の発生を判断する際に考慮される場合がある。とりわけ重要なのが、法主体がある行為について一定水準の注意義務を負う場合において、注意義務違反の有無を判断するうえで、事実の認識の有無が考慮されることである。例えば、次のような事例が考えられる。

【事例3】　L信託銀行の貸付部門に所属する被用者Mは、N社に対する貸付を行うに際して、N社の経営状況の悪化を示す情報を取得した。その後、L信託銀行は、O社から受託した信託業務の一環として、N社に対する投資を行った。しかし、N社の経営悪化を原因として、信託財産に損失が生じた。O社は、L信託銀行が、被用者Mの取得した情報を考慮して投資判断を行っていれば、N社に対する投資を行わなかったはずであると主張して、L信託銀行に対し、損失のてん補を請求した。

　信託事務を処理する際の注意義務の水準として、受託者には善良な管理者の注意が要求される(信託法29条2項本文)。そして、受託者に任務懈怠がある場合には、受託者は信託財産に生じた損失をてん補する責任を負う(信託法40条1項1号)。

　【事例3】では、L信託銀行が、O社から受託した信託の事務処理としてN社への投資を行うに際して、善良な管理者としての注意義務を果たしたといえるか否かが問題となる。その判断においては、L信託銀行がN社の経営状況に

ついて有していた情報が基礎とされる。それゆえ、被用者 M が取得した情報（N 社の経営状況の悪化）が、L 信託銀行による N 社への投資決定に際して基礎とされるかが問題となる。

この法人の義務違反の判断構造は、前述した法人の過失のそれと類似する。法人に要求される水準の注意が果たされたか否かを判断するうえで、自然人（被用者など）の事実認識が意味を有するからである。

その一方で、【事例3】は、被用者 M が取得した情報を、L 信託銀行が投資判断に用いることができない場合があることを示唆する。L 信託銀行が貸付部門と信託部門との間に情報隔壁(information barrier)を設けていたために、信託部門における N 社への投資の決定において、貸付部門の被用者 M が取得した情報が利用されなかったことが想定されるからである。そのことが法的に正当化されるのであれば、L 信託銀行による投資の適否は、被用者 M が取得した情報を除外したうえで、判断されるべきものと考えられる。

このことは、被用者などの自然人が取得した情報を、法人が原則として利用しなければならないとしても、例外的に法人が当該情報を利用しないことが要請ないし許容される場合があることを示すものといえる。法人による事実認識の有無の法的判断構造を検討するうえでは、このような問題が存在することにも留意する必要があるのである。

（2）課題の設定

以上の事例の検討から、次のような課題を設定することができる。

まず、法主体の悪意を要件とする不利益な法的取扱いとの関係では、自然人（被用者など）による事実の認識を法人の悪意と評価できるか否かが問題となる。それゆえ、この問題を判断する枠組みを整理することに、法的な意義が見出される。そして、この判断枠組みにおいては、法人と自然人の関係——法人が自然人にいかなる職務を与えたのか——が重要な意義を有すると考えられる。

その一方で、法人と自然人の関係に基づき、原則として、自然人の事実認識が法人の事実認識と評価されるべき場合であっても、例外的に、法人の事実認識が否定されることがあるのかも問題となる。そのような例外的場合を含めた判断枠組みを示すことが、本章の課題となる。

なお、過失による善意が不利益な法的取扱いの要件とされる場合には、法人の過失を認定するために、自然人（被用者など）による事実の認識が必要とされるわけではない。しかし、法人と一定の関係にある自然人の事実認識が、法人の過失の認定に意味を持つことはあり得る。それゆえ、法人の事実認識に関する判断の枠組みを明らかにすることは、過失の認定との関係でも、意義を有するものと考えられる。

さらに、法人の過失との関係では、ある自然人（被用者など）が事実を認識していなかったことが、直ちに法人の過失と評価されることがあり得る。そのような評価が、いかなる場合に許されるのかを検討することも、本章の課題となる。

(3) 行論

以下では、まず、わが国における従前の議論状況を確認することから始める(2)。悪意・過失が不利益な法的取扱いの要件とされる場合については、1990年代初頭の佐久間毅の研究[7]によって議論が深化するとともに、近時になって、その研究の欠缺を補う溝渕将章の研究[8]が登場している。両者の研究とも、考察の手がかりをドイツ法の議論に求める。そこで、本章では、わが国の議論状況の紹介と併せて、佐久間・溝渕の研究に影響を及ぼしたドイツ法の議論を検討することとする。

次に、アメリカ法の認識帰属(imputation of knowledge)の法理について——代理法第3次リステイトメント（以下「第3次リステイトメント」という）の内容を中心として[9]——紹介する[10](3)。代理人(agent)による事実の認識の本人(principal)への帰属に関するアメリカ法の議論には、日本法(やドイツ法)に見られない

---

7) 佐久間毅「代理学説と民法第101条の規律」岡山法学40巻3=4号(1991)523頁〔佐久間①〕。同論文は、後に修正を加えて、佐久間毅「本人・代理人の主観的事情と代理行為の効力」佐久間毅『代理取引の保護法理』(有斐閣、2001)48頁〔佐久間②〕として、公表されている。

8) 溝渕将章「民法101条1項と『悪意の帰責』法理(1)(2・完)——BGB166条1項の解釈論を手がかりに」阪大法学63巻1号75頁、2号497頁(2013)〔溝渕①〕、溝渕将章「法人における分業的組織構造と『悪意の効果帰属』(1)(2・完)——ドイツ法の展開と現状を手がかりに」常葉法学3巻1号(2016)163頁、4巻1号(2017)85頁〔溝渕②〕。

9) 必要に応じて代理法第2次リステイトメント(以下「第2次リステイトメント」という)にも言及する。

特色が存在するため、日本法(やドイツ法)の議論を相対化するうえで、アメリカ法の検討は有益であると考えられる。

そして、以上の検討を踏まえて、最後に、前述した本章の課題に取り組むこととする(4)。

2　ドイツ法研究を手掛かりとした我が国における学説の展開

(1) いくつかの最上級審判決

(a) 民法 101 条 1 項と代理関係への着目

まず、佐久間・溝渕の研究が登場する背景となった従前の議論状況について、いくつかの最上級審判決を紹介することから始めよう[11]。この点に関連する法律の規定として民法 101 条 1 項が存在する。同項は「意思表示の効力が意思の不存在、詐欺、強迫又はある事情を知っていたこと若しくは知らなかったことにつき過失があったことによって影響を受けるべき場合には、その事実の有無は、代理人について決するものとする」と規定する[12]。代理取引において、意思の欠缺や意思表示の瑕疵のほか、悪意・過失の判断基準が――本人ではなく――代理人とされるのである。この規定の前提には、代理の本質論に関する代理人行為説――代理において法律行為(意思表示)を行う者は代理人であり、代理人の行為の効果が本人に帰属するという考え方――があるものとされる[13]。代理取引において法律行為(意思表示)を行うのは――本人でなく――代理人であるため、意思の欠缺や意思表示の瑕疵、主体の悪意・過失が問題となる場合に、代理人を基準として判断すべきとされるのである。

以上の民法 101 条 1 項に依拠して、法人の悪意・過失を判断すべきとする判

---

10)　第 3 次リステイトメントの認識帰属の法理については、加毛明「主観的事情と認識帰属の法理」樋口範雄＝佐久間毅編『現代の代理法――アメリカと日本』(弘文堂、2014)138 頁。また、第 2 次リステイトメントの認識帰属の法理については、樋口範雄『アメリカ代理法〔第 2 版〕』(弘文堂、2017)179-185 頁。

11)　下級審を含む裁判例の動向と、起草者以来の学説の詳細については、溝渕②・前掲注 8) 3 巻 1 号 166-185 頁。

12)　平成 29 年改正(平成 29 年法律第 44 号)では、意思表示の錯誤の効果が無効から取消しに改められたことに伴い、民法 101 条 1 項についても文言の修正が行われた。

13)　佐久間毅「代理の基礎理論」佐久間毅『代理取引の保護法理』(有斐閣、2001)13 頁。

決が古くから存在する。大判明治 44 年 2 月 16 日民録 17 輯 59 頁は、株式会社の不当利得返還義務の範囲との関係で受益者の悪意（民法 704 条）が問題となった事案について、「会社ノ悪意ナルヤ否ハ民法第百一条ニ準拠シ会社ノ機関カ悪意ナルヤ否ニ依リテ決セラルヘキ」であるとした。機関の悪意を会社の悪意と評価する根拠として、民法 101 条が言及されるのである。戦後においても、最判昭和 47 年 11 月 21 日民集 26 巻 9 号 1657 頁は、動産の即時取得（民法 192 条）が問題となった事案において、「民法 192 条における善意無過失の有無は、法人については、第一次的にはその代表機関について決すべきであるが、その代表機関が代理人により取引をしたときは、その代理人について判断すべきことは同法 101 条の趣旨から明らかである」と判示した。判旨を敷衍すれば、法人の代表機関（代表権を有する取締役）は代表権（包括的な代理権）を有するので、民法 101 条 1 項に基づき、その悪意・過失が法人の悪意・過失とされる。そして、代表機関から個別に代理権を与えられ、実際に法人を代理して行為した者についても、やはり、その悪意・過失が法人の悪意・過失と評価されるのである。

（b）法人が自然人に与えた職務への着目

このように、法人による代理権付与に着目する判決が存在する一方で、法人が自然人に与えた職務——代理権付与に限られない——に基づいて、法人の悪意・過失を判断する判決もまた、古くから存在していた。大判明治 45 年 5 月 15 日民録 18 輯 492 頁は、生命保険契約の締結に際して被保険者に既往症の告知義務違反があったことを根拠として、保険会社が保険金の支払義務を免れるか否かにつき、既往症の事実に関する保険会社の悪意・過失が問題となった事案に関するものである。大審院は、保険会社が被保険者の診察を委嘱した医師（保険医）の悪意・過失をもって、保険会社の悪意・過失を判断すべきとした。その理由は、保険医が「保険業者ノ専門的知識ノ欠漏ヲ補ヒ之ヲシテ契約ノ締結ニ必要ナル申込人ノ健康状態ヲ知ルコトヲ得セシムルヲ以テ其任務ト為スモノニシテ保険者ノ為メニ申込人ノ健康状態ヲ知ルノ機関トナリ保険業者ハ之ヲ利用シテ業務上必要ナル調査ヲ為ス」からであるとされる[14]。

---

14) 大判大正 4 年 9 月 6 日民録 21 輯 1442 頁も同様の判示をする。

第 5 章　法人における事実認識の有無に関する法的判断の構造　　181

　保険医は生命保険契約の締結を任務とするものではないため、保険会社から法律行為の代理権を付与されているわけではない。しかし、被保険者の既往症の事実は、保険会社が保険医に委託した業務の内容と密接に関連するので、保険医を基準として保険会社の悪意・過失を判断することには、合理性があると考えられる。本判決は、問題となる事実に関連して、法人が自然人にいかなる職務を与えていたかが、法人の悪意・過失を判定するうえで重要であることを示すものということができる。

（c）星野英一の判例評釈

　このような考え方は、学説にも支持を見出すことができる。星野英一は、前述の昭和 47 年判決に関する評釈[15]において、代理権の有無に着目した「判旨の一般論はやや狭すぎる[16]」と批判する。そして、民法 101 条の趣旨は「意思表示をすることやその内容を決定した者について善意無過失等を判断する」ことに求められるとし、意思表示を行った者（代理権を有する者）のほか、意思表示の内容の決定に関与した者についても、その悪意・過失を法人の悪意・過失と評価すべきとする[17]。さらに「意思決定に影響を及ぼしうる法律上の地位ないし事実上の状態にあった者の悪意も（過失は問題であるが）、考慮されてしかるべきではないか」とし、そのような者が問題の事実を知っていたにもかかわらず黙秘していた場合には、「社会的にその黙秘が妥当性を欠くようなときには、法人を保護する必要のないことがありはしないだろうか」と指摘するのである[18]。

　法人の意思決定への関与や影響の度合いは、法人が自然人にいかなる職務を与えていたのかにかかわる。代理権付与は、そのような職務内容の 1 つの在り方と理解される。それゆえ、法人の悪意・過失の判断においては、代理権の有無にとらわれず、法人と自然人の関係に着目すべきことを、星野評釈は指摘するのである。また、法人の意思決定に影響を及ぼし得る地位にある者が事実を

---

15)　星野英一「判批〔最判昭和 47 年 11 月 21 日民集 26 巻 9 号 1657 頁〕」法協 91 巻 4 号（1974）710 頁。
16)　星野・前掲注 15) 713 頁。
17)　星野・前掲注 15) 713 頁。
18)　星野・前掲注 15) 713 頁。

182　2　ドイツ法研究を手掛かりとした我が国における学説の展開

知りながら黙秘していたことを、法人の悪意と評価できるか否かについて、社会的妥当性の観点からの判断が必要とされるとしていることも——後述する学説の展開を先取りするものとして——注目に値する。さらに、星野評釈が、このような地位にある者の悪意の評価と、過失の評価を区別する可能性を示唆する点も——本章の以下の検討から明らかになるように——興味深いところである。

(2) 佐久間毅の研究

(a) 代理の本質論と悪意帰責の問題

さて、以上のような考え方に理論的裏付けを与え、学説における議論の画期をなしたのが、佐久間毅による一連の研究であった。

佐久間論文は、まず、民法 101 条 1 項が法的性質の異なる 2 つの問題を規律することを指摘する。すなわち、「本人側に意思の欠缺・瑕疵があり、それが本人側の意思表示の効力自体に影響を及ぼす」という「意思欠缺の問題」、および「本人側にある事情が知られている(べきである)ために、本来であれば本人に認められた(本人の主張しえた)本人にとって有利な法律効果や法状態が認められなくなる(主張できなくなる)」という「悪意帰責の問題」である[19]。このうち、意思欠缺の問題は「意思表示の成立過程で生じ、意思表示そのものに付着した瑕疵」に関するものであるため、代理の本質論——意思表示の主体を誰と考えるかを巡る議論——が一定の意味を有する[20]。これに対して、悪意帰責の問題は、ある事情の知・不知が「法律行為の効力に影響を与えうるにすぎない」ので、意思表示の主体に関する代理理論は、問題の解明に役立たないとされる[21]。こうして、佐久間論文は、悪意帰責の問題を、代理の本質論から切り離して論ずべきことを根拠づけたのである。

---

19)　佐久間②・前掲注 7) 55 頁。佐久間①・前掲注 7) 935 頁も参照。

20)　佐久間②・前掲注 7) 57 頁。佐久間①・前掲注 7) 935-936 頁も参照。もっとも、佐久間論文は、意思欠缺の問題の解決にとって、従前の代理理論(代理人行為説など)が十分でないことを指摘する(佐久間②・前掲注 7) 57-58 頁)。

21)　佐久間②・前掲注 7) 70 頁。佐久間①・前掲注 7) 936 頁も参照。

（b） 自己保護措置（利益保護措置）の委任

　そのうえで、佐久間論文は──ドイツ法学の議論に示唆を得て[22]──悪意帰責の問題の基礎には、「自己保護措置（利益保護措置[23]）」という考え方があることを指摘する。ある事情に関する悪意・過失によって、法主体が有利な法律効果・法状態を享受できなくなるのは、当該事情を知る（知りうべき）者は、自己の知る（知り得た）事実に基づいて適切な措置を講じることにより自らを保護することができたはずであるにもかかわらず、適切な措置を怠ったのであれば、法的保護に値しないからである、という考え方である[24]。

　このような理解によれば、民法101条1項は次のように説明される。任意代理において、本人は、通常、法律行為のみならず、自己保護措置（利益保護措置）も代理人に委ねている；他方、本人が代理人に自己保護措置（利益保護措置）を委ねたことを否定し、悪意・過失に伴う不利益を回避できるとすれば、自らが法律行為を行った場合よりも有利な地位を不当に享受できることになってしまう；そこで、民法101条1項は、代理人を基準として、悪意・過失を判断することとしたのである[25]。

　そして、自己保護措置（利益保護措置）の委任という考え方によれば、代理関係の存在にかかわらず──民法101条1項が直接に規定するところを超えて──悪意・過失の判断がなされるべきことになる。佐久間論文は、「本人が分業によって法取引に関与する場合に、自己の意思によってある者に代理人に類似する地位、つまり一定の範囲において特定の事務についての独立の「決定権」を委ねるときには、そこでえられる知（えられるべきであった知）に応じた保護措置を講じることをも委ねていると解してよいわけであるから、本人はこの他人の知りたること、知りうべかりしことを帰責されてよいことになる」とする[26]。民法101条1項は、悪意帰責の問題の一局面を規律するに過ぎず、前提

---

22)　後述するリヒャルディおよびシルケンの見解である。
23)　後に「自己保護措置」に替えて「利益保護措置」の語が用いられるようになるが（於保不二雄＝奥田昌道編『新版注釈民法(4)』〔有斐閣、2015〕70頁〔佐久間毅〕、佐久間毅『民法の基礎1〔第4版〕』〔有斐閣、2018〕255頁）、その内実に変化はない。
24)　佐久間②・前掲注7) 72-73頁。
25)　佐久間②・前掲注7) 73頁。
26)　佐久間①・前掲注7) 977頁。於保＝奥田編・前掲注23) 71頁〔佐久間〕も同旨。

となる自己保護措置(利益保護措置)の委託という考え方は、ヨリ広範な射程を有する。前述した、保険会社と保険医に関する判例も、この考え方によって説明できるものとされるのである。

以上の理解によれば、法人の悪意・過失を判断する基準となるのは、法人が「一定の範囲において特定の事務についての独立の「決定権」を委ね〔た〕」自然人であることになる。自然人が法人から悪意・過失の対象となる事実に関連する職務を与えられていたことを前提として、当該職務に関する独立した決定権を有することが必要とされるのである[27]。

もっとも、このように考える場合には、2つの疑問が生じる。第1の疑問は、問題となる法人の業務を担当していたものの、独立した決定権を有していなかった自然人について、どのように考えるべきかである。第2の疑問は、問題となる法人の業務を担当しなかった(別の職務を与えられていた)自然人による事実認識を、法人の悪意・過失の判断において考慮する余地がないのかである。これらの問題に取り組むべく登場したのが、次に見る、溝渕将章の研究である。

(3) 溝渕将章の研究

(a) ドイツ法における議論の展開

溝渕論文は、法人の悪意・過失の判断に関するドイツ法における議論の展開を——佐久間論文に影響を与えたものを含め——詳細に跡付ける。以下では、屋上屋を架すことを避けるため、現在のドイツにおける通説的理解の形成に寄与した——そして溝渕論文による日本法の解釈論に影響を与えることになった——判例・学説に限定して、ドイツ法の議論状況を紹介することにしたい。

さて、ドイツ法——とりわけ判例法理——の特徴は、法人と自然人の関係に応じて、異なる法理・ルールが妥当するものとすることにある。ドイツ法の「代理(Vertretung)」概念は日本法の代理概念の由来するところであり、ドイツ法においても、法人が自然人に代理権を授与したか否かが、法人の悪意・過失を判断する1つの基準とされる。その一方で、ドイツ法では、代理概念と区別する形で「機関(Organ)」概念が理解されており、法人の悪意・過失の判断に

---

27) 於保＝奥田編・前掲注23) 71頁〔佐久間〕も、「他人に一定の事務を独立して処理させる」ことが、当該他人の主観的態様を本人に帰責するための要件であるとする。

おいても、法人の機関を構成する自然人(理事、取締役など)について、法人の代理人とは異なる法理・ルールが妥当するものと考えられているのである。まず、法人の機関に関する判例の状況からみていこう[28]。

①法人の機関

判例上、法人の機関構成員の悪意・過失は当然に法人の悪意・過失と評価されるものと考えられてきた。特徴的なのは、ある機関構成員が法人の悪意・過失が問題となる行為に関与していなかったとしても、その者の悪意・過失が法人の悪意・過失と評価されることである。既に戦前において、ライヒ裁判所は、問題となる行為の時点における機関構成員全員の事実の認識が法人に帰属するとしたうえで、個々の機関構成員が問題となる行為に関与していたか否かは問題にならないとしていた[29]。さらに戦後の連邦通常裁判所は、悪意の機関構成員が問題となる行為の時点で退任しており、当該行為を行った機関構成員が善意であったとしても、なお法人は悪意であると評価されるものとしたのである[30]。

以上の判例は、法人に関する機関説を前提とするものと理解されている。すなわち、法人は自然人と同じ意味での認識能力を有しないところ、悪意・過失を要件とする法律の規定を法人に適用するには、法人の身体・知能に代替する機関構成員の悪意・過失を、法人のそれと評価しなければならないと解されるのである[31]。

---

28) 判例・学説の議論状況については、溝渕②・前掲注8)3巻1号218–219頁。
29) RG, Urt. v. 8.2. 1935, JW 1935, 2044(会社による不動産の善意取得〔ドイツ民法892条1項〕が問題となった事件)。同判決については、溝渕②・前掲注8)3巻1号218–219頁。
30) BGH, Urt. v. 1.12.1958, WM 1959, 81(交互計算への債務の組入れに関する悪意が問題となった事件)。同判決については、溝渕②・前掲注8)3巻1号219–220頁。
31) Karsten Schmidt, Gesellschaftsrecht, 4. Aufl., 2002, SS. 286–287. 後述のように、法人の行為に関与しなかった被用者の悪意の帰責について、情報伝達に関する組織編成上の義務を根拠とする見解が通説としての地位を確立すると、学説上は、法人の機関構成員についても同様に解すべきとする見解が有力になる。その一方で、判例上は、機関説に基づく判決が積み重ねられることになる(判例・学説の状況については、溝渕②・前掲注8)4巻1号126–129頁)。

②法人の業務を担当していた者

　ⓐ職務に関する決定権を有する者

　　㋐リヒャルディの見解

次に、法人の機関構成員でない自然人（被用者など）についてみていこう。

まず、問題となる法人の業務を担当していた自然人が、法人から代理権を付与されていた場合には、代理人として法人の意思決定を行う権限を有することになる。この場合について、ドイツ民法166条1項——日本民法101条1項の起草に際して参照された規定[32]——は「意思表示の法律効果が、意思の瑕疵、またはある事情について知っていることもしくは知るべかりしことによって影響を受ける場合には、本人ではなく、代理人について判断される」と定める[33]。同項は、その文言上、行為の主体として代理人を想定し、かつ、その悪意・過失が意思表示の法律効果に影響を与える場合を適用対象とする。しかし、判例・学説においては、これら2つの点を厳格に解しない見解が採られている。そのような議論を基礎づけたのが、1969年のリヒャルディ論文[34]であった。

リヒャルディは、「ある者が他者に特定の職務を自らの責任において処理することを委託した場合において、当該他者が職務の範囲内で獲得した事実の認識がその者に帰属する[35]」ことを「認識代理（Wissensvertretung）」の法理と名付ける[36]。他方、ドイツ民法166条1項の前提には、他者に決定権限を与え、その者を介して取引を行う者は、当該他者の意思の欠缺や悪意を自らのものとして引き受けなければならないという規範的思想が存在することを指摘する[37]。認識代理の法理もまた、この規範的思想に依拠するのであり、それゆえ、同法

---

32)　法典調査会における民法101条の原案審議の際に、ドイツ民法166条のもとになったドイツ民法第1草案117条・118条が参照条文として挙げられていた（法務大臣官房司法法制調査部監修『法典調査会民法議事速記録一』〔商事法務研究会、1983〕42頁）。佐久間①・前掲注7) 896頁、897頁注14) も参照。

33)　ドイツ民法166条1項の起草の経緯については、溝渕①・前掲注8) 63巻1号85–90頁。

34)　Reinhard Richardi, Die Wissensvertretung, AcP 169, 385 (1969). 同論文については、溝渕①・前掲注8) 63巻1号91–93頁、溝渕②・前掲注8) 3巻1号210頁。

35)　Richardi, a. a. O. (Fn. 34), S. 403.

36)　この法理は、法律上の明文の根拠規定を欠くものの（Richardi, a. a. O. (Fn. 34), S. 395）、保険契約法の分野における判例・学説によって承認されてきたものと説明される（Richardi, a. a. O. (Fn. 34), S. 386, SS. 387–388）。

37)　Richardi, a. a. O. (Fn. 34), S. 397.

理は、代理人と同様の独立した地位(selbständige Stellung)にある者に妥当するものと説明されるのである[38]。

リヒャルディによって提唱された認識代理の法理は、その後、連邦通常裁判所 1982 年 3 月 25 日判決[39]に採用され、ドイツ法の判例・学説に定着することになったのである。

　　　⑦シルケンの見解

以上の議論の展開を前提として、ドイツ民法 166 条 1 項の趣旨に関する議論を深化させたのが、1983 年のシルケン論文[40]であった。シルケンは、法律上、ある事実を知りまたは知り得べきであった者に法的利益が与えられないのは、当該事実に基づいて、自己の利益を保護すること(Selbstschutz)が可能であったからであるという理由に基づくものであるとする[41]。そして、代理の場合には、本人が自己利益の保護措置を代理人に委託していることから、代理人を基準として悪意・過失を判断すべきことになる。ドイツ民法 166 条 1 項に、このような考え方に基づく規定と説明されるのである[42]。

そしてそれゆえ、ドイツ民法 166 条 1 項は、悪意・過失が意思表示の法律効果に影響を及ぼす場合以外にも類推適用されるべきことになる。また、代理権の付与がなくとも、利益保護のための措置の委任があったといえる場合には、やはり、同項の類推適用の余地がある。シルケン論文は、その基準として、本人が他人に対して、利益保護に関する事実を、自らの責任において調査し、決定を行う権限(eigenverantwortliche Prüfungs– und Entscheidungskompetenz)を与えていたことを挙げるのである[43]。

---

38)　Richardi, a. a. O.（Fn. 34），S. 403.

39)　BGH, Urt. v. 25. 3. 1982, BGHZ 83, 293（無権代理によって締結された金銭消費貸借契約が利息制限違反を理由として無効とされた場合において、不当利得返還義務の範囲との関係で、受益者の主観的態様が問題となった事件）。同判決については、溝渕①・前掲注 8) 63 巻 1 号 94–95 頁。

40)　Eberhard Schilken, Wissenszurechnung im Zivilrecht: eine Untersuchung zum Anwendungsbereich des § 166 BGB innerhalb und außerhalb der Stellvertretung（1983）. 同論文については、溝渕①・前掲注 8) 63 巻 1 号 95–96 頁、溝渕②・前掲注 8) 3 巻 1 号 211–212 頁。

41)　Schilken, a. a. O.（Fn. 40），S. 52, S. 57.

42)　Schilken, a. a. O.（Fn. 40），S. 60, S. 225.

43)　Schilken, a. a. O.（Fn. 40），S. 60, SS. 301–302.

188 2 ドイツ法研究を手掛かりとした我が国における学説の展開

　前述した佐久間論文は、以上のリヒャルディ論文およびシルケン論文を参考として、日本民法101条1項の(類推)適用に関する議論を展開していたのである[44]。

　ⓑ職務に関する決定権を有しない者

　その一方で、法人の業務を担当するものの、決定権を有しない者については、その者を基準として、法人の悪意・過失を判断できないのかが問題となる——佐久間論文に対する第1の疑問点である。

　この問題に答えるのが、1992年のヴァルターマン論文[45]である。同論文は、ドイツ民法166条1項を、本人が代理人を利用することによって生み出されるリスクの負担という観点から説明する。すなわち、本人は、代理人を用いることで分業の利益(Vorteile einer Arbeitsteilung)を享受する。その結果、本人は、法律上重要な事実を自ら認識する可能性を放棄することになるが、その一方で、それに伴うリスクを支配する地位にある。それゆえに、本人は、代理人の悪意・過失に伴う法的不利益を甘受しなければならないのである[46]。このような理解に基づいて、ヴァルターマンは、ドイツ民法166条1項の類推適用の要件として、本人が一定の職務を補助者に委任したこと[47]、および、それによって情報獲得の可能性(Möglichkeit der Kenntniserlangung)が補助者に移転したこと[48]を要求すれば足りるとする。リヒャルディやシルケンと異なり、当該補助者に業務に関する固有の決定権限や責任を与えることまでは必要ないとするのである。

　その一方で、ヴァルターマンは、補助者が問題となる業務に関与していたことを要求する。それゆえ、補助者が自らの職務に関連して事実を認識したとしても、その後、本人が当該補助者の関与なしに別の取引を行った場合、同項の類推適用によって、本人が悪意とされることはないことになる[49]。この点に、

---

44)　佐久間①・前掲注7) 960頁注4、佐久間②・前掲注7) 81頁注41参照。

45)　Raimund Waltermann, Zur Wissenszurechnung – am Beispiel der juristischen Personen des privaten und öffentlichen Rechts, AcP 192, S. 181 (1992). 同論文については、溝渕①・前掲注8) 63巻2号497-498頁、溝渕②・前掲注8) 3巻1号212-213頁、4巻1号92-94頁。

46)　Waltermann, a. a. O. (Fn. 45), SS. 197-198.

47)　Waltermann, a. a. O. (Fn. 45), S. 198.

48)　Waltermann, a. a. O. (Fn. 45), S. 200.

49)　Waltermann, a. a. O. (Fn. 45), S. 212.

ドイツ民法 166 条 1 項の類推適用の限界を求めるのである。

　しかしながら、ヴァルターマンは、現代における分業の実態を踏まえれば、以上の解釈の結果として、前述したドイツ民法 166 条 1 項の基礎にある思想が実現されないことを認める[50]。例えば、法人が多数の補助者を利用する場合を考えると、情報を取得した補助者が問題となる業務を担当していなかったとしても、本人を悪意と評価すべきと考えられるからである。ヴァルターマンは、この点を立法の欠缺として、立法による解決の必要性を指摘するのである[51]。

　以上のように、ドイツ民法 166 条 1 項の類推適用について一定の限界を設けることが、現在のドイツにおける通説的理解であると考えられる[52]。その一方で、重要なのは、ヴァルターマンが立法の欠缺と指摘する問題をいかに解決するかである——佐久間論文に向けられる第 2 の疑問点である。次に、この問題に関する議論の展開をみていこう。

　③法人の行為に関連する職務を担当していなかった者
　　ⓐ認識代理人の悪意の帰責
　　　㋐カナーリスの見解
　議論の出発点となったのは、銀行取引に関するカナーリスの著作[53]である。カナーリスは、全ての認識代理人による事実の認識(悪意)を法人に帰責すべきとする見解(Zusammenrechnung des Wissens aller Wissensvertreter)を提唱する[54]。その前提には、企業が、多数の被用者による分業とそれに伴う事実認識の分割(Wissensaufspaltung)によって、有利な扱いを受けるべきではないという理解がある[55]。すなわち、企業内部の職務分掌により、職務上ある事実を知った被用者が、当該事実が法的意義を有する業務を担当していないという事態が生じ得る。その場合に、当該業務を担当する被用者のみを基準とすると、企業の悪意

---

50)　Waltermann, a. a. O.（Fn. 45），S. 213.
51)　Waltermann, a. a. O.（Fn. 45），S. 226.
52)　溝渕②・前掲注 8）3 巻 1 号 213 頁。
53)　Claus-Wilhelm Canaris, Bankvertragsrecht, 3. Aufl., 1989. カナーリスの見解については、溝渕②・前掲注 8）3 巻 1 号 227-229 頁。
54)　Canaris, a. a. O.（Fn. 53），Rn. 800a.
55)　Canaris, a. a. O.（Fn. 53），Rn. 106.

が否定されることになる。しかし、情報取得者と業務担当者の不一致という状況を作り出したのは企業自身であるので、それによって法人が不利益な法的取扱いを免れるべきではないと考えられる。むしろ、企業には、ある被用者が取得した情報が、関連する業務の担当者に適切に伝達されることを確保する——それによって業務担当者が適切な判断を行えるようにする——ことが求められる[56]。

カナーリスは、以上の議論を基礎づけるために、ドイツ民法 278 条を援用する。同条は、債務者が債務の履行に代理人・補助者を利用する場合に、その故意・過失について責任を負うことを定める。カナーリスは、同条の立法趣旨が、個人事業者と比較して分業を行う企業を有利に扱わないことにあるとしたうえで、前述の解釈論を採用することで、同条の立法趣旨をヨリ良く実現できるとするのである[57]。

以上の議論に基づいて、カナーリスは——法人の機関構成員などが第三者に対して守秘義務(Verschwiegenheitspflicht)を負う場合を除き[58]——法人の被用者が職務上ある事実を知った場合には、法人を悪意と評価すべきことを主張したのである[59]。

⑦判例

以上のカナーリスの見解に言及した判決として知られるのが、連邦通常裁判所 1989 年 6 月 1 日判決[60]である。この事件では、被告 Y が訴外 A からの不動産購入の資金調達のために、代理人 B を介して、X 銀行の C 支店および D 支店において、2 つの消費貸借契約を締結した。その後、A の詐欺を理由として、Y は B に対する代理権授与を取り消した。X 銀行が Y に対して、貸付金の元本および利息の支払いを請求したのに対して、Y は無権代理の抗弁を主張した。

---

56) Canaris, a. a. O. (Fn. 53), Rn. 106.
57) Canaris, a. a. O. (Fn. 53), Rn. 106.
58) Canaris, a. a. O. (Fn. 53), Rn. 106.
59) 同様の立場に立つものとして、シュルツの論文(Michael Schultz, Zur Vertretung im Wissen, NJW 1990, 477)がある(溝渕①・前掲注8) 63 巻 2 号 499–500 頁、溝渕②・前掲注8) 4 巻 1 号 90–92 頁)。
60) BGH, Urt. v. 1. 6. 1989, NJW 1989, 2879. 同判決については、溝渕②・前掲注8) 4 巻 1 号 86–88 頁。

Yの抗弁が認められるには、代理権授与行為の取消可能性について、X銀行が悪意または有過失であったことが必要になる（ドイツ民法172条、173条）。この事件では、X銀行C支店長Eが悪意である一方、D支店の担当者は善意であるという事情が存在した。そこで、C支店長Eの悪意をもって、D支店で締結された消費貸借契約についても、無権代理の抗弁を主張できるかが問題となったのである。

　本判決は——カナーリスの見解を紹介したうえで、その当否には立ち入らないとしつつも[61]——Yによる無権代理の抗弁の主張を肯定した。Eは法的に重要な情報を職務上X銀行の代理人として取得しており、またYとX銀行の2つの消費貸借契約がともに不動産購入資金の調達のために締結された以上、C支店とD支店との間での「情報交換は可能であるとともに、容易に想定されるものであった[62]」とするのである。

　このように、本判決は、X銀行の悪意の認定において、Eの取得した情報を支店間で交換すべきであったことに着目する。この点を敷衍すれば、ある被用者が職務上取得した情報を、問題となる業務を担当する者に伝達すべきであったといえる場合に、当該被用者による情報取得を法人の悪意と認定すべきことになる。情報伝達に関する規範的評価に言及する点に——カナーリスの見解と異なる——本判決の特徴が見出されるのである。

　そして、情報伝達に関する規範的評価という観点を入れると、その反面として、情報を伝達することが要請されない場合には、被用者の事実認識を法人に帰責できないことになる。そして、そのような悪意の帰責が制限されるのが、いかなる場合であるのかが問題となるのである。

　　ⓑ悪意の帰責の限界づけ
　　　㋐メディクスの見解
　この問題が取り上げられ、その後の判例・学説を方向付ける議論が展開されたのが、1994年のカールスルーエ・フォーラム（保険法に関する学術集会）であった。このフォーラムにおいて報告者を務めたのが、メディクス[63]とタオピッ

---

61)　NJW 1990, 2880, 2881.

62)　NJW 1990, 2881.

192　　2　ドイツ法研究を手掛かりとした我が国における学説の展開

ツ[64)]である。

　まず、メディクスは——カナーリスと同様に——法人が大量の業務を行うために、その内部において多数の自然人が情報の取得を分担する必要がある場合に、そのことによって、法人の取引相手方に不利益が生じてはならないとする[65)]。情報取得の分担によって生じるリスクは、当該リスクを生み出すとともに、適切な組織編成によってそれをコントロールできる者に負担させるべきであるとするのである[66)]。

　その一方で、メディクスは、法人を自然人と同様に扱うべきであるという考え方(Gleichstellungsargument)に基づいて、法人の悪意の認定に制限がかかることを主張する。まず、自然人がある情報を記録媒体(書類やコンピュータ)に保存しておいた場合、問題となる行為の時点で、当該媒体を確認する動機に欠けていたのであれば、当該事実について悪意は認定されないとする[67)]。これと同様に考えれば、法人においても、問題となる業務の担当者が、法人内部の記録媒体を参照する動機を有しなかったのであれば、法人の悪意が否定されることになる[68)]。

　次に、被用者がある情報を取得した時点で、当該情報が事後的に法的重要性を持つことになると判断できなかった場合(その判断に合理性があった場合)には、当該情報を記録媒体に保存することを期待することができない。その場合には、被用者が情報を取得したことをもって、法人の悪意を認定することはできないことになる[69)]。また、被用者がある情報を法人内部の記録媒体に保存した場合であっても、それを保存すべき期間は当該情報の重要性に応じて異なる。それゆえ、被用者によっていったん取得され、記録媒体に保存された情報であって

---

63)　Dieter Medicus, Probleme der Wissenszurechnung, Karlsruher Forum 1994, VersR Sonderheft, S. 4. 同論文については、溝渕②・前掲注8) 4巻1号94-96頁。

64)　Jochen Taupitz, Wissenszurechnung nach englischem und deutschem Recht, Karlsruher Forum 1994, VersR Sonderheft, S. 16. 同論文については、溝渕②・前掲注8) 4巻1号96-98頁。

65)　メディクスは、このような理解を、連邦通常裁判所1989年12月8日判決(BGH, Urt. v. 8. 12. 1989, BGHZ 109, 327)から導出する。同判決については、溝渕②・前掲注8) 4巻1号88-89頁。

66)　Medicus, a. a. O. (Fn. 63), S. 11.

67)　Medicus, a. a. O. (Fn. 63), S. 6.

68)　Medicus, a. a. O. (Fn. 63), S. 12, S. 15

69)　Medicus, a. a. O. (Fn. 63), S. 12.

も、保存期間が経過した（当該情報が記録媒体から削除された）ために、法人の悪意が否定されることになる[70]。

メディクスは、法人の被用者が職務上ある情報を取得した場合に、法人が原則として悪意と認定されることを前提としつつ、以上の例外を認めるべきとするのである。

⑦タオピッツの見解

次に、タオピッツは、法人への悪意の帰責に関して、2つの命題を挙げる[71]。第1に、自然人にせよ法人などの組織にせよ、情報の取得・伝達に関する代理人（Repräsentant）として相手方と行為をした者が知った事実について、悪意の帰責が生じる。この場合、当該代理人がいついかなる機会に情報を取得したのかは、原則として問題とならない。第2に、以上に加えて、組織においては、問題となる取引を担当しなかった者による事実の認識について、2つの条件を充たす場合に、悪意の帰責が生じる。第1に、組織内部において、当該組織のために情報を取得し、伝達する職務を負う者が、事実を認識したことである。第2に、その者が取得した情報が、正常に組織内部で伝達されていたとすれば（bei ordnungsgemäß organisierter Kommunikation）、法人の業務を担当する者のもとに当該情報が到達し、その利用が可能であるはずであったことである。これらの条件が充たされる場合には、情報を取得した者がかつて組織に所属していた者であった場合でも、同様に、悪意の帰責が生じるものとされる。

このうち、特に問題となるのが、第2の条件である。タオピッツは、正常な組織内部での情報伝達を判断する際の要素として、情報伝達の技術的な可能性、情報伝達に要する時間、およびデータ保護（Datenschutz）の必要性を挙げる[72]。

---

70)　Medicus, a. a. O.（Fn. 63），S. 12.
71)　タオピッツは、報告の冒頭で4つの法命題を提示する。本文で説明する2つの命題のほかに、まず、法的意味における悪意（Wissen）や過失（Wissenmüssen）が、自らの事実の認識や行為または自らの情報の調査（Informationssuche）に関する責任を意味するのに対して、悪意の帰責（Wissenzurechnung）は、他人の事実の認識や行為または他人による情報の伝達（Informationsweitergabe）に関する責任を意味するものとされる。そして、この区別によれば、法人については、悪意が問題となることはなく、悪意の帰責のみが問題となるとするのである（Taupitz, a. a. O.（Fn. 64），S. 16）。
72)　Taupitz, a. a. O.（Fn. 64），S. 27.

194　　2　ドイツ法研究を手掛かりとした我が国における学説の展開

　まず、組織内部における情報伝達が技術的に不可能である場合には法人を悪意と評価することができない[73]。また、情報の取得から業務を行うまでの間に、情報伝達に必要な時間がなかった場合にも、悪意の帰責が否定されることになる。

　さらに、タオピッツが——カナーリスからの批判に応える形で——強調するのが、データ保護の問題である。タオピッツは、データ保護を情報隔壁（Chinese Walls）と言い換えたうえで、ドイツ民法 278 条に依拠するカナーリスの見解によれば、データ保護・情報隔壁による悪意の帰責の制限を説明できないことを指摘する[74]。情報を取得した者が業務担当者に情報を伝達できないようにする仕組みがある場合には、組織への悪意の帰責を否定すべきであるとするのである。もっとも、カナーリスも法人の秘密保持義務（Geheimhaltungspflicht）や法人内部の情報隔壁の問題があることを認める。しかしそれと同時に、法人内部の情報隔壁が恣意的に構築されてはならないし、法人が秘密保持義務などを根拠として責任を免れることがどの程度あり得るかに疑問を提起する[75]。タオピッツのように、情報隔壁を根拠として、組織への悪意の帰責を否定する場合でも、情報隔壁の設定の仕方が適切であるかが問題となることを示唆するものといえるだろう。

　このほか、タオピッツは、被用者が私的に取得した情報については、組織への悪意の帰責が生じないことを指摘する[76]。組織が分業による利益を得るとしても、それは組織の職務に関連する限りにおいてだからである。その一方で、被用者が権限を越える行為をした結果として情報を取得した場合にも、当該情報と被用者の職務との間に密接な関連がある場合には、組織に対する悪意の帰責が生じるとするのである[77]。

---

73)　その一方で、タオピッツは、法人内部における情報処理に起因する問題を消費者に転嫁することは許されないとした下級審裁判例を支持する（Taupitz, a. a. O.（Fn. 64），S. 27 Fn. 109）。

74)　Jochen Taupitz, Schlusswort, Karlsruher Forum 1994, VersR Sonderheft, S. 50.

75)　Claus–Wilhelm Canaris, Aus der Diskussion, Karlsruher Forum 1994, VersR Sonderheft, S. 35. カナーリスは、法人の被用者について秘密保持義務を問題とすることができないことを指摘する。カナーリスの議論によれば、法人への悪意の帰責が否定されるのは、被用者（機関構成員など）が個人として守秘義務を負う場合に限られるものと解される（前掲注 58）および対応する本文参照）。

76)　Taupitz, a. a. O.（Fn. 64），S. 27.

77)　Taupitz, a. a. O.（Fn. 64），SS. 27–28.

第 5 章　法人における事実認識の有無に関する法的判断の構造　　195

　以上の議論を前提として、タオピッツは、組織に対する悪意の帰責の法的根拠を、信義誠実の原則（ドイツ民法 242 条）に基づく義務に求める。すなわち、法的取引に参加する組織は、ある情報を取得した者が、当該情報が組織内の他の被用者の職務に関連することを認識できる場合に、当該情報を他の被用者に伝達するように体制を構築する義務を負うとともに、被用者が自らの担当する業務に関連して組織内部の情報を照会することを確保する義務を負うものとされる[78]。代理に関するドイツ民法 166 条 1 項とは異なる法的根拠に基づいて、悪意の帰責を肯定するのである。

　以上に紹介した、メディクスとタオピッツの見解に対しては、学説上、様々な批判が向けられている[79]。しかし、法人への悪意の帰責の可否を情報伝達に関する組織編成の問題として理解するという基本的な発想は広い支持を集めており、通説としての地位を占めていると考えることができる[80]。

　　　⑦判例

　以上の学説における議論の展開は、判例にも影響を及ぼすことになる[81]。まず、メディクスとタオピッツの見解に明示的に言及した判決として知られるのが、連邦通常裁判所 1996 年 2 月 2 日判決[82]である。この事件では、原告 X 社が自らの所有する事業用地の一部（約 3 万平米）を被告 Y に売却したが、当該売買契約には売主の瑕疵担保責任を免除する特約が含まれていた。その後、X はさらに事業用地の一部（2 万平米）を Y に売却し、代金の支払いを請求した。これに対して、Y は、最初の売買契約の土地に土壌汚染（瑕疵）があったため、損

────────────

78)　Taupitz, a. a. O.（Fn. 74）, S. 51.

79)　学説の批判については、溝渕②・前掲注 8) 4 巻 1 号 117–119 頁。なお、溝渕論文が重視するものとして、ブックの批判がある（Petra Buck, Wissen und juristische Person, Wissenszurechnung und Herausbildung zivilrechtlicher Organisationspflichten, 2001）。それによれば、情報伝達に関する組織編成上の義務違反という法人の過失責任を根拠として、法人への悪意の帰責が導かれる理由が明らかでないことが指摘される（S. 433）。とくに、法律上、悪意のみが不利益な法的効果の要件とされる場合に、法人が過失を理由として不利益を被ることの問題が指摘される（S. 439）。後掲注 90）も参照。

80)　その後の議論の展開については、溝渕②・前掲注 8) 4 巻 1 号 121–125 頁。法人の機関構成員をめぐる議論については、溝渕②・前掲注 8) 4 巻 1 号 129–130 頁。

81)　判例の状況については、溝渕②・前掲注 8) 4 巻 1 号 101–115 頁。

82)　BGH, Urt. v. 2. 2. 1996, BGHZ 132, 30. 同判決については、溝渕②・前掲注 8) 4 巻 1 号 103–105 頁。

害賠償請求権を取得したと主張し、代金債務と相殺する旨の意思表示をした。当時のドイツ民法476条によれば、売主の瑕疵担保責任を免除する特約は、売主が瑕疵について悪意で(arglistig)黙秘した場合には、無効になるものとされていた。それゆえ、本判決は——傍論であるものの[83]——法人に関する悪意の認定に関する説示をしたのである。

本判決は、まず、法人と取引をする者が、自然人と取引をする者と比較して有利にも不利にも扱われるべきではないという考え方(Gleichstellungsargument)が、メディクスなどの学説によって支持されることを指摘する[84]。そのうえで、タオピッツの見解を紹介しつつ、悪意の帰責の根拠は——法人に関する機関説ではなく——取引保護の思想(Gedanken des Verkehrsschutzes)およびそれと結びついた法人内部における情報伝達に関する正常な組織の編成義務に求められるとする[85]。以上の理解は、その後の判例に引き継がれることになる[86]。

他方、本判決は、法人への悪意の帰責の人的・時的限界についても説示する。まず、情報の保存の必要性について、問題となる情報が、その取得の時点で、事後的に法的重要性を有すると判断できたことが要求される。次に、情報を保存する期間について、情報の重要性に応じて保存を要する期間の長さが異なることが指摘される。さらに、保存された情報の確認について、問題となる業務を担当する者が、当該情報を確認する動機を有することが必要であるとするのである[87]。これらの説示は、いずれもメディクスなど、従前の学説の議論を踏まえたものということができる。

さらに、悪意の帰責の制限に関連して興味深いのが、連邦通常裁判所2007年6月26日判決[88]である。この事件では、原告XがA社(有限会社)から賃貸用住居を購入し、被告Y銀行がXに購入代金を融資した。XはA社から、不

---

83)　本判決は、原審判決の事実認定の不十分さ(Yの主張する瑕疵が売買契約の時点で存在していたか否かなど)を理由として事件を差し戻したため、法人の悪意の判断に関する説示は、差戻審の審理のための傍論と位置付けられる。

84)　BGHZ 132, 36.

85)　BGHZ 132, 37.

86)　連邦通常裁判所1998年11月12日判決(BGH, Urt. v. 12. 11. 1998, BGHZ, 140, 54)など。

87)　BGHZ 132, 38-39.

88)　BGH, Urt. v. 26. 6. 2007, NJW, 2007, 2989. 同判決については、溝渕②・前掲注8)4巻1号114-115頁。

動産がリフォーム済みで1平米当たり月額11マルクの賃料収入が見込まれると説明されていたところ、実際にはリフォーム未了で月額4マルク程度の賃料収入しか見込めないものであることが判明した。そこでXは——A社が既に倒産していたため——Y銀行に対して、融資対象である不動産売買のリスクについて説明義務の違反があったとして、損害賠償を請求した。従前の判例によれば、銀行が説明義務を負うのは、買主が売主から詐欺を受けていることを、銀行が融資の時点で認識していたなどの事情が必要であるものとされていた。本件ではXへの貸付を担当したY銀行の被用者Bは、A社による詐欺の事実を知らなかった。しかし、Y銀行の別支店に勤務するCは、貸付の当時、Y銀行に無断でA社の匿名組合員(stiller Gesellschafter)になっていたため、A社による詐欺の事実を知っていた。そこで、Cの悪意が、Y銀行に帰責されるかが問題となったのである。

　連邦通常裁判所は、Y銀行への悪意の帰属を否定した。その理由は、CがA社の詐欺の事実を私的に取得したことに求められる。銀行が保存義務を負うのは、被用者が職務に関連して取得した情報に限られるのであり、被用者が私的に取得した情報について、銀行は保存義務を負わないものとされたのである。

　前述のように、タオピッツも、被用者が私的に取得した情報については、組織への悪意の帰責が生じないとしていた。連邦通常裁判所も、これと同様の立場を採用したと評価することもできる。

　もっとも、被用者が銀行に無断で他社(詐欺を行った会社)の匿名組合員になっていたために情報を取得したという事情を、情報取得の機会の問題として理解すべきかには疑問もある[89]。むしろ、本件のCは、A社およびC自身の利益を図るために、詐欺の事実をY銀行に秘匿していたことが想定される。そのような被用者の法人・組織に対する背信行為をいかに評価すべきかが、本判決を評価するうえで重要であるものと考えられる。

(b) 日本法の解釈論

　次に、以上のドイツ法の状況を参考として溝渕論文が展開する日本法の解釈

---

89)　溝渕②・前掲注8) 4巻1号115頁注218参照。

論についてみていこう。

　まず、溝渕論文は——法律構成の点では慎重な態度を採りつつも[90]——ドイツ法における法人への悪意帰責の実質的根拠をめぐる議論は、日本法の解釈にも妥当するとする。そして、日本法の解釈論においても「多数の被用者を通じて分業的に活動する法人は、自然人が直接に行動するという、最も基本的な行為形態のときと等しく扱われるべきである」こと（「直接行為者と法人の等置準則」）を出発点とすべきとする[91]。

　次に、溝渕論文は、悪意の主体が不利益な法的扱いを受ける根拠を、「一定の事実を知っている者は、その情報に基づいて適切な行動を選択し、自己または相手方の利益を保護できたはずである[92]」ことに求める[93]。また——直接の検討対象から除外されるものの——過失による善意についても、「事実を知らなかったとしても、必要な調査等をしていればこれを知りえ、それに基づいて自己保護措置をとりえたはずなので、当該当事者を不利に扱ってもよい[94]」という理解が示される。

　以上を前提として、溝渕論文は、法人と自然人の関係に応じた解釈論を展開する。まず、代理に関する民法 101 条 1 項の法意が、直接行為者と法人の等置原則および本人の報償責任に求められることを前提として、問題となる法人の業務に関する意思決定権を有していた被用者について、同項を類推適用すべきとする[95]。

　次に、法人の業務に意思決定以外の方法で関与する被用者についても、直接行為者と法人の等置原則および法人の報償責任という根拠が妥当することを指摘したうえで、当該被用者が情報取得の契機となる職務を担当していたこと、

---

90)　溝渕②・前掲注 8) 4 巻 1 号 135-136 頁。情報伝達に関する組織編成義務の違反によって、法人の悪意を基礎づけることに疑問を提起する。この点に関連するブックの見解については、前掲注 79)参照。

91)　溝渕②・前掲注 8) 4 巻 1 号 144 頁。

92)　溝渕②・前掲注 8) 4 巻 1 号 146 頁。

93)　佐久間論文と比較すると、自己の利益のみならず、取引相手方の利益についても、保護が要請される場合があることを認める点に特徴がみられる（ただし、溝渕②・前掲注 8) 4 巻 1 号 147 頁注 290 も参照）。

94)　溝渕②・前掲注 8) 4 巻 1 号 147 頁注 288。

95)　溝渕②・前掲注 8) 4 巻 1 号 151-152 頁。

および当該職務の範囲内で情報が取得されたことを要件として、法人の悪意を認めるべきとする。もっとも、その際に、当該被用者が意思決定権を有しない以上、民法101条1項の類推適用は妥当ではなく、信義則（民法1条2項）に法律上の根拠を求めるべきことを指摘する[96]。

最後に問題となるのが、法人の業務に関与していなかった被用者の扱いである。ここでも、直接行為者と法人の等置原則および法人の報償責任という根拠が妥当することを前提としたうえで、被用者が自己の職務を契機として情報を取得したこと、および当該職務との関係で情報を取得したことを要件として、法人の悪意を肯定すべきとする。法律上の根拠はここでも、信義則（民法1条2項）に求められることになる[97]。

以上の解釈の前提には、法人が、情報取得者から行為担当者への情報伝達を確保することが要請され、情報不伝達のリスクを原則として法人が負担すべきであるという考慮が存在する[98]。そのうえで、このような法人のリスク負担には限界があることが併せて指摘される。溝渕論文は、「客観的にみて当該法人に通常設置可能な伝達体制」を想定したうえで、「情報伝達がなかった場合のうち、この伝達体制のもとでも伝達の確保が不可能と判断されるときに、法人は悪意者としての扱いから解放される[99]」とする。そして、情報伝達の確保が不可能と判断される例として、情報伝達が技術的に不可能である場合[100]、情報伝達が法的に制限される場合[101]、情報取得から長期間が経過した場合[102]、情報取得者にとって情報の重要性が明白でなかった場合[103]を挙げるのである[104]。

このように、溝渕論文は、法人の悪意・過失の問題を、直接行為者と法人の

96）　溝渕②・前掲注8）4巻1号152-156頁。
97）　溝渕②・前掲注8）4巻1号158-160頁。
98）　溝渕②・前掲注8）4巻1号161-164頁。
99）　溝渕②・前掲注8）4巻1号167頁。
100）　溝渕②・前掲注8）4巻1号168-169頁。
101）　溝渕②・前掲注8）4巻1号170-172頁。
102）　溝渕②・前掲注8）4巻1号172-173頁。
103）　溝渕②・前掲注8）4巻1号173-174頁。
104）　他方、情報伝達の仕組みが存在したにもかかわらず、情報取得者が適切に情報を伝達しなかった場合については、法人は情報不伝達のリスクを負担すべきものとされる（溝渕②・前掲注8）4巻1号174頁）。

等置原則と法人の報償責任という 2 つの根拠に基づいて、一貫して説明する
ものということができる。また、法律構成の点では、法人が自然人に与えて
いた職務の内容に応じて、異なる根拠規定を援用すべきことを主張するので
ある。

（4）検討

　以上の溝渕論文の主張に対しては、なお、いくつかの疑問を指摘することが
できる。

　まず、溝渕論文——およびメディクス論文——が、自然人と法人の等置や直
接行為者と法人の等置を立論の根拠とする点である。法人が、認知能力の欠如
を理由として、不利益な法的取扱いを免れることがないように、自然人や直接
行為者と等しく扱われる必要があるのは確かである。しかし、法人に対する悪
意の帰責の範囲を考えるうえで、自然人や直接行為者との等置を根拠とするこ
とが妥当であるかには疑問がある。法人と自然人・直接行為者とでは、情報の
取得・保存・利用のそれぞれについて、社会的に期待される水準が異なり得る。
また自然人や直接行為者の中にも、様々な属性の者が存在するため、一般的な
形で自然人や直接行為者との等置を論じることはできないはずである。法人へ
の悪意の帰責の範囲を考えるうえでは、自然人や直接行為者との等置ではなく、
当該法人について、どの程度の水準の情報の取得・保存・利用を期待すべきか
を論ずべきように思われる[105]。

　次に、法人への悪意の帰責の根拠規定について、民法 101 条 1 項と民法 1 条
2 項を区別する理由も問題となり得る。溝渕論文は、法人の業務を担当する者
のうち、決定権を有する者とそうでない者について根拠規定を区別するが、結
論として法人への悪意の帰責が認められるのであれば——類推適用というロジ
ックの限界の問題を別にすれば——両者を区別する実益は乏しいことになる。
この点については、法人の事実認識の有無の判断という問題について、民法
101 条 1 項がいかなる特色を有する規定であるかを明らかにする必要があるも
のと考えられる。

---

105)　この点については、後掲注 164)および 168)参照。

第5章　法人における事実認識の有無に関する法的判断の構造　　201

　最後に──以上の点にも関連して──法人の悪意と過失を同列に論じてよいのかについても疑問を提起することができる。法人の過失の判断においては、法人に課される調査義務の違反があったか否かが問題となる。自然人を基準として法人の過失を認定することは、当該自然人が事実を知らないことが、直ちに法人の調査義務の懈怠と評価されることを意味する。これに対して、法人の悪意の認定においては、自然人の事実認識を通じて、法人に当該事実の認識があったといえるか否かという判断がなされる。しかし、そこでの判断は──過失の認定に必要とされる──ある事実を知っているべきであったという仮定的な判断とは異なる。それゆえ、法人の悪意と過失とでは、法的判断の枠組みが異なり得るものと考えられるのである。

　以上の疑問点に留意したうえで、日本法における議論を相対化するため、アメリカ法の認識帰属の法理の検討に移ることにしよう。

3　第3次リステイトメントにおける認識帰属の法理

(1) アメリカ法における代理概念と認識帰属の法理

　以下では、第3次リステイトメントを中心として[106]、認識帰属の法理を検討する。その前提として、まず、アメリカ法の代理(agency)概念と、日本法の代理概念およびドイツ法の代理(Vertretung)概念の違いを概観したうえで[107]、認識帰属の法理を検討対象として取り上げる理由を説明することにしたい。

　日本法・ドイツ法における代理概念は、代理人がした法律行為の効果が本人に帰属することを基礎づける法概念である。そのため、代理法の規律対象は、主として法律行為の相手方と本人の関係および相手方と代理人の関係であり、

---

[106]　第3次リステイトメントの検討に際しては、主任起草者であるデモットの論文が参考になる (Deborah A. DeMott, *When is a Principal Charged with an Agent's Knowledge?* 13 DUKE J. COMP. & INT'L L. 291 (2003))。また、必要に応じて、第2次リステイトメントも検討の対象とするが、その際には、主任起草者であるシーヴィーの論文にも言及する(Warren A. Seavey, *Notice Through An Agent*, 65 U. PA. L. REV. 1 (1916))。

[107]　アメリカ法の代理概念と日本法の代理概念(とりわけ任意代理)との違いについては、樋口範雄「代理法の意義と第3次リステイトメント」樋口範雄=佐久間毅編『現代の代理法──アメリカと日本』(弘文堂、2014)11-24 頁、佐久間毅「日本の任意代理とアメリカの Agency」樋口範雄=佐久間毅編『現代の代理法──アメリカと日本』(弘文堂、2014)32-55 頁。

代理権が与えられる原因となった本人と代理人の関係は対象から除外される[108]。

　これに対して、アメリカ法の代理（agency）概念は、第３次リステイトメントにおいて次のように定義される。「代理とは、ある者（本人）が他の者（代理人）に対して、代理人が本人の支配・監督のもと、本人のために行為することへの容認（assent）を表明し、かつ代理人もそのように行為することへの容認、もしくは何らかの同意（consent）を表明するときに生ずる信認関係（fiduciary relationship）である」（1. 01条）。このように、アメリカ法の代理概念は、契約締結などの意思決定権限の授与がなかった場合を含むものである。その結果、例えば、意思決定権限を有しない法人の被用者も代理人に該当することになる。そして、代理が本人と代理人の信認関係であるという定義に示される通り、代理において、本人と代理人がいかなる関係に立つかが重要な考慮対象とされるのである。

　日本法・ドイツ法に関するこれまでの検討から、法人による事実認識の有無の判断においては——代理権付与の有無ではなく——事実を認識した自然人が法人からいかなる職務を与えられていたかが重要な意味を有することが明らかになった。それゆえ、アメリカ法の代理概念が——契約を締結する権限の付与に限られない——本人と代理人の関係を重視するものであることは、日本法（およびドイツ法）との比較対象として、アメリカ法の認識帰属の法理を取り上げる理由となる。

　さらに、アメリカ法では、とりわけ法人との関係で、認識帰属の法理の重要性が指摘される。法人は法的に擬制された存在（legal fiction）であり、そのような法人が現実の世界において法的効果を伴う行為をするために、認識帰属の法理という別の法的擬制が必要になると説明されるのである[109]。この点もまた、認識帰属の法理を検討対象とすることを正当化する理由になるだろう。

（2）認識帰属の法理の紹介

（a）適用対象

　まず、事実認識の帰属の法理が適用される場面を確認することから始めよう。第３次リステイトメントは——代理取引に限らず一般的に——ある者がある

---

108)　佐久間・前掲注 107) 34 頁。
109)　DeMott, *supra* note 106 at 292-293.

事実の認識を有する(a person has notice of a fact)と評価される4つの場合を規定する。すなわち、その者が、❶当該事実を知る(the person knows the fact)場合、❷当該事実を知る理由を有する([the person] has reason to know the fact)場合、❸当該事実について有効な通知を受けていた([the person] has received an effective notification of the fact)場合、❹当該事実を知るべき([the person] should know the fact)場合である(1.04条4項、5.01条3項)。

代理取引では、まず、本人自身が❶〜❹に該当する場合には、当該事実の認識を有するものと評価される。他方、本人が❶〜❹に該当しない場合であっても、認識帰属の法理に基づき、代理人による事実の認識が、本人による事実の認識と評価されることになる。

もっとも、認識帰属の法理が適用されるのは、代理人がある事実を知る場合(❶)と知る理由を有する場合(❷)に限られる。認識帰属の法理は――代理人に対する通知(❸)に適用がないほか[110]――代理人がある事実を知るべきであったこと(❹)を根拠として、適用されることはないのである。

このことを理解するうえで重要なのが❷と❹の区別である。まず、ある者Xが事実αを知る理由を有する場合(❷)については、Xがβという別の事実について現実の認識を有していたことが前提となる。この事実βに関する現実の認識に基づいて、Xが事実αを知っていると合理的に推論される場合に、Xは事実αについて知る理由を有するものとされる[111]。

これに対して、Xが事実αを知るべき場合(❹)においては――別の事実βに関する現実の認識は問題とされない一方で――Xが第三者Yに対して一定の義務を負担しており、その義務を果たすために事実αを調査する必要があることが前提とされる[112]。この点で、ある事実を知るべきである(❹)という評価は、日本法(やドイツ法)における過失の判断に類似することになる。そしてこの場合には、認識帰属の法理は適用されないことが、第2次リステイトメントでは明示的に規定されており(277条[113])、第3次リステイトメントもこの立場

---

110) 代理人に対する通知は、一定の要件のもとで、本人に対する通知としての効果を有するが(5.02条2項)、その要件は認識帰属の法理のそれと異なる(加毛・前掲注10) 157-160頁)。

111) Restatement (Third) of Agency §5.01 cmt. b (2006).

112) Restatement (Third) of Agency §5.01 cmt. b (2006).

を踏襲したのである。

その一方で、代理人がある事実を知らないことが、本人の第三者に対する義務違反となり、本人が当該事実の認識を有すると評価される可能性がある。第3次リステイトメントは、次の設例を挙げる[114]。

【設例1】 Pは自らの所有する土地・建物を売却するためAを代理人に選任し、AはTとの間で不動産の売買契約を締結した。この場合、Pは不動産の売主として、買主Tに対し、建物の欠陥に関する調査義務を負う。Pの建物は害虫に寄生され、倒壊のおそれがあったが、Aは建物の検査を行わなかったために、その事実を知らなかった。

【設例1】では、認識帰属の法理によって、害虫による建物の被害という事実の認識がPに帰属することはない[115]。しかし、Aが建物の検査を行わなかったことを理由として、Pが不動産売主の調査義務に違反したといえるのであれば、P自身について、害虫による建物の被害という事実を知るべきであったと評価されることになるのである。

以上のような考え方の前提には、代理取引においても、事実の調査義務を負うのは本人であるので、代理人が事実を認識しなかったことを、本人の調査義務に関する判断の中で考慮すべきであるという理解があるものと考えられる[116]。本人の義務違反が事実の認識を基礎づける場合（❹）には、認識帰属の法理を介することなく、本人の義務違反の有無が問題とされるのである。この点で、日本の民法101条1項が悪意と過失を併せて規定するのとは異なる判断の構造が採られているということができる。

---

113) RESTATEMENT (SECOND) OF AGENCY §277 (1958). この点に関して、加毛・前掲注10) 169頁には引用条文の誤りがあったので訂正する。
114) RESTATEMENT (THIRD) OF AGENCY §5.03 cmt. b, illus. 4 (2006). DeMott, *supra* note 106 at 301–302 も参照。
115) これに対して、Aが建物の検査を行い、建物の基礎部分におがくずの山があることを発見していたとする。この場合、Aは現実の認識を有していた事実(おがくずの山の存在)から、害虫による被害という事実を合理的に推論することができたと考えられる。それゆえ、Aは当該事実を知る理由があるといえ（❷）、認識帰属の法理に基づいて、Aの認識がPに帰属することになる。
116) RESTATEMENT (THIRD) OF AGENCY §5.03 cmt. d (4) (2006).

（b）正当化根拠

①シーヴィーの見解

次に——以上のように適用対象を限定される——認識帰属の法理について、その正当化根拠をめぐる議論をみていくことにしよう[117]。

第2次リステイトメントの主任起草者であるシーヴィーは、認識帰属の法理に基づいて本人が責任を負うことを、不法行為法における代位責任（respondeat superior）に基づいて説明する[118]。本人は代理人を利用することで利益を得ている以上、代理人の職務執行に伴う責任を負担すべきとされるのである。

そのうえで、シーヴィーは、代理人が問題となる事実を認識した場合について、当該代理人自身が本人のために行為した場合と、本人または他の代理人が行為した場合とを区別すべきとする。まず、前者の場合には、代理人が自己の利益を図る動機を有していたとしても、本人は代理人の事実認識に拘束されるものとする[119]。事実を認識した代理人自身が行為をしている以上、本人は自らの「拡張された人格」である代理人の認識に依存せざるを得ず、そして代理人の認識を分割することはできないからであると説明される[120]。

これに対して、後者の場合には、代理人が本人に対して事実を開示する義務（duty to disclose）を負うにもかかわらず、当該義務の履行を懈怠した場合に、本人が代理人の事実の認識に拘束されるものとする[121]。もっとも、この場合の代理人の開示義務は、本人が免除できないものと考えられる。さもなければ、本人は容易に認識帰属の法理の適用を免れることができてしまうからである[122]。それゆえ、ここでいう開示義務とは、代理人が本人に対して代理関係に関する重要な事実を開示する（情報を伝達する）ことが規範的に要請されることを表現したものと考えられる。

他方、代理人が開示義務を履行しなかったことが意識的な違法行為（a con-

---

117)　シーヴィー以前の議論については、加毛・前掲注 10) 160 頁注 50 参照。

118)　Seavey, *supra* note 106 at 12. 樋口・前掲注 10) 181 頁も参照。

119)　Seavey, *supra* note 106 at 15–16, 35.

120)　Seavey, *supra* note 106 at 17.

121)　Seavey, *supra* note 106 at 23, 35.

122)　Restatement (Third) of Agency §5.03 cmt. b, illus. 1 (2006); DeMott, *supra* note 106 at 298, 300 参照。

sciously wrongful act)に該当するときには、例外的に本人は代理人の認識に拘束されないものとされる[123]。この場合には、代理人に事実の開示を期待できず、本人を代理人の事実認識に拘束すべきではないと考えられるからである。このような例外——後述する利益対立の例外の法理の適用——を後者の場合に限って認める点に、シーヴィーの見解の特徴がある[124]。

さらに、代理人がある事実について守秘義務を負う場合には、当該事実について、上述のような開示義務を観念することができないため、本人は当該事実の認識に拘束されないことになる[125]。このような考慮は、事実を認識した代理人自身が本人のために行為する場合にも妥当するものと解される[126]。それゆえ、その限りでは、前者の場合にも、本人から代理人への情報の開示が問題となるものと考えられる。

このように、シーヴィーは、代理関係において、代理人が重要な情報を本人に伝達することが規範的に要請されることを根拠として、認識帰属の法理を説明するのである。

②デモットの見解

以上に対して、第3次リステイトメントの主任起草者であるデモットは、事実を認識した代理人自身が本人のために行為したか否かを区別しない。他方、デモットは、シーヴィーの見解を踏まえつつ、認識帰属の法理が——本人が第三者との関係で機会主義的に行為することを抑制する役割を果たすことに加え[127]——代理人との関係における本人の行為に望ましい影響を及ぼすことを指摘する[128]。

---

123) Seavey, *supra* note 106 at 35-36.
124) 第2次リステイトメントも、本人のために財産を取得した代理人(agent acquiring property for principal)と事実の開示義務を負う代理人(agent having duty to reveal knowledge)について異なる規定(274条および275条)を設ける。利益対立の例外の法理の適用があるのは、後者の場合に限られるのである。
125) Seavey, *supra* note 106 at 28.
126) 第2次リステイトメント274条も、代理人が守秘義務などに基づいて情報を開示しない場合には、代理人の事実の認識が本人に影響を与えないことを定める。
127) DeMott, *supra* note 106 at 316.
128) DeMott, *supra* note 106 at 317. RESTATEMENT (THIRD) OF AGENCY §5.03 cmt. b (2006)も参照。

まず、認識帰属の法理は、本人が、事実の認識から生じる不都合な法的帰結を回避する目的で、代理人を利用しようとするインセンティヴを減じることになる。本人が自らに不利な事実を伝達しないよう代理人に明示・黙示に指示を行い、それに代理人が従った場合であっても、代理人の認識が本人に帰属することになるため、本人が代理人に不当な指示を与えないよう仕向けることができるのである。

次に、本人による明示・黙示の指示がなかった場合でも、代理人が合理的に行動した結果、本人に情報が伝達されないことがあり得る。例えば、代理人の報酬が契約の成立に連動する場合、代理人は、短期的に得られる報酬を重視して、不利益な事実を本人に伝達しないことが考えられる[129]。これに対して、認識帰属の法理に基づき、情報の伝達がなかった場合でも本人が不利益を被ることになれば、本人は、不利益な事実を代理人が報告するような仁組みを作るインセンティヴを有することになる。

さらに、認識帰属の法理は、本人に対して、代理人を注意深く選任し、監督するインセンティヴを与えることにもなる。ただし、本人が代理人の選任・監督に十分な注意を払っていたことを理由として、本人が免責される（認識帰属の法理の適用が否定される）わけではないことに注意を要する。この点について、デモットは、注意義務の履践による免責を認める場合と比較して、認識帰属の法理が裁判手続において容易に適用できることを、メリットとして指摘するのである[130]。

以上のように、本人のインセンティヴ構造に望ましい影響を与えることが、認識帰属の法理の正当化根拠とされる。そして、このことは、法人などの組織（organization）にも等しく妥当するものとされる。認識帰属の法理の存在によって、組織にとって不利益な情報が、取引の担当者に適切に伝達される仕組みを構築するよう仕向けることが、望ましいと評価されるのである[131]。

129）　DeMott, *supra* note 106 at 298-299. Restatement (Third) of Agency §5.（4 cmt. c, illus. 2（2006）も参照。

130）　DeMott, *supra* note 106 at 316.

131）　DeMott, *supra* note 106 at 317-318.

（c）要件

①積極的要件

　　ⓐ事実が代理人の本人に対する義務にとって重要であること

次に、認識帰属の法理の要件についてみていこう。

　第3次リステイトメント5.03条は、積極的要件と消極的要件を区別して規定する。積極的要件は、「ある事実の知識（knowledge）が本人に対する代理人の義務にとって重要である」ことである。認識帰属が生じる範囲は、代理人が本人に対して負う義務の内容によって画されるのである。

　本人が法人などの組織である場合も同様に、被用者である代理人が与えられていた職務の内容に応じて、認識帰属の法理の適用の可否が判断される。このことは、組織の規模が大きく、組織内部に多数の部署・部門が存在することによっても影響を受けない。組織は、被用者その他の代理人による事実の認識を総体として有するものとして扱われるのであり、組織内部において現実にいかなる情報伝達の構造が採用されていたかは問題とならないとされるのである[132]。

　　ⓑ事実認識の時期や機会を問わないこと

　以上のように、認識帰属の法理の適用の可否は、ある事実が代理人の本人に対する義務にとって重要であるか否かに基づいて判断される。注意すべきは、そのほかに積極的要件が設けられていないことである。第2次リステイトメント276条は、認識帰属の法理の適用について、代理人が事実を認識した時期（time）・場所（place）・手段（manner）が問題とならないことを規定していた[133]。第3次リステイトメントも、この立場を踏襲するのである。

　その結果として、まず、代理人が本人との代理関係に入る以前に認識した事実であっても、認識帰属の法理の適用対象となる[134]。代理人が事実を認識した時期は、代理関係の成立時点より前であってもかまわないのである。もっとも、事実を認識したのが過去であるために、代理人が当該事実を既に忘却して

---

132) Restatement (Third) of Agency §5.04 cmt. c (2006).

133) Restatement (Second) of Agency §276 (1958). Seavey, *supra* note 106 at 14 も参照。

134) Restatement (Third) of Agency §5.03 cmt. e (2006).

いたのであれば、本人への認識の帰属は生じない。しかし、第3次リステイトメントは、代理人による忘却を証明する責任を本人に課すべきものとする[135]。それゆえ、認識帰属の法理の適用を主張する側が、代理人が事実を記憶し続けていたことまで証明する必要はないことになる。

次に、代理人がいかなる機会に事実の認識を得たのかも、認識帰属の法理の適用に関して問題とならない[136]。この点で、イングランドの裁判例が、代理人が代理人として行為する機会に事実を認識したことを必要とするのと異なる[137]。代理人が職務外の私的な機会に事実を知ったとしても、本人に対する認識の帰属が生じるのである[138]。

このように、第3次リステイトメントが、広い範囲の事実について認識の帰属を認める理由は、本人が代理人を選任する動機に求められる。本人は、ある者が従前の仕事や生活上の経験などに基づいて有する技術や知識を見込んで、その者を代理人に選任する[139]。それゆえ、代理人が有する事実の認識を全体として本人に帰属させることが望ましいと考えられるのである[140]。

②消極的要件
　ⓐ本人に事実を公表しない代理人の義務
他方、第3次リステイトメントは、認識帰属の法理の適用が否定される2つの消極的要件を規定する。まず、代理人が、第三者との関係で、事実を本人に公表しない義務を負っていた場合には、認識帰属の法理は適用されないものとされる(5.03条b号)[141]。典型例は弁護士Aが以前の依頼者P1から与えられた

---

135) RESTATEMENT (THIRD) OF AGENCY §5.03 cmt. b (2006). DeMott, *supra* note 106 at 307-308 も参照。
136) RESTATEMENT (THIRD) OF AGENCY §5.03 cmt. e (2006); DeMott, *supra* note 106 at 304-306.
137) リーディング・ケースとされるSociété Général de Paris v. Tramways Union Co., Ltd., (1884) 14 QBD 424 は、P社の被用者Aが、親戚の葬儀の際に公表された遺言を聞いて、P社株式に関する重要な事実を知ったという事例について、AはP社の代理人として事実の認識を得たわけではないことを理由として、当該事実の認識がP社に帰属しないものとした。もっとも、この裁判例が、現在でも判例法として維持されるのかには疑問も呈されている(DeMott, *supra* note 106 at 306-307)。
138) RESTATEMENT (THIRD) OF AGENCY §5.01 cmt. b, illus. 6 (2006) 参照。
139) DeMott, *supra* note 106 at 306.
140) RESTATEMENT (THIRD) OF AGENCY §5.03 cmt. e (2006).

職務に関連して取得した事実の認識について守秘義務を負う場合である。この場合、たとえ当該事実が現在の依頼者 P2 に対する義務との関係で重要であるとしても、弁護士 A の事実の認識は現在の依頼者 P2 に帰属しないことになる。代理人が第三者に守秘義務を負う場合には、代理人が本人に対して情報を伝達することが法的に禁止されるので、認識帰属の法理の適用が否定されるものと考えられる[142]。

このことに関連して、第3次リステイトメントは、法人などの組織内部において非公開情報(nonpublic information)に関する情報隔壁が設定されていた場合に言及し、次のような設例——前述(1)(1)(b)の【事例 3】に類似する——を挙げる[143]。

【設例 2】　P 銀行は貸付部門と信託部門を有していた。P 銀行は T に対する貸付に際して、T が P 銀行に非公開情報を提供すること、当該情報は P 銀行の貸付部門内部で T の信用状況判断のためにのみ利用されること、P 銀行がそれ以外の目的で当該情報を利用せず、また当該情報を公表しないことを約定した。P 銀行は取引先から貸付部門に提供された非公開情報へのアクセスを、貸付部門の被用者およびコンプライアンス監督業務に携わる被用者に限定し、それらの情報を他の部門に伝達することを禁ずる社内規則を有していた。P 銀行の貸付部門の被用者である A は、T から提供された情報の取り扱いに際し、実際にこれらの規則を遵守した。

第3次リステイトメントは、A が T について知った事実の認識は信託部門の取引との関係で P 銀行に帰属することはなく、それゆえ、P 銀行は信託部門の顧客に対して、T からの非公開情報を考慮に入れた投資の助言を行う義務を負わないと説明する。P 銀行内部で適切な情報隔壁が実施されていることを理由として[144]、認識帰属の法理の適用が否定されるとするのである。

---

141)　ただし、代理人が守秘義務に反して事実を本人に伝えた場合には、本人は当該事実を知ったこと(❶)になるので——認識帰属の法理を問題とするまでもなく——本人は事実の認識を有することになると考えられる。

142)　なお、代理人の守秘義務の対象となる事実が、本人に対する義務との関係で重要であることを理由として、代理人が代理関係を終了する義務を負う場合もあることが指摘される(Restatement (Third) of Agency §5.03 cmt. b (2006))。

143)　Restatement (Third) of Agency §5.01 cmt. c, illus. 10 (2006).

しかしながら、組織内部における情報隔壁による情報伝達の遮断を、代理人の守秘義務と同列に議論することには疑問がある。【設例2】の場合、Tの非公開情報を一定の目的にのみ利用する義務を負担するのは、P銀行である。被用者Aが個人として、Tに義務を負うわけではない。それゆえ、前述した、弁護士Aが以前の依頼者P1に対して守秘義務を負うために、現在の依頼者P2に認識の帰属が生じないとされる場合とは、状況が異なる。むしろ【設例2】では、被用者Aによる非公開情報の認識がP銀行に帰属するとしたうえで、P銀行がTに負う義務との関係で、当該情報の利用が制限されると考える方が妥当であるように思われる。

そして、このように考える場合、P銀行が信託部門の顧客との関係で——受託者としての義務（フィデューシャリー・デューティー）を負うにもかかわらず——Tに関する非公開情報を利用しなくてよいことを、いかに正当化するかが問題となる。この点に関連して、第3次リステイトメントは、法律や規則によって非公開情報に関する情報隔壁が要請ないし推奨される場合があることを指摘する[145]。例えば、連邦免許銀行は、信託部門の被用者がインサイダー情報を証券取引に利用しないことを確保する措置をとることを求められる(12 CFR §9.5(b))。このような場合には、法律や規則の存在によって——それが保護しようとする法益を優先するために——情報を利用しないことが正当化されるものと考えられる。

その一方で、第3次リステイトメントは、法的に利用可能な情報については、情報隔壁の存在を理由として、それを利用しないことが正当化されないことを指摘する。そして、裁判例においても、信託銀行[146]や企業年金の受託者[147]について、この趣旨を判示したものが存在することを紹介する。組織内部の情報隔壁は、それ自体として情報を利用しないことを正当化するのではなく、問題

---

144) これに対して、情報隔壁に関する社内規則に反して非公開情報がP社の貸付部門から信託部門に伝達された場合には、認識帰属の法理が適用されることになる(RESTATEMENT (THIRD) OF AGENCY §5.01 cmt. c (2006))。

145) RESTATEMENT (THIRD) OF AGENCY §5.01 cmt. c (2006).

146) Batsakis v. Federal Deposit Ins. Corp., 670 F. Supp. 749 (W. D. Mich. 1987).

147) Fischer v. Philadelphia Elec. Co., 994 F. 2d 130 (3d Cir. 1993)；Mullins v. Pfizer, Inc., 147 F. Supp. 2d 95 (D. Conn. 2001).

となる情報が組織内部で伝達されることを禁止する法的根拠が別に必要とされるのである。

ⓑ利益対立の例外の法理

認識帰属の法理の適用が否定される第 2 の場合が、利益対立の例外(adverse interest exception)[148]の法理が適用される場合である(5. 03 条 a 号)。この法理は、1834 年のイングランドの裁判例(ケネディ対グリーン事件判決[149])に由来するものと説明される。同判決に対しては——不動産取引における代理関係の認定について当時の裁判例には特殊な事情が存在したことなどを理由として——現在では先例としての意義に疑問が提起されているが[150]、アメリカ法では、利益対立の例外の法理が確立した判例法理と理解されている。前述((b)①)のように、シーヴィーは、開示義務を負う代理人について、利益対立の例外の法理の適用を認めていた[151]。そして、第 3 次リステイトメントも——シーヴィーのような限定はしないものの——次のような厳格な要件のもとで、同法理の適用を認めるのである。

⑦積極的要件

まず、第 3 次リステイトメント 5. 04 条は、「代理人がある取引または事項について、自己または他の者(another person)の利益のためにのみ行為することを意図して、本人の利益と対立する行為をしたとき、本人の第三者(a third party)に対する法的関係を確定するために、代理人が知り、または知る理由を有する事実に関する認識は、本人に帰属することはない」と規定する。単に代理人が重要な事実を本人に伝えなかっただけでは足りず、代理人が自己または第三者のためにのみ行為するという動機を有していたことが必要とされるのであ

---

148) RESTATEMENT (THIRD) OF AGENCY §5. 04 cmt. a. この法理は、詐欺の例外(fraud exception)の法理とも呼ばれる(Peter Watts, *Imputed Knowledge in Agency Law: Excising the Fraud Exception*, 117 L. Q. R. 300 (2001))。

149) Kennedy v. Green, 40 Eng. Rep. 266, 3 My. & K. 699 (1834).

150) 加毛・前掲注 10) 166 頁注 67 参照。

151) 第 2 次リステイトメントも、利益対立の例外の法理(282 条)が、事実の開示義務を負う代理人(275 条)の場合に適用される一方、本人のために財産を取得した代理人(274 条)には適用されないものとする(RESTATEMENT (SECOND) OF AGENCY §275 cmt. a (1958))。前掲注 124)参照。

る[152]。

　その理由は、本人による代理人のコントロールの可能性に求められる[153]。例えば、不動産取引の代理人が不動産上の未登録のリーエン（lien；物的担保の一種）の存在を本人に告げなかったという事例を考えてみる[154]。その理由が、代理人の報酬額が契約の成否に依存していたことにある場合には、利益対立の例外の法理は適用されない。本人は代理人が適切に情報を伝達するようなスキームを作るべきだからである。これに対して、代理人がリーエンの存在を秘匿した理由が、不動産の売主に依頼され、その見返りに金銭を受け取っていたことに求められる場合には、利益対立の例外の法理が適用され、リーエンの存在に関する代理人の認識は本人に帰属しないことになる。この場合、代理人による情報の秘匿は代理関係の構造に基づくものではなく、代理人は本人のコントロールを逸脱していると評価できるからである。

　このように、利益対立の例外の法理が適用されるには、代理人が本人のコントロールを逸脱するほどの背信行為を行ったことが必要とされるのである[155]。

　　　②消極的要件

　次に、第3次リステイトメント5.04条は、利益対立の例外の法理の適用を制限する2つの要件を規定する。それらに該当する場合には、例外の例外として、代理人の認識が本人に帰属することになる。

　第1に、本人と誠実に（in good faith）取引した第三者の権利を保護する必要があることである（a号）。ここでは、問題となる第三者が本人と取引した場合と、そうでない場合を区別したうえで、前者の場合について、第三者に保護の必要性が認められるのであれば、利益対立の例外の法理が適用されないものとされる。その理由として挙げられるのが、外観法理による代理権（apparent authority）[156]との類似性である。ある者が本人を代理する権限を有すると取引相手方

---

152) RESTATEMENT (THIRD) OF AGENCY §5.04 cmt. c (2006).

153) DeMott, *supra* note 106 at 310.

154) DeMott, *supra* note 106 at 310–311 参照。

155) DeMott, *supra* note 106 at 309 は、利益対立の例外の法理が適用されるのは、代理人の行為が本人の利益を完全に損なうものであり、もはや代理関係が存在しないものと評価すべき場合であるとする。

が合理的に信頼し、かつその信頼が本人の表明行為(manifestation)に起因する場合、本人は取引相手方との法律関係に拘束される(2.03条)。本人は、代理人を用いる場合、外観法理による代理権を根拠として法的な拘束を受けるリスクを負担している。それと同様に、取引相手方が利益対立の事実を知らず、かつ知る理由を有しない場合には、本人は、代理人が情報を伝達しないリスクを引き受けるべきものと説明されるのである[157]。本人が自らの表明行為によって取引相手方の信頼を惹起したことを根拠として、利益対立の例外の法理の適用が否定されるということもできる[158]。他方、取引相手方が、代理人が本人の利益と対立する行為を行っていることを知り、または知る理由を有していた場合には、代理人が認識した事実を本人に伝達しない可能性が高いことに気づいていたと考えられるため、取引相手方は保護に値しないことになる[159]。

第2に、本人が代理人の行為を追認し、または代理人の行為について知りつつ、代理人の行為から利益を保持した場合にも、利益対立の例外の法理は適用されない(b号)。本人が代理人の認識の帰属を否定する一方で、その代理人の行為から利益を受けることを認めるべきでないからである[160]。この第2の例外が認められる点でも、利益対立の例外の法理の適用は制限されるのである[161]。

(3) 日本法との比較

(a) 民法101条1項の特色

以上の認識帰属の法理に関する検討から、日本法との関係で、次の諸点を指摘することができる。

まず、本人の第三者に対する義務違反を理由とする事実の認識(❹)について

---

156) 外観法理による代理権については、溜箭将之「外観法理による代理権(表見的代理権)」樋口範雄=佐久間毅編『現代の代理法――アメリカと日本』(弘文堂、2014)56頁。

157) Restatement (Third) of Agency §5.04 cmt. c (2006).

158) DeMott, *supra* note 106 at 309. これに対して、本人と取引関係にない第三者との関係では、信頼の惹起は問題とならないため、利益対立の例外の法理が適用されることになる。

159) Restatement (Third) of Agency §5.04 cmt. b (2006).

160) Restatement (Third) of Agency §5.01 cmt. d (2006); Seavey, *supra* note 106 at 18-19, 21.

161) イングランド法には第2の例外が認められておらず、アメリカ法より利益対立の例外の法理が適用される場面が広くなるとされる(DeMott, *supra* note 106 at 309 fn. 46)。

は、認識帰属の法理の適用はないものとされていた（（2）(a)）。これに対して、日本の民法101条1項は、本人の過失を、代理人を基準として判断するものとする。これは、本人がある事実に関する調査義務を負う場合に、代理人のみに着目し、代理人が調査義務を果たさなかったことをもって、本人による調査義務の懈怠——当該事実を知るべきであったのに知らなかった——と判断することを意味する。それゆえ、同項の前提には、代理権の付与に、そのような判断が許されるほどの重要性があるという評価が存在するものということができる。民法101条1項の特色は、このような過失の判断の構造に現れるものと考えられる。

(b) 認識帰属の法理の正当化根拠

次に、認識帰属の法理の正当化根拠について、デモットは、本人のインセンティヴ構造に望ましい影響を与えることを挙げていた。そして、法人などの組織において、情報取得者から取引担当者へ適切に情報が伝達される仕組みが構築されるよう仕向けることが望ましいとしていた（（2）(b)②）。このような考え方は、溝渕論文による——ドイツ法研究を手掛かりとした——法人内部の情報伝達体制の整備の必要性の指摘(2(3)(b))とも親和性を有する。

その一方で、デモットの議論によれば、本人（法人）にとって不利益となり得る情報を取得した代理人が、それを本人に報告する（法人内部で共有する）ことを促すような仕組み作り（法人内部の体制作り）が必要とされることになる。このような視点は、「客観的にみて当該法人に通常設置可能な伝達体制」（溝渕論文）を超えて、法人の組織の在り方（報酬体系や人事評価制度など）を視野に入れた検討の必要性を示唆するものということができる。

(c) 事実認識の帰属が制限される範囲の限定

次に、第3次リステイトメントは、代理人の認識が広く本人に帰属することを認めていた。認識帰属の法理の適用の可否は、代理人が本人に対して負う義務の内容に基づいて判断され、情報取得の時期や機会は問題とされなかった（（2）(c)①ⓑ）。また、利益対立の例外の法理の適用には厳格な要件が課されていた（（2）(c)②ⓑ）。これらの前提には、事実認識の帰属を広く認めることが、

本人に対するインセンティヴ付与との関係でも望ましいという理解が存在するものと考えられる。

このような理解を、日本法のもとでいかに評価すべきかが問題となる。そして、法人の事実認識の主たる判断基準を、自然人（被用者など）に与えられた職務内容に求める場合には、法人の雇用形態の違いが重要な意味を有することになる。被用者に特定の職務のみを行わせる雇用形態と、被用者に様々な部署を経験させることで人材の育成を図る雇用形態とでは、被用者の職務内容を基準として法人の事実認識が肯定される範囲が異なりうるからである。それゆえ、アメリカ法の議論の評価においては、日米間の（一般的な）雇用形態の違いを考慮に入れる必要があると考えられる。

(d) 情報隔壁の意義

最後に、第3次リステイトメントは、認識帰属の法理の適用を否定する根拠として、代理人が本人に事実を公表しない義務を負う場合を挙げ、それに関連して、組織内部における情報隔壁に言及していた。しかし、代理人が守秘義務を負うために本人に事実を公表することが禁じられる場合と、法人などの組織（本人）が第三者に対して情報利用を制限する義務を負う場合とでは、事情が異なることは既に指摘した通りである。

そのことを前提としたうえで、法人内部の情報隔壁に関して、第3次リステイトメントは、情報を利用しないことを法的に正当化する根拠が必要であることを指摘する。情報隔壁それ自体が、情報を利用しないことを正当化するわけではないという点は、日本法における議論を検討するうえでも注意を要するものと考えられる。

4　課題の検討

(1)　法人の悪意・過失の判断における民法 101 条 1 項の意義

以上の検討を前提として、1(2)で設定した課題の検討に移ることにしよう。

まず、日本法の解釈論について、法人の悪意・過失の判断における民法 101 条 1 項の意義を明らかにする必要がある。前述のように、法律が悪意を不利益

な法的取扱いの要件とする場合、問題となる事実を知る者は、当該事実を前提として適切な行動をとることが、法的に要請されていると考えられる(1(1)(a)①参照)。また、過失による善意が要件とされる場合は、適切な行動をとる前提として、事実を調査することが法的に要請されており、必要とされる調査を怠ったことが、法的不利益の発生を基礎づけることになる(1(1)(a)②参照)。法人についても、以上の法律の趣旨に基づいて、その悪意・過失を判断することが必要になる。

　このことを前提として、法人について民法101条1項を(類推)適用することは、特定の自然人のみに着目して法人の悪意・過失を判断することを意味する。それゆえ、当該自然人は、そのような判断を正当化する法的地位を、法人との関係で有していることが必要になる。代理権の付与は、そのような自然人の法的地位に関する1つの徴表というべきものと考えられる。

　さらに、民法101条1項の特色は——アメリカ法との対比において指摘したように(3(3)(a))——法人の悪意と過失について、同様の判断枠組みを採用することにある。しかし、ある自然人がある事実を認識したことにより、法人が当該事実に基づいて適切な行動をとることを法的に要請されるという判断と、ある自然人がある事実を認識できなかったことにより、法人が法的に要請される当該事実の調査義務を怠ったことになるという判断とは、必ずしも一致しない。後者においては、自然人が法人のために、ある事実を知っているべきであったという仮定的判断が前提とされるのであり、それを許容するほどの重要な法的地位が、当該自然人に与えられていた必要があると考えられる。

　そして、民法101条1項が悪意と過失を併せて規定している点を重視すれば、同項の(類推)適用は、以上の過失判断が許容される場合に限定されるべきように思われる。また、佐久間論文(2(2)(b))に影響を与えたシルケン論文(2(3)(a)②ⓐⓘ)が、ドイツ民法166条1項の類推適用を、問題となる事実を自らの責任において調査し、決定を行う権限の付与があった場合に限るものとしていたことも、以上の観点から正当化できるものと考えられる[162]。

　他方、民法101条1項の(類推)適用とは異なる形で、法人自身の悪意・過失

---

162)　他方、ヴァルターマン論文(2(3)(a)②ⓑ)のように、一定の職務の付与と、それに伴う情報の獲得可能性の移転があったことをもって、民法101条1項の類推適用を認めることには疑問がある。

218　4　課題の検討

を、それぞれの法律の趣旨に基づいて判断することは可能であると解される[163]。つまり、民法101条1項は、法人の悪意・過失の判断について、1つの判断枠組み——特定の自然人のみに着目して判断を行う枠組み——を提供するものと理解されるのである。

　以上を前提として、次に——民法101条1項の(類推)適用の場面に限られない——法人の事実認識の有無に関する法的な判断の枠組みの検討に移ることにしよう。

(2) 法人の事実認識を正当化する根拠

　ドイツ法における議論の展開やアメリカ法の認識帰属の法理をめぐる議論状況から明らかになるのは、法人から与えられた職務に関連して、自然人(被用者など)が事実を認識した場合には、原則として、法人が当該事実を認識したものと評価されることである。

　このような評価が正当化される根拠としては——法人であることを根拠として不利益な法的取扱いを免れる理由はないという当然の事柄に加え——2つの点が重要であると考えられる。第1に、法人は自然人(被用者など)の利用を通じて利益を得ている以上、不利益をも負担すべきと考えられることである。溝渕論文はドイツ法の議論を参照しつつ、報償責任を法人への悪意の帰責の根拠としていた(2(3)(b))。またアメリカ法においても、シーヴィーが認識帰属の法理と代位責任の類似性を指摘していたところである(3(2)(b)①)。

　第2に、法人が被用者などの取得した情報を適切に伝達する仕組みを構築・実施することを促すのが望ましいと考えられることである。法人内部において適切な情報伝達体制の確立が求められることは、タオピッツ論文(2(3)(a)③ⓑ④)や溝渕論文(2(3)(b))が主張するところであるが、さらに、第3次リステイ

---

163)　その場合に、溝渕論文のように(2(3)(b))、法的根拠として信義則(民法1条2項)を持ち出す必要があるかは、必ずしも明らかではない。本文で指摘した悪意・過失が要件とされる趣旨に遡った検討を行うのであれば、信義則を介することなく、それぞれの法律の規定の適用を端的に認めるべきと考えられる。なお、「システム知(Systemwissen)」の構想を用いて、組織や団体の「悪意」の意義を明らかにすべきことを、早くから主張していたものとして、ハンス＝レオ・ヴァイヤース(海老原明夫訳)「銀行の悪意——主観的要件の情報団体への適用」海老原明夫編『法の近代とポストモダン』(東京大学出版会、1993)349頁が存在する(同論文については、村上淳一『〈法〉の歴史』〔東京大学出版会、1997〕172-176頁も参照)。

トメントは、認識帰属の法理の正当化根拠として、本人に対するインセンティヴ付与を挙げていたのである(3(2)(b)②)。

　以上の2つの根拠に基づいて、被用者などが法人の職務に関連して事実を認識した場合には、原則として、法人が当該事実を認識したものと考えるべきことになる。他方、例外的に、被用者などの事実の認識が法人のそれと評価されない場合もあり得る。そのような例外が、いかなる場合に認められるかについても、以上の2つの正当化根拠に基づいて判断すべきものと考えられる。

　そのことを前提として、法人による事実認識の法的構造の検討に移ることにしよう。

（3）法人による事実認識の法的構造

（a）事実認識のプロセス

　法人による事実認識のプロセスは、自然人(被用者など)がある情報を取得して法人内部に保存する過程と、当該情報を法人の活動に利用する過程に分節することができる。情報を取得した自然人の職務に応じて、当該自然人が当該情報を利用する場合もあれば、別の自然人が情報を利用する場合もある。前者の場合には、当該自然人が情報を記憶していること自体が情報の保存に該当し得るのに対して、後者の場合には、取得された情報が何らかの記録媒体に保存される必要がある。このような違いがあることに留意しつつ、以下では、情報の取得・保存の場面と情報の利用の場面を区別して、関連する法的問題を整理することにしよう。

（b）情報の取得・保存

①自然人による情報の取得と法人内部における情報の保存

　まず、自然人(被用者など)がある事実を認識したこと(情報の取得)が出発点となる。自然人による情報取得がなければ、法人による事実認識を認定することはできない。

　そして被用者などが法人の職務に関連する情報を取得した場合には、それを法人内部で適切に保存することが求められる。法人は被用者などに一定の職務を与え、それによって利益を得る以上、法人には、被用者などが職務に関連し

220　4　課題の検討

て取得した情報を適切に保存することが要請される。それは、単に、情報を保存する手続やシステムを整備することを意味するのではなく、被用者が積極的に情報を保存するような仕組み作り（報酬体系や人事評価制度を含む）が要請されることを意味する。そして、以上のような仕組み作りを促進するため、情報が適切に保存されなかった場合にも、そのことを理由として、法人は、当該事実を認識したという評価を免れることができないものと解すべきことになる。

　また、法人内部では、ある業務を担当する自然人が一定期間で交代することが予定されている。そのことを前提として、適切な情報の保存が必要とされるので、情報取得者が退職したり、部署を異動したりしたとしても、そのことを理由として、法人の事実認識が否定されることはないものと解される。

　そのうえで、法人内部において、どの程度の期間、情報を保存すべきかが問題となる。この点は、問題となる事実の法的重要性に応じて判断されるべきであり、一律の保存期間を想定することは困難である。もっとも、法人の事業の継続性を前提とすれば、情報を保存すべき期間は、自然人が情報を記憶することが期待される期間よりも、長くなり得ることに注意を要する[164]。

　②積極的要件
　　ⓐ職務との関連性
　続いて、自然人の情報取得と法人内部での情報保存によって、法人の事実認識を基礎づける要件についてみていこう。

　まず、被用者などが法人の職務に関連して情報を取得したことが必要とされる。法人は被用者などの利用を通じて利益を得ているので、被用者などが職務に関連して情報を取得した場合には、当該事実を認識したものと評価される。このような理解は、ドイツ法の議論において前提とされていたところであり（2(3)(a)③ⓑ⑦④）、第3次リステイトメントも、認識帰属の法理の適用要件として、代理人の本人に対する義務との関連での重要性を挙げていたのである（3(2)(c)①ⓐ）。

　それゆえ、【事例1】では、被用者Ｃが A 銀行の貸付業務に関連する職務を

---

164)　法人と自然人の等置という根拠は、法人内部における情報の保存期間の長さを判断する際の基準としては機能しがたいように思われる（2(4)参照）。

担当していたこと、【事例2】では、被用者Kが E 銀行の預金払戻業務に関連する職務を担当していたことが、A 銀行および E 銀行が問題となる事実を認識したと評価される要件とされるのである。

そして、職務の関連性を基準とする場合には、情報取得者が法人内部においていかなる地位にあるかが重要な意味を有する。上位の職位にある者の職務の範囲は、通常、下位の者のそれよりも広範であると考えられるので、法人による事実認識の対象となる情報の範囲も広がることになるのである。

なお、自然人（被用者など）の情報取得について職務関連性が否定される場合であっても、過失の認定との関係で、当該情報取得が考慮される可能性はある。例えば【事例2】において、Kが預金払戻業務に関連する職務を担当していなかったとしても、当該職務を担当する被用者が、Kに対してFの遺言に関する問い合わせを行うべきであったと評価される場合（例えば、FとKが親密な関係にあり、KがFから遺言に関する相談を受けていたことが、E 銀行内部で知られていた場合）には、Kによる事実認識が E 銀行の過失を基礎づける要素として機能することになる。

ⓑ法的重要性

次に、問題となる情報が、法人の活動にとって法的重要性を有することが必要とされる。被用者などが職務に関連して取得する情報は多数に上るところ、事後的に法的に重要な意味を有する情報のみが、法人内部で保存されるべきものと考えられる。

そして、情報の法的重要性は、情報の取得時を基準として、判断されるべきものと解される。それゆえ、情報の取得時には法的重要性が認められなかったものの、その後の事情の変化によって法的重要性が生じた場合には、当該情報を保存していなかったとしても、法人が事実を認識したものとは評価されないことになる。

ⓒ情報取得の機会

他方、職務との関連性と法的重要性が認められる情報については、それがいかなる機会に取得されたかということは考慮されるべきでないと考えられる。

私的な機会に情報が取得されたとしても、情報取得者が情報を記憶したまま法人の職務を行うのであれば、法人は当該情報から利益を得ているものと評価できるからである[165]。例えば、【事例2】の被用者KがFと親戚関係にあり、親族が集まる機会に遺言②の提示を受けたとしても、Kの職務との関連性が肯定される以上は、E銀行が遺言②の内容(弁護士Hが預金の払戻しを受ける権限を有しないこと)を認識したものと判断されることになる。

ⓓ情報取得の時期

同様に、自然人(被用者など)の情報の取得が法人による職務付与の以前であったという事情も、法人の事実認識の判断において重視すべきではないと考えられる。当該情報を取得した自然人の利用によって、法人は利益を得ているといえるからである。

もちろん、法人による職務付与の時点で、被用者が問題の事実を忘却していたのであれば——法人は利益を得ないので——法人も事実の認識を有しないものと評価される。しかし、いったん被用者が事実を認識したことが認定された場合には、当該事実を忘却したことを法人の側で立証しない限り、法人の事実認識が肯定されるべきものと考えられる。

以上の考え方は、アメリカ法における認識帰属の法理に関する議論と共通する(3(2)(c)①ⓑ)。しかし、伝統的な日本企業のように、被用者に様々な部署を経験させることで人材の育成を図るという雇用形態を前提とする場合には、雇用形態の違いのために、アメリカ法とは異なる帰結が生じ得ることに注意を要する。

まず、被用者が取得したある情報が職務に関連しなかった場合であっても、企業内部での部署の異動の結果として、異動後の職務との関係で、当該情報の職務関連性が肯定されることがあり得る。その場合には、法人による事実の認識があったと評価されることになる。

---

165) 第3次リステイトメントは、認識帰属の法理の適用について、情報取得の機会を問題としない立場を採用していた(3(2)(c)①ⓑ)。これに対して、ドイツ法には、情報取得の機会を問題として、悪意の帰責を否定する判決が存在していた(2(3)(a)③ⓑⓥ)。しかし、同判決の事実関係に着目すれば——後述する(③ⓑ)——代理人の背信行為が問題となる場合であったと考えるべきように思われる。

他方、異動後に被用者が、異動前の職務に関連するものの、異動後の職務には関連しない情報を取得した場合には、法人による事実の認識があったとは評価されない。被用者による事実の認識から、法人は、もはや利益を得ていないからである（ただし職務の関連性は解釈を要する概念であり、問題となる情報が異動後の職務に関連しないといえるのかが、慎重に判断されなければならない）。もっとも、その場合にも、再度の異動の結果として、当該情報が被用者の職務との関連性を有するに至った場合には、法人の事実認識が肯定されることは、前述の通りである。さらに、法人の過失が問題となる場合には、異動前の職務に関する情報を取得した被用者に対して、その後任者が問い合わせをしなかったことが、過失判断において考慮され得ることに、注意を要する。

以上の帰結は、情報管理に関する法人の負担を増大させることにつながる。しかし、被用者に様々な部署の経験を積ませることが利益につながることを前提として、上記のような雇用形態を採用するのであれば、それに伴う不利益を一定の範囲で負担させることも、不当とはいえないように思われるのである。

③消極的要件
　ⓐ情報取得者の守秘義務
次に、自然人が職務に関連して取得した法的重要性を有する情報であっても、法人による事実認識が否定される場合があり得る。

まず、情報取得者が第三者との関係で守秘義務を負う場合である。情報取得者が守秘義務を遵守して情報を法人内部で公表しなかった（記録媒体などに保存しなかった）のであれば、当該情報について、法人が認識を有すると評価されることはない。法人は、当該情報に関して利益を得ていないからである。もっとも、日本の現状では、被用者などが個人として守秘義務を負う場合は限定されるものと考えられる。

なお、守秘義務を負う被用者などが、義務に違反して、法人内部で事実を開示した場合には、法人の認識が基礎づけられ得ることになる。

　ⓑ情報取得者の背信行為
次に、情報を取得した自然人（被用者など）が自己または第三者の利益を図る

目的で、当該情報の保存を行わなかった場合には、法人の事実認識を否定する余地があると考えられる[166]。いかなる場合がそれに該当するかについては、前述した、法人による事実の認識を基礎づける2つの正当化根拠に基づいて判断されるべきものと解される。

まず、当該自然人が情報を伝達しなかったことが、法人内部の情報保存に関する仕組みに起因しないものと評価されることが必要になる。法人内部の情報保存に関する仕組みに問題があり、そのことが自然人による情報の秘匿を助長したと考えられる場合には、法人の事実認識は否定されないものと考えられる。

また、法人が自然人の背信行為から利益を得ていないことが必要とされる。背信行為から利益を得ている場合には、法人はそれに伴う責任を負担すべきと考えられるからである[167]。

(c) 情報の利用

①法人内部に保存された情報の参照

次に、法人内部に保存された情報が利用される局面についてみていこう。

ここでも法人には、自然人（被用者など）が職務を行うに際して、法人内部に保存された情報を参照するように仕向ける仕組みを設けることが要請される[168]。そして、それゆえ、自然人が参照すべき情報を参照しなかったことを理由として、法人は事実の認識という評価を免れないものと解すべきことになる。

②情報を利用しないことに合理的な理由がある場合

ⓐ物理的制約

その一方で、情報を利用しないことに合理的な理由がある場合には、法人に

---

166) ただし、被用者の行為によって第三者が損害を被った場合には、法人が使用者責任(民法715条1項)を負う可能性があることに注意を要する。

167) このほか、第3次リステイトメント5.04条の消極的要件(3(2)(c)②ⓑⓐ)との関係では、取引相手方の保護が問題となり得る。この点については、保護を要する取引相手方との関係で、法人が背信行為を理由とする事実認識の否定を主張することが、信義則上否定されるという解釈があり得るものと考えられる。

168) この点についても、自然人と法人の等置を根拠とすることには疑問がある(2(4)参照)。自然人がある行為をするに際して記憶をたどることと、法人の行為に際して被用者が保存された情報を参照することとの間には、差違があると考えられるからである。

よる事実の認識が否定され得る。

まず、情報利用に物理的制約が存在する場合である。例えば、情報の取得から（当該情報の参照を必要とする）法人の行為までの時間が極めて近接している場合には、情報取得者から業務担当者に対して情報を伝達できないことがあり得る。もっとも、情報通信技術の発達により、現在では、情報伝達に必要とされる時間が短縮されているので、時間的近接性を理由として、情報の不使用が正当化される場合は限定されるものと考えられる。

また、天災などにより、情報を保存していた記録媒体が滅失・損傷したために、情報を利用できない場合も考えられる。もっとも、ある記録媒体が滅失・損傷しても、記録のバックアップがあれば、情報の利用に支障が生じない。バックアップの有無や要否を考慮したうえで、法人の事実認識の有無が評価されることになる[169]。

　　ⓑ法的制限
　　　⑦情報の不使用を正当化する法的根拠

次に、情報の利用に法的制限がある場合にも、法人の事実認識が否定され得る。その典型例が、法人がある情報を特定の目的にのみ利用する法的義務を負う場合である。この場合、当該特定の目的との関係では、法人は事実を認識したものと評価されるが、他の目的との関係では事実認識が否定されることになる。情報の不使用が法的に義務付けられる以上、法人の事実認識を肯定すべきでないからである。

もっとも、この場合には、情報を利用しないことを正当化する法的根拠が必要となる。インサイダー情報の利用禁止や個人情報の保護に関連する法律の規定のほか、銀行が取引相手方に対して負う守秘義務などが根拠となり得る。

その一方で、法人が情報を適切に利用して行為する義務を、他の取引相手方に対して負う場合には、2つの義務の衝突が生じることになる。【事例3】は、まさにそのような場面である。L信託銀行は、O社に対する注意義務を果たすため、適切に情報を利用しなければならない。それにもかかわらず、N社の経営悪化を示す情報を利用しないことを正当化する法的根拠が必要とされるの

---

169)　この場合には、仮に法人の悪意が否定される場合でも、いったん保存された情報を利用できなかったことが、法人の過失と評価されることがあるものと考えられる。

である[170]。

⑦情報隔壁の意義

　この点に関連して、法人内部に情報隔壁が存在することは、それ自体として、情報の不使用を正当化するわけではないことに注意を要する。情報隔壁は、情報が特定の目的以外に利用されないことを確実なものとするために利用されるに過ぎず、それとは別に、情報の不使用を正当化する法的根拠が必要とされる。さもなければ、恣意的な情報隔壁の設定により、法人が事実の認識を免れることになってしまうからである。

　他方、法的根拠に基づく情報隔壁が適切に機能する限りは、情報を利用しないことが正当化される。情報の伝達の可否を判断する部門の被用者——ウォール上の被用者——が情報を知ったとしても、そのことによって、情報隔壁を超えた情報伝達があったと評価されることはないものと考えられる。これに対して、法的根拠に基づく情報隔壁の存在にもかかわらず、それを超えて情報が伝達された場合には、許容された目的以外の法人の行為との関係でも、法人の事実認識が認定されることになる。

　以上に関連して、ここでも、雇用形態の問題が生じる。被用者に様々な部署を経験させることで人材の育成を図る雇用形態において、被用者が情報隔壁を跨いで部署を異動することは、情報隔壁を超える情報伝達があったものと評価され得るからである。そのような人事異動を情報利用の制限との関係で正当化するには、問題となる部署に異動するまでの間に十分な時間——被用者の記憶が失われたものと評価されるほどの時間——を確保する必要があるものと考えられる。

おわりに——残された課題

　本章では、法人の事実認識の有無を判断する法的枠組みについて検討してき

---

170)　そのような法的根拠としては、L信託銀行がN社のために当該情報を利用しない義務を負うことのほか、秘密情報を信託財産の運用に利用しないことについて、O社から明示・黙示の同意を取得していたことなどが考えられる。

た。もっとも、本章の検討は総論的なものにとどまる。冒頭で述べた通り、法人の事実認識の有無が問題となる局面は多様である。それゆえ、本章の提示する一般的な枠組みを前提としたうえで、個別の問題を検討することが、課題として残されている。

　また、4における検討から明らかになったように、法人の事実認識の問題は、法人内部における情報管理と密接にかかわっており、それには法人の雇用形態が影響を及ぼす。本章の提示した判断枠組みを前提としたうえで、各国における雇用形態の違いがいかなる差異をもたらし得るかも、興味深い考察対象といえる。今後の検討課題としたい。

第 6 章

米国における投資商品の販売と
フィデューシャリー・デューティー

小出　篤

はじめに——わが国の「顧客本位の業務運営に関する原則」と
「フィデューシャリー・デューティー」

(1)「顧客本位の業務運営に関する原則」

2017 年に金融庁が公表した「顧客本位の業務運営に関する原則」は、多くの金融機関により採択が進んできており[1]、また、当局においても、金融行政方針等においてその定着や確立を促進すべきことが重点施策の一つとされたり[2]、その後の金融審議会のワーキング・グループ報告書案でも[3] その重要性が再度強調されたりするなど、わが国の金融実務や金融規制において大きなインパクトを与えている。

「顧客本位の業務運営に関する原則」においては、金融商品の販売、助言、商品開発、資産管理、運用等を行う全ての金融機関等(「金融事業者」)が顧客本位の業務運営におけるベスト・プラクティスを目指す上で有用と考えられる原則が定められている。具体的には、①顧客本位の業務運営を実現するための明確な方針の策定・公表や取り組み状況の定期的な公表、方針の定期的な見直し、

---

1)　金融庁の集計によれば、「顧客本位の業務運営に関する原則」を採択してその取組方針を開示している金融事業者は、2017 年 6 月末現在では 469 社であったものが 2019 年 3 月末現在では 1,619 社となっている。
2)　金融庁「平成 29 事務年度金融行政方針」9 頁、同「変革期における金融サービスの向上にむけて——金融行政のこれまでの実践と今後の方針(平成 30 事務年度)」32 頁。
3)　金融審議会市場ワーキング・グループ報告書(案)「高齢社会における資産形成・管理」付属文書 2「高齢社会における金融サービスのあり方」(2019 年)。

②顧客に対して誠実・公正に業務を行い、顧客の最善の利益を図ること、③顧客との利益相反可能性についての適切な把握とその管理、④顧客が負担する手数料等の明確化、⑤金融商品・サービスの販売・推奨等に係る重要な情報の顧客へのわかりやすい提供、⑥顧客の資産状況、取引経験、知識及び取引目的・ニーズを把握し、顧客にふさわしいサービスを提供すること、⑦顧客の最善の利益を追求するための行動、顧客の公正な取扱い、利益相反の適切な管理等を促進するような従業員への動機付け、の7つの原則が示されている。もっとも、そこで定められているのは「原則」であって、法令などによって金融事業者がとるべき行動について詳細に規定がされている（「ルールベース・アプローチ」）わけではない。「顧客本位の業務運営に関する原則」を採択した金融事業者は、形式的に各原則を実施することを求められているのではなく、各々の置かれた状況に応じて、その趣旨・精神を自ら咀嚼した上で、実質において顧客本位の業務運営を実現することが期待されている（「プリンシプルベース・アプローチ」）。

　以上のように、詳細な行為規制という形ではなく、状況や事例に応じて具体的な内容が柔軟に解釈されうる一般原則の形をとっていることや、誠実・公正な業務運営を行い顧客の最善の利益を図るべきといった原則（原則2）や利益相反の管理を行うべきという原則（原則3）などに代表されるその内容面から、「顧客本位の業務運営に関する原則」は、英米法（特に米国）におけるフィデューシャリー・デューティーの考え方をわが国の金融事業者の業務運営に導入したもの、と理解されることも多い。実際、「顧客本位の業務運営に関する原則」の策定を提言した金融審議会市場ワーキング・グループの報告書[4]では「顧客本位の業務運営（フィデューシャリー・デューティー）」との表現[5]が用いられ、「顧客本位の業務運営」とフィデューシャリー・デューティーとが同義のものとして位置づけられるとともに、フィデューシャリー・デューティーの概念については、欧米等において「他者の信認に応えるべく一定の任務を遂行する者が負うべき幅広い様々な役割・責任の総称として」用いられているものとする説明

4)　金融審議会市場ワーキング・グループ報告「国民の安定的な資産形成に向けた取組みと市場・取引所を巡る制度整備について」(2016年)。
5)　市場ワーキング・グループの報告書は、金融担当大臣から金融審議会への諮問に基づく審議の結果であるが、この諮問を行うことを政府の方針として示した「日本再興戦略2016」においても、「フィデューシャリー・デューティー（顧客本位の業務運営）」との表現が用いられている。

がなされている。

　もっとも、その後実際に公表された「顧客本位の業務運営に関する原則」においては、その経緯および背景を説明する箇所において、上記の金融審議会市場ワーキング・グループで審議された内容として「顧客本位の業務運営（フィデューシャリー・デューティー）」との表現が残るものの、本論においては「顧客本位の業務運営」という言葉のみが独立で用いられ、「フィデューシャリー・デューティー」という言葉でそれを補足するということは行われていない。①英米法におけるフィデューシャリー・デューティーは衡平法上保護が与えられるべき場合に認められる法的な義務であるが、わが国では立法なくかかる新たな法的義務を観念することは困難と考えられており、「顧客本位の業務運営に関する原則」はプリンシプルベースでのソフトローの形をとっていることから、両者を法的に同等のものと見ることは適当ではないこと[6]、②「顧客本位の業務運営に関する原則」は金融商品の販売、助言、商品開発、資産管理、運用といったインベストメント・チェーン（顧客・受益者から投資先企業へと向かう投資資金の流れ）にかかわる全ての金融事業者をその名宛人としているが、ここで名宛人とされている金融事業者の中には英米法においてはフィデューシャリー・デューティーを負わないと解釈されてきた業態（たとえば、本章で後に論ずるように、ブローカー・ディーラーとして金融商品の販売を行う業者は、米国ではこれまでフィデューシャリー・デューティーは負わないと考えられてきた）もあることから、正確には両者は対象を異にする異なる概念であると見るべきこと、③「顧客本位の業務運営に関する原則」では、金融事業者はその直接の顧客のみならず、インベストメント・チェーンにおける最終受益者としての顧客（アセット・オーナー）をも念頭に置くべきとされている（原則1（注））が、英米法におけるフィデューシャリー・デューティーは直接的な法的契約関係が存在しない者同士の間においては法的義務としては観念できないものとされてきたこと[7]から、この点でも両者は対象を異にする概念であること、などに照らすと英米法上のフィデューシャリー・デューティーと「顧客本位の業務運営」を同義とすることは正確性を欠く、というのがその理由であろう。

---

6)　梅澤拓「金融行政方針が地域金融機関に与える影響——「フィデューシャリー・デューティー」から「顧客本位原則」へ」金法 2058 号（2017）29 頁。

232 　はじめに

しかし、厳密な法的概念としては異なるものとしても、英米における金融機関へのフィデューシャリー・デューティーの考え方が、わが国の「顧客本位の業務運営に関する原則」に強い影響を与えているということは言えそうである。

(2) 「顧客本位の業務運営に関する原則」の背景

では、わが国がこのように、英米において金融機関が顧客に対して負うとされているフィデューシャリー・デューティーの体系を参考にして、金融機関の業務運営に関する新たな「原則」を導入したのはいかなる問題意識に基づくものであろうか。

金融審議会市場ワーキング・グループの報告書は、金融機関による「顧客本位の業務運営」の推進を提言する前提として、わが国の 1,700 兆円を超える家計金融資産の過半が現預金となっているために、家計の安定的な資産形成が図られているとはいえないとの認識を示している。

わが国の金融システムが、銀行を中心としたいわゆる間接金融偏重の構造となっているとの問題意識は、古くから指摘されてきたところである。もっとも、金融システムとは、資金供給者(主に資金余剰主体である家計)から資金需要者(主に企業)への資金の移転のシステムを示すものであるところ、調達サイド(企業側)から見た場合、現在の日本はかつてのように銀行依存型の間接金融偏重のシステムとは必ずしも言えなくなっている。法人企業部門の資金調達の構成比[8]を見れば、1980 年度末には借入れによる調達(間接金融)が全体の 42.2% を占める一方で、株式・社債などの有価証券による調達(直接金融)は 15.7% を占めるに過ぎず、確かに間接金融優位の構造であったと言えるが、その後借入れ

---

7)　英国政府からの諮問により英国資本市場について検証を行ったジョン・ケイ氏による報告書(ケイ・レビュー)においては、インベストメント・チェーンの中の直接当事者間以外においてもフィデューシャリー・デューティーを認めるべきとの提案がなされているが(*see*, J Kay, The Kay Review of UK Equity Markets and Long–Term Decision Making: Final Report (2012) Recommendation 9)、英国の法律委員会(The Law Commission)は、投資仲介機関の注意義務(Duty of Care)に関する判例を分析し、直接アドバイスがなされるなどの法的関係がない者同士の間に何らかの注意義務を課すことには英国の裁判所は慎重であるとして、フィデューシャリー・デューティーについても同様に解釈されるだろうとの見解を示している(*see*, The Law Commission, Fiduciary Duties of Investment Intermediaries, 200–202 (2014).)

8)　以下、日本の資金調達・金融資産残高の構成比のデータは、日本銀行「資金循環表」に基づく。

第6章　米国における投資商品の販売とフィデューシャリー・デューティー　　233

による調達比率が低下していくとともに、有価証券による調達比率は上昇していき、たとえば2017年度末には借入れによる調達比率は22.6％、有価証券による調達比率は58.2％となっている。つまり日本の金融システムは、調達サイドから見れば直接金融中心の構造に転換しているとみることができる。

　他方で、運用サイド（家計側）から見ると、なお現預金（間接金融）がその過半を占める構造は変わっていない。個人部門の金融資産残高の構成比を見ると、1980年度末において現預金比率は58.5％を占める一方、投資信託はわずか1.2％、株式・社債等の有価証券は16.1％と、家計金融資産の過半が現預金によって占められていたところ、その後、株式相場の変動などによって多少の増減はあったにせよ、現預金比率はずっと50％以上を占め続け、有価証券比率はバブル期の1990年頃でも20％程度を占めるに過ぎず、2017年度末の状況を見ても、現預金比率は52.5％、有価証券の比率は12.2％と、現預金比率は40年間ほぼ変わらず、有価証券比率は伸び悩んでいる。1990年代後半に銀行等による窓販の解禁など、販売チャネルが拡大した投資信託の比率については、2017年度末は4.0％と、1980年度末よりも増加しているが、しかし家計全体から見るとなおわずかの比率を占めるに過ぎない。

　これに対し、米国においては、2018年のデータ[9]で、家計金融資産のうち現預金比率はわずか13.1％であるのに対して、有価証券は42.1％、投資信託は11.8％を占めている。

　このような差が生じる要因には、文化的要因、経済・社会的要因など、さまざまなものが考えられるが、最終的なアセット・オーナーから最終的な投資先企業までの資金の流れをつないでいくというインベストメント・チェーンの構造から見れば、有価証券・投資信託のインベストメント・チェーンの中で、最終的なアセット・オーナーであるリテール個人投資家の利益が適切に保護されているか――とりわけインベストメント・チェーンに参加する各金融機関が最終投資家の利益を保護するためにいかなる規制に服しているのか――という制度的な問題は、大きな要因となっている可能性がある。家計金融資産から有価証券・投資信託への投資を拡大させ、わが国の家計の安定的な資産形成を図る

---

9)　日本銀行調査統計局「資金循環の日米欧比較」（2018年）。データの出所はFRB, Financial Accounts of the United States, First Quarter 2018による。

という政策目的を実現するために、家計から有価証券・投資信託への投資が盛んな米国における金融機関と顧客との関係を規律するルールを参照して「顧客本位の業務運営に関する原則」を策定したのは、このような問題意識に基づくものと考えられる。

インベストメント・チェーンに参加する金融機関のうち、最終投資家に直接アプローチし、インベストメント・チェーンの入口へとつなぐチャネルとなっている金融機関、すなわち最終投資家への販売および直接の助言を行う金融機関に対する規制は、とりわけ重要な問題である。折しも米国においては、リテール投資家への販売を行う金融機関が顧客に対して負う義務について、新しい動きが進行しているところである。米国におけるこうした動きは、わが国の「顧客本位の業務運営」を考える上でも当然に興味深いものといえる。そこで、以下では、米国における個人投資家への金融商品販売チャネルに対して課せられる規制と、最近の動向について簡単に見ることで、わが国への示唆を得ることとしたい。

1 米国における投資信託(ミューチュアル・ファンド)販売チャネル

米国におけるリテール投資家の代表的な金融商品として、いわゆる投資信託(ミューチュアル・ファンド)がある。米国における投資信託の仕組みは、1940年投資会社法において「投資会社」[10]と呼ばれ、原則として SEC への登録が要求される(7条(a)項)。投資会社は、「額面証書会社(face–amount certificate company)」「ユニット投資信託(unit investment trust)」「管理型投資会社(management company)」の3つのカテゴリーに分けられる(4条)。額面証書会社は、額面での償還が予定される投資信託であるが、現在は新規募集は行われていないとされる[11]。ユニット投資信託は、信託型・契約型をとり、取締役会が存在しておらず、組み入れ銘柄が固定されて運用されるものである(上場投資信託(ETF)の一部もこの形態をとる)。管理型投資会社は、額面証書会社およびユニット投資

---

10) 組織形態としては会社型をとることが多いものの、投資会社法上は、組織形態についての仕組み規制は存在しない。

11) 杉田浩治「投資信託の制度・実態の国際比較」(日本証券経済研究所、2018)7頁。

信託以外の投資会社である。管理型投資会社には解約・払戻し請求が可能なオープン・エンド型と、解約・払戻し請求が不可能なクローズド・エンド型が存在するが、そのうちオープン・エンド型の管理型投資会社を一般に「ミューチュアル・ファンド」と呼び、現在はもっとも一般的な投資信託である。

では、米国において、ミューチュアル・ファンドはどのようなチャネルを通じてリテール投資家に販売されているか。

米国の投資会社協会(ICI)の 2018 年の調査[12]によれば、米国でミューチュアル・ファンドを保有している家計総数のうち、80％ が雇用主提供の退職プラン(いわゆる確定拠出(DC)年金と、雇用主提供型の個人退職勘定が含まれる)の中でミューチュアル・ファンドを購入し[13]、63％ はそれ以外の方法で購入している(43％ は両方を通じて購入していることになる)。

退職プランの外で購入する場合に用いられる主な販売チャネルとしては、ブローカー、独立フィナンシャルプランナー(FP)、銀行、投資信託会社からの直販、保険代理店、会計士が挙げられる[14]。ブローカーは、いわゆる証券会社であるが、ビジネスモデルとしては 2 つに区分され、顧客に対して投資の助言を行った上で販売をする伝統的なフルサービスのブローカーと、投資の助言などのサービスは提供せず低額な手数料で販売を行うディスカウント・ブローカーとがある。ディスカウント・ブローカーは、しばしば多くの投資信託会社の多くの銘柄を商品ラインナップとしてそろえ(ファンドスーパーとも呼ばれる)、また、ネット取引などを活用して運営コストを引き下げることで、手数料の低額化を実現しており、1990 年代以後存在感を高めてきている。以上の販売チャネルを大きく分類すれば、プロの助言付きで販売がなされるチャネル(フルサービス・ブローカー、独立 FP、銀行、保険会社、会計士)と、助言はなされない販売チャネル(投資信託会社からの直販、ディスカウント・ブローカー)とがあることになる。ミューチュアル・ファンド保有家計総数の 49％ は前者(フルサービス・ブローカーは 27％、独立 FP は 24％、銀行は 19％、保険代理店は 10％、会計士は 7％)、

---

12)　*See*, ICI, Profile of Mutual Fund Shareholders, 2018, at 19.

13)　退職プランでは、ブローカー(証券会社)・銀行・投資信託会社に開設される DC 口座などを通じてミューチュアル・ファンドが購入されることになる。

14)　このほか、保険会社、会計士を通じた販売も行われる。

33％ は後者（投資信託会社は 19％、ディスカウント・ブローカーは 22％）を通じて購入をしているという[15]。

2　投資信託の販売に対する証券規制

（1）投資助言業者に対する規制

「報酬を得て、直接にあるいは出版物や書面を通じて証券の価値や証券の投資・購入・売却の当否について他人に対する助言を業務とするすべての者、および、報酬を得て通常の業務の一環として証券に関する分析やレポートを発行・編集するすべての者」は、原則として 1940 年投資助言業法（Investment Advisers Act of 1940）における投資助言者（investment adviser）に該当し（同法 202 条（a）(11)）、同法の規制を受けることになる。独立 FP は、通常この投資助言者に該当する。投資助言者は原則として SEC に登録しなければならないが、管理資産の総額が 1 億ドル未満[16]の中小規模な投資助言者は原則として SEC への登録は免除され、州法の規制に服することになる（203A 条）。SEC への登録にあたっては、Form ADV という様式を提出する必要があり、項目によって、年に 1 回または内容に変更があるごとにアップデート（訂正）しなければならない（17 CFR § 275.204-1）。Form ADV のうち一部のパート（Part 2A）は、新規顧客と取引に入る際、および既存顧客には年に一度、交付することが求められている開示資料の内容となっている（17 CFR § 275.204-3）。

　登録投資助言者は、(1)顧客および見込まれる顧客を欺く（defraud）ためのあらゆる方法・仕組み・行為をとること、(2)顧客および見込まれる顧客にとって詐欺あるいは欺罔として機能するあらゆる取引・慣行・業務方法を行うこと、(3)取引以前に書面で顧客に自らの立場を開示しかつ顧客の同意を得ることなく、投資助言者自身の勘定でその顧客との間で証券の売買取引を故意に行ったり第三者のためのブローカーとしてその顧客とその第三者との取引を故意に行

---

15)　*See*, ICI, *supra* note 12. なお、複数のチャネルを通じて購入している場合は複数回答がされているため、合計は 100％ にならない。

16)　管理資産総額 2,500 万ドル未満の投資助言者に対する登録免除の規定に加え、ドッド・フランク法 410 条は管理資産総額 2,500 万ドル以上 1 億ドル未満の中規模投資助言者にも一定の条件のもとで登録を免除することとした。

わせたりすること、(4)SEC が規則で定める詐欺的、欺罔的または操作的な行為をとること、を禁じられる(同法 206 条)。なお、(1)については投資助言者には欺罔についてのサイエンター(scienter；意図)が要求されるが、(2)については過失(negligence)で足りるとされる[17]。投資助言業法は、投資助言者がフィデューシャリー・デューティーを負うと明文で規定することはしていないが、裁判所はこの 206 条(1)(2)を根拠に、投資助言者は顧客に対してフィデューシャリー・デューティーを負うものと解釈し[18]、また、SEC の規則等も投資助言者と顧客との間のフィデューシャリー・デューティーの存在を前提として、さまざまな具体的な義務を課してきた。

投資助言者が負うフィデューシャリー・デューティーから導かれる具体的な義務としてもっとも基本的なものとされるのは、いわゆる忠実義務(duty of loyalty)と注意義務(duty of care)である[19]。忠実義務は、投資助言者が顧客の最大利益のために資するように行動することを求め、また、顧客の利益を自らの利益よりも劣後させることを禁ずる。注意義務の下では、投資助言者は、適切な注意、技術、勤勉さを持って投資助言という職務を遂行することが求められる。ここから、不正確・不完全な情報に基づいて投資推奨を決定することがないように合理的な調査を行うことが求められ、また、いわゆる顧客適合性(suitability)も求められるとされる。ここでの顧客適合性とは、顧客の財産的状況や投資の目的に照らして当該顧客にとって適切な投資助言をしなければならないとするものである[20]。

さらに、投資助言者は、フィデューシャリー・デューティーの一部として、顧客に対して利益相反について開示する義務を負う。すなわち、顧客とのすべての利益相反を除去するか、または少なくとも利益相反を明らかにするための重要な情報を顧客に対して開示する義務を負うとされる[21]。具体的にどのよう

---

17) SEC v. Seghers, 298 F. App' x 319 (5th Cir. 2008). 投資助言業法 206 条(1)と(2)は、後述する証券法 17 条(a)(1)と同(3)の対象となる行為とそれぞれ同じ内容であることが指摘されている。

18) SEC v. Capital Gains Research Bureau, Inc., 375 U. S. 180 (1963)；Transamerica Mortgage Advisors, Inc. v. Lewis, 444 U. S. 11 (1979). Transamerica 判決では、投資助言業法の立法過程からも、投資助言者がフィデューシャリー・デューティーを負うことは明らかであるとする。

19) See, SEC, Study on Investment Advisers and Broker–Dealers (2011)［hereinafter, "SEC Study"］at 22. なお、このレポートが出された経緯については 4(2)参照。

20) Id. at 27–28.

な開示が必要とされるかは、ケースによって異なり、そのために投資助言者は利益相反の存在について適切に調査(デューディリジェンス)をしなければならない[22]。特に、さまざまな利益相反状況の一部については、法や規則などによって明確にその開示が義務とされている。Form ADV のうち顧客に交付される Part 2A による開示はその一例であり、たとえばそこでは、当該投資助言者と提携などをしているブローカー・ディーラーや銀行などとの関係や取り決め、およびそこから生ずる利益相反について開示することが求められたり、他の投資助言者を用いる場合は、その者から受ける報酬やその者とのビジネス上の関係などを開示することが求められている(Item 10)。ただし、法や規則によって求められる開示だけをすれば、フィデューシャリー・デューティーに基づき求められる利益相反の開示として十分であるというわけではない[23]。

　以上のように、投資助言者はフィデューシャリーとしてさまざまな義務を負う。では、そのような義務に反した投資助言について、顧客はいかなる救済を求めることができるか。投資助言者が投資助言業法 206 条に反する助言を行った場合、当該投資助言契約は無効と解される(215 条(b)項)。そこで、顧客は、投資助言者との投資助言契約を無効とし、投資助言者に支払った報酬の返還を求める訴訟の私的訴権は有する[24]。しかし、顧客は、投資助言業法に基づいては、当該投資助言によって被った損害について賠償を求める訴訟の私的訴権は有さないと解されている[25]。したがって、投資助言者が投資助言業法 206 条で負う義務のエンフォースメントは、顧客が損害賠償を求める私的訴権によるよりも、SEC の命令など行政的な措置によることが想定されているということができる。

　ただし、後述する 1934 年証券取引所法 10 条(b)項ならびに同法規則 10b-5 に定められた、いわゆる詐欺行為禁止規定は、「すべての者」に適用があるた

---

21)　*See*, SEC v. Capital Gains Research Bureau, Inc., *supra* note 18.

22)　一方、必要なデューディリジェンスの程度・方法や、開示すべき利益相反の内容は、必ずしも明確ではなく、利益相反問題への対処として開示という方法は必ずしも適切に機能していないとの指摘もある。*See*, Peter D. Isakoff, *Agents of Change: The Fiduciary Duties of Forwarding Market Professionals*, 61 Duke L. J. 1563, 1573 (2012).

23)　SEC Study at 23.

24)　*See*, Transamerica Mortgage Advisors, Inc. v. Lewis, *supra* note 18.

25)　*Id.*

め、投資助言者にも適用があり、そこでは((2)でブローカー・ディーラーについて見るのと同様に)私的訴権が認められる。投資助言者が負うフィデューシャリー・デューティーから導かれる義務への違反が、証券取引所法上の詐欺行為禁止規定違反を構成するのであれば、そちらのルートを通じて顧客は私的訴権によって損害賠償を請求できることになる。

(2) ブローカー・ディーラーに対する規制

(a) ブローカー・ディーラーの「フィデューシャリー・デューティー」

投資信託は、1934年証券取引所法上の「証券」(security)に該当し、その販売を業とする者は同法上の「ブローカー」(broker)に該当する。ブローカーとは、「他人の計算において証券取引を成立させることを業とする者」(同法3条(a)(4)(A))であり、また、ディーラーとは、「ブローカーを通じてあるいはその他の方法で、自己の計算において証券……の売買をすることを業とする者」(同条(a)(5)(A))である。ブローカーとディーラーとを兼ねる者がいわゆるブローカー・ディーラーである。いわゆる「証券会社」はこのブローカー・ディーラーに該当し、SECに登録する義務を負い、同法の規制の対象となる。同法は、いわゆる流通市場を対象とした規制であるが、ブローカーおよびディーラーは、投資家の流通市場における証券売買を仲介する機能を有していると整理され、証券取引所法によって規制されてきた[26]。また、同法に従って登録された自主規制機関であるFINRAもブローカー・ディーラーに対する規制権限を有している[27]。

ブローカー・ディーラー(特に伝統的なフルサービス・ブローカー)は、顧客に対してミューチュアル・ファンドなどの商品を販売するにあたって、推奨やアドバイスなどを行うことがある。その意味で、ブローカー・ディーラーは、顧客から見れば投資助言業者と同様の投資アドバイスを提供している。しかし、投資助言業法においては、ブローカー・ディーラーは、その助言などの行為がブローカー・ディーラーとしての業務に「付随」しているだけであり、かつその助言などの行為に対する特別な「報酬」を受けていない場合は投資助言者に該当しないとの適用除外規定がある(投資助言業法202条(a)(11)(C))。これに該当する場合、ブローカー・ディーラーはあくまで証券取引の仲介を業とするもの

であって、投資助言を業としているわけではないからである。したがって、この条件を満たす限り、ブローカー・ディーラーは、投資助言者としての登録を行う義務もないし、同法206条から導かれる投資助言業者としてのフィデューシャリー・デューティーを当然に負うこともないことになる。

　もっとも、ブローカー・ディーラーであっても、例外的にフィデューシャリー・デューティーを負うとされることはある。

　第一に、相当の数のブローカー・ディーラーは、投資助言業法上の投資助言者として登録をしている。投資助言を業として行い、それにより報酬を得ている場合、ブローカー・ディーラーであっても、投資助言業法の適用を受け、フィデューシャリー・デューティーを負うことになる。もっとも、投資助言者として登録しているブローカー・ディーラーであっても、投資助言がブローカー・ディーラー業務に付随し、投資助言に対する報酬を得ていないのであれば、その投資助言との関係でフィデューシャリー・デューティーを当然に負うわけではない。

　第二に、ブローカー・ディーラーであっても、顧客の口座に対してブローカー・ディーラーが裁量権や支配権を持っているような状況があれば、裁判所は連邦法上のフィデューシャリー・デューティーを認めてきた[28]。

---

26)　なお、証券取引所法では、ブローカーとディーラーとを分けて定義している。証券取引所法の立法過程においては、ブローカーとディーラーとを兼任することで利益相反的状況が生じる(ブローカー業務の顧客との間でディーラー業務の一環として証券会社自身が証券を売買することで、ブローカー業務の顧客を害するような証券売買が行われやすくなる)ことが問題視され、ブローカーとディーラーとを分離することを義務づけるべきだとの議論も存在した。実態としてブローカー・ディーラーのような兼任の業態が多いことから、このような提案は導入されなかったが、それに代わり、以下に述べるようなブローカーおよびディーラーへの厳格な規制が導入されたとされている(松岡啓祐「アメリカ法における証券業者の信任義務(受託者責任)を巡る近時の議論について」専修ロージャーナル創刊号(2006)47頁)。他方で、ブローカーとディーラーとの兼任を認めたことは、ブローカー・ディーラーと顧客との関係に潜在的な利益相反状態が生ずることをある程度認めていたことを示す象徴的な事柄といえ、後述の通り、明文によって厳格な信認義務をブローカー・ディーラーに課すことをしてこなかった証券取引所法の態度はそのような認識とある意味で整合的である。ブローカー・ディーラーと顧客とが根源的に利益相反状況にあるとの業界の認識や、ブローカー・ディーラーに信認義務を課すことでたとえば自社開発投資商品を顧客に勧めにくい状況が生ずるとしてこれに反対する業界の意見について、神山哲也「ドッド・フランク法のインパクト分析──2011年SIFMA規制改革サミットの報告」野村資本市場クォータリー2011 Summer 5頁以下参照。

27)　登録された自主規制機関に加入しない業者が証券取引を行ったり行わせたりすることは、証券取引所法によって禁じられている(15条(b)(8))。

第 6 章　米国における投資商品の販売とフィデューシャリー・デューティー　　241

　第三に、連邦法ではなく、州法などによって、代理人の法理などを援用して、フィデューシャリー・デューティーがブローカー・ディーラーなどの金融機関に成立すると解されることがある[29]。

（b）証券法・証券取引所法

　では（これらの例外に該当しない場合）、ブローカー・ディーラーによる推奨・アドバイスを伴う証券の販売は、いかなる規制に服するのであろうか。証券取引所法には、（投資助言者に対する投資助言業法 206 条のような）かかるアドバイスを行うブローカー・ディーラーに対する特別な行為規制は存在しない。しかし、証券法 17 条および証券取引所法 10 条・同法規則 10b–5 がそれぞれ定める一般的な詐欺行為禁止規定は、いずれも「すべての者」に適用があるため、ブローカー・ディーラーにも適用があり、その推奨・アドバイスを伴う証券販売においてもしばしば援用される。

　証券法 17 条(a)項は、証券の販売の申し出または販売において、(1)欺く(defraud)ためのあらゆる方法・仕組み・行為をとること、(2)重要な事実について不実の言明をすることで金銭等を得たり、または言明を誤解させないために必要となる重要な事実を言明しないことで金銭等を得ること、(3)購入者への詐欺あるいは欺罔として機能するあらゆる取引・慣行・業務方法を行うこと、を禁ずる。なお、(1)については欺罔についての scienter(意図)が要求されるが、(2)(3)については negligence(過失)で足りるとされる[30]。

　証券取引所法 10 条(b)項は、証券の購入または販売において、相場操縦的または詐欺的な方法や仕組みをとることを禁じており、具体的には、証券取引所法規則 10b–5 において(1)欺く(defraud)ためのあらゆる方法・仕組み・行為・策略をとること、(2)重要な事実について不実の言明をすることで金銭等を得たり、または言明を誤解させないために必要となる重要な事実を言明しないことで金銭等を得ること、(3)購入者への詐欺あるいは欺罔として機能するあら

---

28)　SEC v. Zandford, 535 U. S. 813 (2002).
29)　Brown v. Wells Fargo Bank, N. A., 168 Cal. App. 4th 938 (2008). 老夫婦への勧誘の事例であり、ブローカー口座契約締結前から当該顧客に銀行員が訪問していたことから、当該顧客から銀行への信頼が醸成されていたと認定して銀行と顧客とのフィデューシャリー関係を認める。
30)　Aaron v. SEC, 446 U. S. 680 (1980).

ゆる取引・慣行・業務方法を行うこと、が禁じられている。なお、10b–5 に基づいて顧客が損害賠償請求をするには、重要な事実についての不実の言明または不開示があったことに加え、①scienter（欺罔の意図）、②禁止行為と証券の売買とに関係性があること、③不実表示または省略への信頼があること、④損害の存在およびその信頼とその損害との因果関係、を立証しなければならない[31]。

　証券法 17 条と証券取引所法規則 10b–5 が列挙する禁止行為は非常に似ているが、以下の点について差異がある。第一に、証券法 17 条は過失（negligence）で足りる場合があるが、証券取引所法規則 10b–5 ではサイエンター（意図）が要求される。第二に、証券法 17 条は証券の募集または販売の場面についてのみ適用があるとされているが、証券取引所法規則 10b–5 では購入と販売の両方について適用がある。第三に、証券取引所法規則 10b–5 は証券の購入か販売がなされた場合についてのみ適用があるが、証券法 17 条は販売の申し出のみの段階でも適用があり、顧客がそれによって購入したかどうかは問われない。第四に、証券法 17 条は、顧客からの損害賠償請求の私的訴権を認めないとされるが、証券取引所法規則 10b–5 では私的訴権が認められる[32]。

　証券取引所法規則 10b–5 は、「すべての者」に適用のある一般規定であるが、この規定の下で、ブローカー・ディーラーは顧客との取引において、いわゆる看板理論（shingle theory）に基づく義務があると解釈されることになった。すなわち、ブローカー・ディーラーとして業務を行う（ブローカー・ディーラーの「看板」を掲げる）ことで、ブローカー・ディーラーは顧客に対して、ブローカー・ディーラー業の基準に照らして「公正な」（fair）取引を行うということを暗黙に言明していると解し、顧客に対して「公正ではない」行為がなされた場合は、顧客にたいしてそれを開示しないと、「公正な取引を行う」という言明を誤解させる重要な不開示となる。この場合、サイエンター（意図）の存在など他の要件を満たせば、10b–5 違反として顧客の私的訴権も認められる[33]。この結果、ブローカー・ディーラーは、公正取引義務（duty of fair dealing）や注意義務のよ

31）　Dura Pharmaceuticals Inc. v. Broudo, 544 U. S. 336 (2005).

32）　*See*, Joseph A. Grundfest, *Disimplying Private Rights of Action under the Federal Securities Laws: The Commission's Authority*, 107 HARV. L. REV. 961, 976–982 (1994).

33）　Charles Hughes & Co., Inc. v. SEC, 139 F. 2d 434 (2d Cir. 1943), cert. denied, 321 U. S. 786 (1944).

うな高度な義務を負うものとされた。しかし、公正取引義務の内容は、投資助言者が負うフィデューシャリー・デューティーと同じではない。公正取引義務は不公正な対価を得るなど公正ではない取引を行ってはいけないという義務にとどまり、フィデューシャリー・デューティーのように、顧客に最大の利益を得させる義務までは含まないとされるのである[34]。ブローカー・ディーラーは顧客に証券の販売は行っているが、投資助言者のような顧客とのフィデューシャリー関係には立たないという前提に従えば、ブローカー・ディーラーという「看板」が表示する義務は、フィデューシャリー・デューティーとはならないのである。

(c) FINRA による自主規制ルール

さらに、ブローカー・ディーラーは FINRA メンバーとして、FINRA の自主規制ルールに定められた高度な義務を負う。一般的な義務としては、FINRA Rule 2010 が公正な取引を行うとともに高度な商業的誠実さと取引のプリンシプルに従うべき義務を定める。そのあらわれとして、さまざまな場面における具体的な行為規制や開示規制が FINRA Rule において規定されている。

そのうちもっとも重要なものは、顧客適合性(suitability)について定める FINRA Rule 2111 である。同ルールによれば、FINRA メンバーは、推奨する証券取引・投資戦略が、適切な調査のもとで入手した顧客の投資プロファイル(年齢、資産、投資目的、投資経験、リスク許容性など)の情報に基づいて、顧客に適合すると信じる合理的な根拠を有していなければならない(同ルール(a))。具体的には以下の3つの義務を負う。第一に、推奨がいずれかの顧客にとって適合すると信じるための、合理的な調査によって得られた合理的な根拠を有していなければならないという「合理的根拠の義務」(具体的には、推奨しようとする商品などのリスクなどについて十分知っていることが求められる)、第二に、その推奨がその特定の顧客の投資プロファイルに基づいて当該顧客に適合すると信じるための合理的な根拠を有していなければならないという「顧客特定的な義務」、第三に、顧客の口座に対する事実上のコントロール権を有している FINRA メ

---

34) *See*, Arthur B. Laby, *Reforming the Regulation of Broker-Dealers and Investment Advisers*, 65 Bus. Law. 395, 427 (2010).

ンバーについては、個々の推奨が適合していたとしても、一連の推奨が当該顧客の投資プロファイルに基づいて当該顧客にとって過剰ではなく不適合でもないと信じるための合理的な根拠を有していなければならないという「量的適合性」である(同ルール 2111.05)。また、FINRA Rule 2090 も、顧客の口座の開設および維持に際して、FINRA メンバーに、顧客の重要な情報を知るために合理的な調査をすることを義務づけており(Know Your Customer ルール)、FINRA Rule 2111 とあわせて、FINRA メンバーが従うべきいわゆる適合性原則を構成するものと考えられている。

　ブローカー・ディーラーもこれらの適合性原則に従う義務を負うことになる。適合性原則は、証券取引所法規則 10b–5 の一般的な詐欺禁止規定からも導くことは可能であるが、10b–5 とは異なり、FINRA ルールの適合性原則違反を導くためには業者のサイエンター(欺罔の意図)は不要である。ただし、FINRA ルールに基づく適合性原則違反については、FINRA による制裁措置の対象とはなるものの、それ自体が顧客からの損害賠償請求の私的訴権をもたらすものではない。

　このほかにも、顧客に公正な価格や手数料を提示するべき義務(FINRA Rule 2121)や取引確認書交付義務(FINRA Rule 2232)、各種の情報開示義務、引受業務を行っている銘柄の公募の場面など一定の場面での利益相反規制など、フィデューシャリー・デューティーにおける注意義務や忠実義務などからも導かれうるさまざまな個別具体的な義務が FINRA の自主規制ルールによってブローカー・ディーラーには課されている。

(d) まとめ

　以上をまとめると、ブローカー・ディーラーは、証券法・証券取引所法の詐欺禁止の一般規定を「看板理論」によって解釈することで、①公正取引義務、②注意義務を負っていると解され、さらに、FINRA ルールによって③顧客適合性の義務などさまざまな顧客に対する取引上の義務も負っていると解される。これらの義務は、投資助言者がフィデューシャリー・デューティーによって負うとされる義務の内容の一部と実質的に重複する。しかし、ブローカー・ディーラーは例外的な場合を除くとフィデューシャリー・デューティーそのものは

負わないと考えられているため、投資助言者と異なり、顧客の最大利益を図る義務（忠実義務）や、（個別の開示の規制がある場合は別として）利益相反についての一般的な開示義務は負わない。たとえば、ミューチュアル・ファンド業者からインセンティブの支払いを受け、特定のファンドに不当に顧客を誘導していたとして顧客がブローカー・ディーラーを証券取引所法10条(b)および同法規則10b-5違反で訴えた事例では、ブローカー・ディーラーの開示義務は法定のものか、その情報が重要な場合にのみ認められるが、インセンティブの支払いを受けていたことを開示する法律上の義務はなく、それが重要な情報ともいえないとされている[35]。また、同様の別の事例では、ブローカー・ディーラーはフィデューシャリーでないことから、そのような支払いを受けたことについての利益相反は開示される必要がないとも述べられている[36]。

このように、ブローカー・ディーラーと投資助言者とは、異なる義務の水準に服すると考えられてきた。

3　ブローカー・ディーラーの手数料

このように、ブローカー・ディーラーと投資助言者とが異なるレベルの義務を負うと考えられてきたことは、ミューチュアル・ファンド販売の実務にも大きな影響を与えてきた。その一つが、顧客がブローカー・ディーラーに対して支払う手数料の問題である。

すでに見たように、ブローカー・ディーラーは、投資アドバイスに対して報酬を得ていると見られると、投資助言業法における投資助言者からの適用除外を受けられなくなり、投資助言者としての登録およびフィデューシャリー・デューティーなどの投資助言業法から導かれるルールを遵守するためのコンプライアンスコストを負うことになる。もっとも、かつて一般的であったように、売買注文ごとの委託手数料の支払いを受ける場合は、その手数料は売買仲介の事務の対価であって投資アドバイスへの対価であるとは考えられてこなかった

---

35)　*In re* Merrill Lynch Investment Management Funds Securities Litigation, 434 F. Supp. 2d 233 (S. D. N. Y. 2006).

36)　Hoffman v. UBS-AG, 591 F. Supp. 2d 522 (S. D. N. Y. 2008).

246　3　ブローカー・ディーラーの手数料

ため、ブローカー・ディーラーは一般的には投資助言者であると見られる心配はなかった。

　しかし、ディスカウント・ブローカーが登場し、売買委託手数料が急激に低下することになり、フルサービス・ブローカーは手数料収入の減少によって収益が低下するという問題を抱えるのみならず、手数料収入を少しでも得るためにいわゆる過当売買(churning)を勧めるような事例が見られるようになり、顧客との間の利益相反の問題が指摘されるようになった。さらに、ディスカウント・ブローカーがフルサービス・ブローカーよりも低額の手数料をとるということは、両者の差額は、フルサービス・ブローカーが投資助言というサービスを提供していることの対価として見られうることにもつながり、フルサービス・ブローカーは投資助言者と見られないために、それまでの手数料の実務を変える必要に迫られた。

　そこで、1990年代に入ると、フルサービス・ブローカーは預かり資産残高ベースで一定割合の手数料をとるという口座の提供を始めた(フィーベース)。こうした口座は、過当売買という利益相反問題への有効な対処法となりうるとしてSECも好意的に見ていた[37]が、他方で、取引の有無にかかわらず手数料を徴収するということから、この手数料は実質的には投資助言の対価であり、ブローカー・ディーラーは投資助言者と見られるという恐れがあった。

　2005年、SECは、いわゆる「メリルリンチルール」という規則案[38]を提出し、預かり資産残高ベースの手数料をとる口座を提供するブローカー・ディーラーは、原則として投資助言業法上の投資助言者に該当しないとする適用除外規定を提案した。フルサービス・ブローカーと投資助言者とのビジネスの実質——すなわち、投資助言を行い、そして取引の有無と無関係に手数料をとる

---

37)　1994年にSECが立ち上げた「報酬実務委員会」(メリルリンチ会長のTully氏が委員長を務める)は、このような預かり資産残高ベースの手数料を「ベスト・プラクティス」であると評価する報告書を1995年に出している(REPORT OF THE COMMITTEE ON COMPENSATION PRACTICES(1995))。同レポートをはじめ、この時期のブローカー・ディーラーの手数料をめぐる動向について、たとえば福永猛「ブローカー・ディーラーの規制と受託者責任(1)」早稲田大学大学院法研論集157号(2016)248頁以下。

38)　Certain Broker–Dealers Deemed Not to Be Investment Advisers, 70 Fed. Reg. 20, 424, 20, 433 (Apr. 19, 2005). 同規則案について、青木浩子「投資助言と勧誘の関係——投資顧問に該らないブローカー要件を定める2005年連邦規則」千葉大学法学論集21巻1号(2006)57頁以下。

——がほぼ区別がつかないものになってもなお、SECは両者について統一的なフィデューシャリー・デューティーを課すという方向性ではなく、引き続きブローカー・ディーラーには投資助言者のようなフィデューシャリー・デューティーを課すことはしないという立場をとっていたということである。

しかし、このメリルリンチルールに対しては、投資助言者の団体であるフィナンシャルプランニング協会から差し止めを求める訴訟が提起され、2007年、条文上の委任がないにもかかわらず、投資助言業法の文言ならびに立法趣旨から導かれる義務をブローカー・ディーラーについて免除するために、ブローカー・ディーラーと投資助言者とを恣意的に区分するようなルールはSECの越権行為であるとしてこれを覆す判決が下された[39]。

これ以後、預かり資産残高ベースの手数料をとるブローカー・ディーラーは、投資助言者としての登録をしてフィデューシャリー・デューティーを含む規制を受けるか、都度手数料を支払う口座(コミッションベース)や、あるいは、投資信託などの販売により第三者(投資信託会社)などから報酬(レベニューシェアリング)を受けたりファンド資産から一定の報酬(12b–1手数料)を受けるという方法に回帰して収益を確保することになる。しかし、これらの報酬の慣行は投資家との利益相反をもたらしかねないと指摘されてきたものである。結局、ブローカー・ディーラーと投資助言者とで適用される義務が異なると解釈されることが、ブローカー・ディーラーの顧客との利益相反が助長される結果をもたらしているとも評価できるようになってきたのである。

4 ドッド・フランク法913条とその後の展開

(1) ドッド・フランク法の概要と「投資家保護」

2010年7月21日、オバマ大統領は「ドッド・フランク・ウォールストリート改革および消費者保護法」(Dodd–Frank Wall Street Reform and Consumer Protection Act, Pub. L. No. 111–203; 124 Stat. 1376 (2010))に署名し、同法は成立した。同法は、「金融システムの説明責任と透明性を改善し、"too big to fail"(大きす

---

39) Financial Planning Association v. Securities and Exchange Commission, 482 F. 3d 481 (D. C. 2007).

ぎるためにつぶせない）を終わらせ、緊急救済措置を終わらせることで米国の納税者を保護し、消費者を濫用的な金融サービスの慣行から保護し、もって米国の金融の安定を促進することおよびその他の目的」（前文）のもとで、金融規制の改善を図るものである。この目的や、同法の題名からもわかるように、同法は「金融システムの安定化」と、「金融サービスに関する消費者（投資家）保護」との、二本柱を軸とした法[40]であり、そのいずれについても米国のこれまでの規制に対して大胆な見直しを行っている[41]。

ドッド・フランク法は、2007年夏以後、特に2008年のリーマン・ブラザーズやAIGの破綻によって引き起こされた米国における連鎖的な（システミックな）金融危機およびそれへの緊急対応策への反省から生まれたという背景がある。そうした経緯からは、同法が「金融システムの安定化」という目的を掲げていることは自然に導かれるが、同法が「投資家保護」をもう一つの柱として掲げているのは、互いに無関係なものをたまたま同じ法律でまとめて規整したというわけではない。

2008年の金融危機においては、伝統的なシステミックリスクとは異なる性質をもった新たなシステミックリスクが顕在化したことがその一因となったと分析されている。伝統的なシステミックリスクとは、ある銀行の破綻によって他の銀行が連鎖的に破綻に追い込まれていき、それが金融危機につながるリスクを意味する。銀行が破綻することで、心理的要因から他の銀行での預金の取付けが生じることや、銀行の支払決済機能を通じてある銀行の支払不能が他の銀行の支払不能に連鎖していくことがその原因であり、したがって銀行システム全体への信認を確保することが金融危機への予防策であると考えられていた。ところが近年、金融手段の中で、銀行を通じた間接金融ではなく直接金融、しかも証券化やデリバティブなど新しい手法を用いた市場金融によるもの（シャ

---

40) 同法の概要については、松尾直彦『Q&Aアメリカ金融改革法——ドッド＝フランク法のすべて』（金融財政事情研究会、2011）、拙稿「海外金融法の動向・アメリカ　ドッド＝フランク法の成立」金融法研究27号（2011）115頁などを参照。

41) もっとも、同法は、銀証分離を軸とした従来の米国の金融規制の大きな枠組みをも見直したものではなく、その枠組みの中で規制の見直しを行ったものにとどまる（松尾・前掲注40）15頁以下参照）。したがって、本章が対象とするブローカー・ディーラーについては、従来と同様に主に証券取引所法の規制対象であり、SECの監督に服することとなる。

ドウバンキング)が拡大し、こうした市場金融の機能不全が市場を通じた流動性の供給を止め、それが金融機関(銀行のみならず市場金融のプレーヤーである証券会社や保険会社なども含めて)の連鎖的な破綻につながるという新しいシステミックリスクの問題が生ずるようになってきた[42]。

　この新しいシステミックリスクの問題を大きくしている一つの要因は、その舞台となっている市場金融には多くの個人投資家を含めた投資家が参加しうることである。投資家が(質的あるいは量的に)適正に負担できない程度にデリバティブなどのリスク商品に手を出すことで、本来流通されるべきではない過度のリスクが市場に流通することとなるばかりでなく、そうした投資家は適切にリスクに対する価格付けができないために市場の価格形成機能も麻痺し、結果として市場を通じた新しいシステミックリスクの発信源あるいは増幅の要因となりうることになるのである。したがって、金融サービスにおける投資家(特に消費者)を適切に保護することは、単に伝統的な弱者保護としての消費者保護法制のあり方を超えて、新しいシステミックリスクへの抑制策としても重要な意義を持つことになる。すなわち、ドッド・フランク法にとって、「金融システムの安定化」と「投資家保護」とは車の両輪として切り離せない関係にあるということである。

(2) ブローカー・ディーラーと投資助言者の義務に関する
ドッド・フランク法の規定

　すでに見たように、ブローカー・ディーラーはフィデューシャリー・デューティーを負わず、投資助言者はフィデューシャリー・デューティーを負うと一般に解されてきたため、顧客は同じような助言サービスを受けているのに、それぞれの義務の水準が異なることとなり、顧客の混乱を招くとの指摘は古くからなされていた。そして、2008年の金融危機の後、ブローカー・ディーラーの不適切なセールスによって損失を受けたリテール投資家の保護の必要性が注目され[43]、ブローカー・ディーラーに、投資助言者と統一された基準のフィデューシャリー・デューティーを課すべきとの主張もなされるようになった。

---

42)　岩原紳作「世界金融危機と金融法制」金法 1903 号(2010)30 頁以下。

250 4 ドッド・フランク法913条とその後の展開

　ドッド・フランク法は、直接にブローカー・ディーラーにフィデューシャリー・デューティーを課すとか、投資助言業法におけるブローカー・ディーラーを投資助言者の定義から除外する旨の適用除外規定を廃止するなどという改正は行わず、以下のような規定(913条)を置いた。

　まずはSECは、ブローカー・ディーラー、投資助言者などが、リテール投資家に対して個別的な投資助言あるいは投資の推奨を行う場合の現行法制度の有効性、欠点、重複などについて6カ月以内で「調査」を行うものとされた(同法913条(b)〜(d))。調査テーマとしては、直接にブローカー・ディーラーにフィデューシャリー・デューティーを課すとか、投資助言業法においてブローカー・ディーラーを投資助言者の定義から除外する旨の適用除外規定を廃止した場合の影響というものも含まれ、こうした改正を行うことも否定されているわけではない。そして、このレポートに基づき、SECに、ブローカー・ディーラーおよび投資助言者がリテール投資家に対する個別的な投資助言および投資推奨を行う際の注意基準に関する規則制定の権限を与えることとした(913条(f)。なお。規則を制定する義務があるわけではない)。

　さらに、SECは、①ブローカー・ディーラーがリテール投資家に個別的な投資助言をする際には、投資助言者に適用される行為基準と同様の注意基準に服するとする規則を証券取引所法の下で設けることができるものとされる(913条(g)(1))とともに、②すべてのブローカー・ディーラーおよび投資助言者がリテール投資家に対して個別的助言をする場合には、当該ブローカー・ディーラーまたは投資助言者の経済的およびその他の利益とは関係なく顧客の最善の利益になるよう行動しなければならないという行為基準を定める規則を投資助言業法の下で設けることができるものとされた(913条(g)(2))。①②をあわせて見ることで、ブローカー・ディーラーと投資助言者は、前者が証券取引所法、後

---

43)　このように、ドッド・フランク法およびその後の規則(Regulation BI)は、リテール投資家の保護を目的とし、リテール投資家に対するブローカー・ディーラーの義務を定めるものであったが、金融危機の事後処理が進み、その原因が徐々に解明されていく中で、ブローカー・ディーラーが、リテール投資家ではなく機関投資家に対しても、一部で適切でない販売をしていたことが明らかになり、ブローカー・ディーラーに、より一般的に機関投資家との関係でもフィデューシャリー・デューティーを課すべきとの意見もなされるようになっていった。この点については、Lynn Bai, *Broker–Dealers, Institutional Investors, and Fiduciary Duty: Much Ado About Nothing?*, 5 WM. & MARY BUS. L. REV. 55 (2014)参照。

者が投資助言業法という規制の枠組みを変えることなく、それぞれの法の下で統一されたフィデューシャリー・デューティーが課せられることを実現できることになった。もっとも、こうした規則制定を行うことも義務ではない。

なお、ブローカー・ディーラーに、投資助言者と同等の注意基準を課す場合(913条(g)(1))には、①重要な利益相反を開示して、顧客の同意を得るべきこと、②通常のコミッションベースの手数料を受けることはそれだけでは注意義務・忠実義務違反とはならないこと、③個別的な投資助言をした証券についてその後当然に継続的な注意義務や忠実義務を負うことはないことは、同項内で明文で規定されている。

そのほか、ブローカー・ディーラーと投資助言者に関するそれぞれの規制をエンフォースするにあたって、SEC はお互いを調和のとれたものとすることも規定されている(913条(h))。

この条文に基づき、2011 年 1 月に SEC は議会にレポート[44]を提出し、①913 条(g)の授権に基づいて、ブローカー・ディーラーと投資助言者がリテール投資家に対して個別化された投資の助言を行う場合には、投資助言業法 206条に基づいて投資助言者に課せられているものより厳しくない範囲で、統一的なフィデューシャリー基準を課すこと、②投資助言者とブローカー・ディーラーの規制を調和させること、を提言した。①の具体的内容としては、a. 顧客の最大利益を図るという統一されたフィデューシャリー基準、b. 忠実義務(ここから、利益相反についての開示義務も導かれる)、c. 注意義務、などが提案されている。

その後、このレポートに従った最終規則はなかなか制定されなかった。他方で、ERISA における「助言の関係」の定義を拡大し、ブローカー・ディーラーをはじめとした多くの金融業者をそこに含めた上で、より包括的にフィデューシャリー・デューティーを課すとの労働省ルールが出されていたが、これを無効とする判決がなされた[45]後、2018 年 4 月に SEC より最終規則案が公表さ

---

44) SEC Study.
45) Chamber of Commerce of U. S. v. U. S. Dept. of Labor, 885 F. 3d 360 (2018). なお、労働省ルールの内容については、本書第 1 章友松論文のほか、たとえば沼田優子「トランプ政権下のリテール証券業とフィデューシャリー・デューティ」証券経営研究会編『変貌する金融と証券業』(日本証券経済研究所、2018)291 頁以下。

れ、パブリックコメントなどを経て 2019 年 6 月 5 日、最終規則（Regulation BI)[46]として承認された。

(3) Regulation Best Interest（Regulation BI）

Regulation BI は、ブローカー・ディーラーがリテール顧客に証券を推奨する場合に、既存の適合性ルールを超えた拡大された新たな行動基準を課す。ブローカー・ディーラーにフィデューシャリー・デューティーを課すということはしていないが、新たな行動基準は、フィデューシャリーの考え方から導かれており、単に開示だけを求めているものではない。

Regulation BI によれば、ブローカー・ディーラーは「最大利益の義務」を負う。すなわち、リテール顧客に対して、証券取引、証券を含む投資戦略（個人退職勘定のようなもの含む）を推奨するときは、その推奨の時点において当該投資家の最大の利益となるように行動しなければならず、当該ブローカー・ディーラーの財産的利益またはその他の利益を当該リテール顧客の利益よりも優先させてはならない(240.15l–1 条(a)(1))。具体的には、ブローカー・ディーラーによって、①開示義務、②注意義務、③利益相反における義務、④遵守義務、が果たされれば、最大利益の義務は果たされたものとされる(同条(a)(2))。

①開示義務とは、リテール顧客との関係の範囲および条件についてのすべての重要な事実(ブローカー・ディーラーとして行動していること、リテール顧客に適用される重要な手数料やコスト、リテール顧客に提供される商品の重要な限界などその範囲や条件)と、当該推奨に付随する利益相反についてのすべての重要な事実を書面で開示するべき義務である。

②注意義務とは、証券取引などを推奨するにあたって、以下のために合理的な調査・注意・技術を用いなければならないとする義務である。すなわち、a.当該推奨に付随するありうるリスク、利益およびコストを理解し、その推奨が少なくともリテール顧客の誰かの最大の利益となることを信ずる合理的な根拠を有すること、b.そのリテール顧客の投資プロファイルと、当該推奨のありうるリスク、利益およびコストに照らして、その推奨が特定のリテール顧客の

---

46) 17 CFR Part 240.

最大の利益となり、かつ、当該ブローカー・ディーラーの利益を当該リテール顧客の利益よりも優先していないと信ずる合理的な根拠を有すること、c.個別に見れば当該リテール顧客の最大の利益になるとしても、一連の推奨取引を併せてみたときにも、当該リテール顧客の投資プロファイルに照らして、それらが過大ではなく、当該リテール顧客の最大の利益となり、かつ、当該ブローカー・ディーラーの利益を当該リテール顧客の利益よりも優先していないと信ずる合理的な根拠を有していること。

　③利益相反における義務とは、以下のために合理的に設計された書面による方針・手続きを策定、維持し、エンフォースするべき義務である。すなわち、a.当該推奨に付随するすべての利益相反について、特定するとともに少なくとも上記開示義務の規定に従って開示するか、またはそれを除去すること、b.当該ブローカー・ディーラーと連携する自然人が、当該ブローカー・ディーラーまたは当該自然人の利益をリテール顧客の利益よりも優先させる誘因となるようなすべての利益相反を特定し、緩和すること、c.推奨される商品の重要な限界と、それに伴う利益相反を、上記開示義務の規定に従って特定し、開示するとともに、その限界とそれに伴う利益相反が、ブローカー・ディーラーの利益をリテール顧客の利益よりも優先させることになることを防ぐこと、d.特定の期間内に特定の証券についてなされるすべてのセールス競争、セールスのノルマ、ボーナス、現金以外の報酬を特定し、除去すること。

　④遵守義務は、Regulation BI を遵守するために合理的に設計された書面による方針・手続きを策定、維持し、エンフォースするべき義務である。

　なお、Regulation BI に反したブローカー・ディーラーに対する私的訴権は認められないとされる。

（4）Regulation BI の評価

　Regulation BI は、「フィデューシャリー・デューティ」という言葉を使わず、「最大利益の義務」という言葉を使っている。これは意図的なものであり、特に投資助言を行わない既存のブローカー・ディーラーのビジネスモデルを維持するための規定であると説明がされている[47]。しかし、より進んで明確に統一的なフィデューシャリー・デューティーをブローカー・ディーラーに課すべき

であったとか、投資家保護よりもブローカー・ディーラーの利益が優先された との批判も見られる。

SEC は、本規則によって、ブローカー・ディーラーが自らの利益を顧客の 利益より優先してはいけない義務を負うことが明確になり、これまでの適合性 の義務(顧客に適合していればよい)から拡大されたと説明しているが、他方で、 注意義務に示された義務は、FINRA ルールにおける適合性原則とほぼ同じ内 容である。そして、FINRA ルールにおける適合性原則は、実質的には顧客の 最大の利益を図る義務と解釈されてきた[48]。このことを、ブローカー・ディー ラーはすでにフィデューシャリー・デューティを負っていたと解釈できるとす れば、今回の Regulation BI は新しいことを定めたものではない、との見方も 可能である。

なお、ブローカー・ディーラーの手数料については、特定し、それを開示す ることで、コミッションベースの手数料も受けることができることになる。こ の点について、特にリテール顧客との関係では開示という方法による利益相反 への対処がどこまでできるか明らかではなく、十分な規制となっていない、と の見方もありうるし、適切な収益を上げることが可能になり、実務的に妥当な 対応であるとの見方もありえよう。

5 銀行によるミューチュアル・ファンドの販売について(補論)

(1) 1933 年グラス・スティーガル法

銀行は、1933 年グラス・スティーガル法による銀証分離によって、①銀行 が証券業務を行うことが原則として禁止され(銀行法 16 条)、②証券会社が銀行 業務を行うことも原則として禁止され(銀行法 21 条)、③銀行関連会社が証券業 務を主として行うことも禁止され(銀行法旧 20 条)、④銀行と証券業務を主とし て行う会社との間で役職員を兼任することも禁止された(銀行法旧 32 条)。した がって、ブローカー業務を銀行が営むことも禁止されていたが、同法の下でも、 顧客の指示によるブローカー業務など、一部の例外は認められていた。すでに

---

47) SEC, Regulating Best Interest, Release No. 34-83062 (2018), at 330.
48) Regulatory Notice 11-02, Know Your Customer and Suitability (2011).

見たように、ブローカーは証券取引所法により、SEC への登録が求められているが、銀行は同法のブローカーの定義から除外されていた(同法3条(4)(B))ため、銀行が例外的にブローカー業務を営む場合でも SEC への登録は不要とされていた。

ミューチュアル・ファンド関連業務は、グラス・スティーガル法の下では、銀証分離の対象となる証券業務に該当するため、基本的に銀行は参入することはできなかった。しかし、ミューチュアル・ファンド市場の拡大に伴い、銀行業界からの規制緩和の要求と、銀行監督当局の権限行使によって、段階的にミューチュアル・ファンド関連業務への銀行の参入が認められるようになっていった。1972 年に FRB は、銀行持株会社の非銀行子会社が、ミューチュアル・ファンドの名義書換代理業務、カストディ業務、ミューチュアル・ファンドへの投資助言業務[49]を行うことを認めた[50]。また、銀行関連会社でないミューチュアル・ファンド会社などに、銀行の支店の一部を間借りさせ、銀行の顧客相手に当該ミューチュアル・ファンド会社のファンドを販売させる(銀行は、販売量に応じてミューチュアル・ファンド会社から手数料を得る)ことも行われていた。さらに、1987 年には OCC により、銀行が投資アドバイスを行ったミューチュアル・ファンドについて銀行が販売することが国法銀行(national bank)に対して認められ、1992 年には FRB によって銀行持株会社および子会社の許容業務として認められるようになった。

このように、銀行によるミューチュアル・ファンドのような非預金商品の販売が増加したにもかかわらず、銀行はブローカーとしての規制を受けることはないことから、銀行顧客(投資家)保護の観点から、銀行監督当局が代わってかかる場面における監督を行うことになった。1994 年に FRB, FDIC, OCC, FTS が公表した Interagency Statement on Retail Sales of Nondeposit Investment Products は、預金受入金融機関を所管する監督当局が、非金融商品の販売に対する統一された監督指針を示したものであり、開示や広告のあり方、従業員教育、従業員への報酬のあり方、適合性原則などについて指針を示し

---

49) 銀行は投資助言業法上の投資助言者(investment adviser)には該当しないものとされ、同法の規制の適用除外となっていた(同法 202 条(a)(11)(A))。

50) *See*, Jay W. Golter, *Banks and Mutual Funds*, 8 FDIC BANKING REV. 10 at 15 (1995).

256　5　銀行によるミューチュアル・ファンドの販売について（補論）

ている。

(2) 1999年グラム・リーチ・ブライリー法

　1999年グラム・リーチ・ブライリー法は、上記のグラス・スティーガル法による厳格な銀証分離規制を一部撤廃した。具体的には、③銀行関連会社による証券業務の禁止を定めていた銀行法20条と④銀行・証券会社間の役職員兼任禁止を定めていた同32条を撤廃した。これによって、銀行の子会社やグループ会社として、フルサービスの証券会社を営むことが可能となった。他方で、銀行本体が例外的に認められるブローカー業務について、銀行を一律にブローカーの定義から外す証券取引所法の規定も撤廃され、銀行がブローカー業務を営む場合はブローカーとしてのSECへの登録が原則として必要となった。もっとも、証券取引所法上のブローカーとなると、同法のいわゆるネット・キャピタル・ルール（同法15条(c)(3)）に従い、非流動資産の額を超える自己資本を有している[51]必要があるが、銀行は預金・貸付業務を行っていることにより巨額の非流動資産を有する一方で、巨額の預金負債を保有し、自己資本比率が小さくならざるをえないから、かかる規制を満たすことは現実的には不可能であり、銀行本体がブローカーとしての登録をしている例は見られない。そこで、銀行はブローカー業務を、フルサービスの証券業務が解禁された子会社・グループ会社である証券会社に「押し出す」ことになった。子会社・グループ会社の証券会社は、当然に証券取引所法上のブローカー・ディーラーであり、SECに登録をして同法の規制の対象となる。

　他方、グラム・リーチ・ブライリー法は、上記のとおり銀行を一律に証券取引所法のブローカーの定義から外すことをやめた代わりに、一定の業務については銀行はブローカーに該当しないものとし、銀行本体でブローカーとしての登録をせずに行うことができることとした（証券取引所法3条(4)(B)）。すなわち、①"network arrangement"、②トラスト業務、③CPなど一定の証券に関する業務、④従業員持株プランなどに関する業務、⑤いわゆるスウィープ・アカウント（預金の一定額を自動的にMMFに投資する口座）業務の一部としての取引、⑥

---

51)　Melanie L. Fein, Securities Activities of Banks, 4th ed. (2018), §6.01.

関連会社のための取引、⑦私募、⑧証券保護預り・カストディ業務、⑨預金・貸付など銀行商品の取り扱い、⑩地方政府債業務、⑪少量の取引、である。これらのうちいくつかについては、レギュレーション R[52]によって解釈が示されている。

　このうち、"network arrangement"とは、銀行が、証券取引所法の下で登録されたブローカー・ディーラーとの間で、当該ブローカー・ディーラーが当該銀行の店舗内外でブローカー業務を提供するという契約または書面による取り決めであり、証券取引所法が定める条件に適合するもののことを意味し、銀行がミューチュアル・ファンドなどの証券商品を販売する場合にとられる仕組みである。Network arrangement として認められるための具体的な条件は以下のとおりである。すなわち、①ブローカー業務を行っているブローカー・ディーラーを特定すること、②預金業務を営む場所と明確に区別された場所で行っていること、③勧誘資料において、銀行ではなくブローカー・ディーラーによってサービスが提供されることの明示、④勧誘資料が証券法に適合していること、⑤銀行従業員は、ブローカー取引について、たとえばスケジュール調整などの事務的な業務しか行っていないこと、⑥銀行従業員がブローカーからインセンティブ報酬を受けていないこと[53]、⑦業務サービスを受ける顧客すべてがブローカーに開示されていること、⑧銀行自体がブローカー口座を管理していないこと、⑨ブローカー口座の商品が預金ではなく、預金保険の対象でないことを明示していること。これらの規定は、銀行チャネルを通じたミューチュアル・ファンドなどの販売において、顧客保護のための銀行が負う義務の一部をなしているとみることができる。

　なお、network arrangement の下で実際にブローカー業務を提供するのは、登録されたブローカー・ディーラーであるから、その業務にあたっては証券取引所法のブローカー・ディーラーに関する規定に従うことになる。さらに、銀行とかかる提携関係にあることを踏まえ、そうした提携をしているブローカ

---

52)　12 CFR Part 218 and 17 CFR Part 247.

53)　銀行自体がブローカーから報酬を受けることを禁じているわけではない。また、銀行が顧客紹介の報酬を従業員に支払うことも可能である。しかし、ブローカーから銀行に、顧客を紹介した従業員へ紐付けされたインセンティブ報酬を払うことは許されない。*See*, Fein, *supra* note 51 at § 6.05[B].

ー・ディーラーには自主規制において特別な規制がある(FINRA Rule 3160)。

一方、network arrangement を締結した銀行自体はブローカーとしての登録対象外となり、証券取引所法の規制に服さない。そこで、銀行側には、顧客(預金者)保護のため、銀行規制において監督する必要性が生ずる。たとえばOCC は、そうした非預金商品の販売に関する銀行に対してハンドブック[54]を公表しており、非預金商品販売業務のリスク管理、network arrangement の相手方業者への適切な監督とリスク管理、開示や広告についての規制、FINRA Rule 2111 を参考とした適合性原則などを定めている。なお、同ハンドブックは、グラム・リーチ・ブライリー法以前に出された 1994 年の Interagency Statement on Retail Sales of Nondeposit Investment を参考資料として掲載しており、その監督指針はまだ生きているようである[55]。

なお、銀行は、投資会社への投資助言をする場合は別として、投資助言をしても投資助言業法上の投資助言者には該当しない(投資助言業法 202 条(a)(11)(A))。

銀行におけるミューチュアル・ファンドなどの金融商品販売における顧客保護については、銀行と提携ブローカー・ディーラーなど複数の存在が関わるために、証券法のみならず、銀行法などにおいても規制がなされているということができる。

まとめに代えて

米国において、ミューチュアル・ファンドなどの金融商品を推奨するブローカー・ディーラー、投資助言者、銀行といった各チャネルについて、顧客に対していかなる義務を負うとされているかを概観してきた。特に、ブローカー・ディーラーに新たな規則(Regulation BI)によって課せられることとなった「最大利益の義務」の考え方とその内容は、わが国の「顧客本位の業務運営」を考える上でも参考になろう。もっとも、その実質的内容は、これまでのブローカー・ディーラーへの規制とそれほど変わっていないとの評価もあり、また、も

---

54) OCC Handbook, "Retail Nondeposit Investment Products" (2015).
55) *See*, FEIN, *supra* note 51 at §11.07[A].

もともとブローカー・ディーラーはフィデューシャリー・デューティーを負わないという原則は残ったことを考えると、米国でのブローカー・ディーラーへの規制が格段に厳しい（厳しかった）ものということもできなさそうである。

このような新たな規則を誕生させるきっかけとなったドッド・フランク法の問題意識は、米国において金融商品への一般投資家の販売が過熱し、消費者保護に欠ける側面があり、また、それが金融危機の一因ともなったことから、そうした販売慣行を是正するところにあった。つまり、米国の規制は、わが国のように、投資信託などのリスク金融商品へ国民の資金を振り向かせるためのものではなく、国民に対してリスク商品が十分に浸透し、金融機関もその販売によって十分な収益を上げていて、そうした業務を行うインセンティブを十分に有していることを前提とした規制なのである。その収益の根源となっているのは、ブローカー・ディーラーなどの投資助言に対して相応の手数料が支払われるという実態である。そして、米国ではブローカー・ディーラーが受けるべき手数料について長い議論があり、Regulation BI もそれを踏まえて、利益相反の特定と開示という方法で対応しようとしている。

他方、日本では、金融機関の販売手数料は、たとえば販売額の 3.24% というように、固定化したものが支払われるケースが多く、しかもそれが高いことが問題となっている。しかし、「顧客本位の業務運営」が有する問題意識である投資の拡大を図るためには、わが国ではまずは金融機関が適切な金融商品販売インセンティブを有することも大切である。そのためには、各金融機関が顧客の最大利益を図った販売・推奨の行為を競い合い、それに対して顧客が適切な対価を支払うというモデルを構築することが必要となる。その意味で、たとえば販売額の 3.24% といったような、固定した販売手数料が高止まりしている現状は、望ましいものとは言えまい。

しかし、以上で述べたような日米の投資文化・金融ビジネスの実態の違いを考えると、米国の Regulation BI のような規制強化（？）を日本でも図る必要があるかはやや疑問もある。投資家保護は、健全な金融商品ビジネスのために必要であり、それによって投資家が安心して投資できるようになるということも当然であるが、特にわが国では、手数料の水準が問題視される一方で、金融機関の意欲をそぐような過大なコンプライアンスコストがかかるようなことは、

「顧客本位の業務運営」の目指す方向性（リテール投資家による投資の拡大）にふさわしいとも言えない。その意味では、プリンシプルベース、ソフトローベースの現在の「顧客本位の業務運営」のあり方は、適切な方向性といえるように思われる。

第7章
資産運用業者のフィデューシャリー・デューティーとスチュワードシップ責任

神作裕之

はじめに

　日本では、コーポレートガバナンスの分野において機関投資家のスチュワードシップ活動とその一環としての「株主と経営者の建設的対話」に期待が寄せられている。2014年に策定されたスチュワードシップ・コードおよび2015年に策定された東京証券取引所の上場規程の一部であるコーポレートガバナンス・コードにも、そのことに関連したベスト・プラクティスが定められている。また、金融庁は、2017年に「顧客本位の業務運営に関する原則」を公表し、金融事業者が顧客本位の業務運営におけるベスト・プラクティスを目指す上で有用と考えられる原則を定め、金融事業者にその受入れと実践を呼びかけた。この原則を契機に、金融事業者が、同原則を踏まえて何が顧客のためになるかを真剣に考え、横並びに陥ることなく、より良い金融商品・サービスの提供を競い合うことが期待されている[1]。

　機関投資家を名宛人とするスチュワードシップ・コードには法的拘束力はなく、ソフトローとされる。また、「顧客本位の業務運営に関する原則」において、フィデューシャリー・デューティーという表現が用いられているが、その意義は、信託契約等に基づき受託者が負う法的義務としてのフィデューシャリー・デューティーではなく、より広く、他者の信認に応えるべく一定の任務を遂行する者が負うべき幅広い様々な役割・責任を指している[2]。

---

1)　金融庁「顧客本位の業務運営に関する原則」1頁。https://www.fsa.go.jp/news/28/20170330-1/02.pdf

本章では、資産運用業者の株主権行使に関わる行為規範すなわちスチュワードシップ活動のあり方とそれをめぐる実務・理論の動向について検討する。厳格な法的責任を伴うフィデューシャリーである資産運用業者が、運用資産である株式に基づく権利の行使に関し、どのような法的責任を負うかを検討する。それとともに、スチュワードシップ・コードなど法的拘束力のないソフトロー上の規範として、資産運用業者は、運用資産である株式の権利行使にとどまらず、投資先企業との間で建設的な対話をすることが期待されているかどうか、期待されているとするとどのような背景や問題があるかを検討する。

以下では、日本において機関投資家とりわけ資産運用業者がコーポレートガバナンスの分野において一定の役割と機能に期待が寄せられている背景について確認した後（Ⅰ）、米国において資産運用業者がフィデューシャリーである場合、株主権行使や経営陣との対話に関しどのような法的義務を課されているかを、民事法と監督法に分けて概観する（Ⅱ）。最後に、米国においても、民間レベルでスチュワードシップ・コードが策定され米国を代表する資産運用業者がそれに従いスチュワードシップ活動を行ったり、いわゆる ESG 投資を活発化したりするなど、資産運用業者の行動に影響が生じており、それに応じて同コードと法律上の義務や責任との関係等をめぐって議論がなされているが、その現状と背景を分析した後（Ⅲ）、日本に対する示唆を得る（おわりに）。

Ⅰ　スチュワードシップ活動への期待の背景と問題の所在

コーポレートガバナンスに対する関心の高まりと、パッシブ運用を中心とする機関投資家の株式保有の増大等に伴い、株主とりわけ機関投資家の役割に対する期待が高まっている[3]。その背景には、機関投資家がより適切に株主権を

---

2)　金融庁・前掲注 1）1 頁注 1）。後掲注 55）をも参照。

3)　江頭憲治郎「コーポレート・ガバナンスと機関投資家の役割」Business Law Journal 25 号（2010）5 頁以下。江頭教授は、スチュワードシップ・コードが導入される以前から、連結売上高約 1,200 億円～1,500 億円を超える上場会社においては、非安定大口株主（投資信託、年金、投資ファンド、外国法人等）の持株比率と独立取締役の存在との間に統計上有意な正の相関関係があり（江頭憲治郎「上場会社の株主」江頭憲治郎編『株式会社法大系』（有斐閣、2013）3 頁、23 頁）、非安定大口株主である機関投資家がすでにコーポレートガバナンスに対し一定の影響力を有している可能性を示唆されていた。

行使し、さらには投資先企業の経営者との間で建設的な対話を行うことにより、中長期的な企業価値が増加することに対する期待がある。とくに、サブプライム・ローンとリーマン・ショックを契機とする世界金融危機・経済危機に対する反省から、短期主義的な企業運営や報酬体系に対する批判が高まり、とくに中長期的な視点から資産運用を委ねられているアセット・マネージャーに対する期待が高まっている。このような動向は、Ⅲに述べるように米国においても観察されるほか、第2次株主権指令が制定され2019年6月10日がその国内法化の期限である欧州においても同様である[4]。

　日本においても、中長期的な企業価値の向上という目標に向けて諸々の改革が行われている。しかし、日本の場合は欧米のような短期主義的行動の弊害というよりも、「失われた30年」といわれる企業価値とりわけ PER の長期低迷という株式市場の問題が背景にある。理論的にもパッシブ運用・インデックス運営の隆盛により会社法が想定している株主権を通じたコーポレートガバナンスが十分に機能していないのではないかという問題意識がかなり広く共有されている。機関投資家の「受動的な」投資戦略すなわち分散投資やインデックス投資により、「ウォール・ストリート・ルール」と呼ばれる売却するか単に保有するかを選択する投資戦略が趨勢を占め、株主権の行使や株主権を背景にした経営陣との対話(以下、「エンゲージメント」ということがある)に積極的なビジネスモデルをとる機関投資家は少数派である。コスト・ベネフィットの観点からしても、個々の投資対象に対しエンゲージメントのコストをかけないことがむしろ合理的である。ポートフォリオに組み込まれた多数の世界各地の株式会社の株式について、そもそもより良いエンゲージメントを行うための情報はあるのか、また、各地のコーポレートガバナンスの個別性・特殊性を捨象できるのかといった問題もある。エンゲージメントが投資成果の向上に実を結んだとしても、フリーライドの問題が生じる。そもそも、海外機関投資家にとっては、議決権行使をはじめとするエンゲージメントを実効的に行うことは国内投資家

---

4)　Directive（EU）2017/828 of the European Parliament and of the Council of 17 May 2017 amending Directive 2007/36/EC as regards the encouragement of long–term shareholder engagement. 神作裕之「企業の持続的成長と会社法・金商法上のいくつかの論点——欧州からの示唆」商事法務2198号(2019)18頁以下参照。

に比べよりハードルが高い。さらに、グローバルな投資については、最終投資家と投資先企業の間に国境を越えて様々な関係者が存在し、インベストメント・チェーンが長くかつ複雑化している。この現象は、「所有」と「所有」の分離と呼ばれ、株主権に係る権限のアンバンドリング（分解）現象の一環である[5]。「所有」と「所有」の分離に伴い、最終投資家の利益に資する株主権行使を確保するためには、インベストメント・チェーンを構成する金融機関や格付会社などのプレーヤーが法的意味におけるフィデューシャリーかどうかにかかわらず途切れることなくスチュワードシップ責任を遂行することが望ましいと考えられる。

　そのような中で、パッシブな資産運用業者を含む機関投資家が、スチュワードシップ活動に努めるべきことがフィデューシャリー・デューティーの名の下に語られる半面、法的意味におけるフィデューシャリー・デューティーからスチュワードシップ活動に対しむしろ一定の制約が課され得るのではないか、両者はどのような関係に立つのか、両者の関係・相克が深刻な問題になっているのが現状であるといえよう。

Ⅱ　米国における資産運用業者のスチュワードシップ責任

1　民事法上の規律——思慮ある投資家の準則とスチュワードシップ活動

（1）思慮ある投資家の準則

　法的意味におけるフィデューシャリーの典型は、信託の受託者である。米国においては、資産運用業者であるフィデューシャリーについては信託法上の「思慮ある投資家の準則(prudent investor rule)」が適用されてきた。そこで、信託法第3次リステイトメントにおける「思慮ある投資家の準則(prudent investor rule)」に基づいて、フィデューシャリーとしての資産運用業者が、スチュワードシップ責任についてどのような法的義務を負うかを概観する。

　思慮ある投資家の準則の基本的な考え方は、次のとおりである[6]。

---

5)　Usha Rodrigues, *Corporate Governance in an Age of Separation of Ownership and Ownership,* 95 MINN. L. REV. 1822 (2011).

第 7 章　資産運用業者のフィデューシャリー・デューティーとスチュワードシップ責任　　265

　第 1 に、現代ポートフォリオ理論の最大公約数を前提とした受託者の投資責任に関する一般的規範を定立したものであること[7]。ポートフォリオとは、さまざまな安全資産と危険資産の組合せによって得られる集合的な投資機会が作出するリスクと収益の組合せを意味する。これにより、投機的な投資をしてはならないという伝統的な意味における思慮ある投資家の準則が廃棄される一方[8]、現代ポートフォリオ理論に基づき分散投資義務が課されることになった[9]。個々の投資に着目するのではなく、特定のポートフォリオに着目した上で、ポートフォリオ運用により予想される効果に照らして受託者の義務と責任が議論される[10]。

　第 2 に、結果責任ではないことが強調され、行為規範であって「後知恵を禁止」するものであることが明確にされた[11]。

　第 3 に、少なくともセミストロング型の効率的資本市場を前提にしていること。すなわち市場に公表された公開情報に基づいて「市場に勝つ」ことはできないという立場に立っている。

　第 4 に、受託者は、合理的な投資家であれば他人に委託する場合には、委託できるばかりではなく、委託しなければならないとして、自己執行義務を認める伝統的なルールから転換した。

　合理的な投資家の行為規範は、具体的にはつぎの 5 原則を柱とする[12]。

---

6)　American Law Institute, Restatement (Third) of Trusts §90 (2007). 信託法第 3 次リステイトメントの思慮ある投資家の準則についての代表的解説として、Edward C. Halbach, Jr., *Trust Investment Law in the Third Restatement*, 77 Iowa L. Rev. 1151 (1992)参照。また、神作裕之「合理的な投資家の準則とスチュワードシップ活動」樋口範雄・神作裕之編『現代の信託法――アメリカと日本』(弘文堂、2018)175 頁以下参照。

7)　第 3 次リステイトメント自身、現代ポートフォリオ理論に基づくことを明言していた(Restatement (Third) of Trusts: Prudent Investor Rule, Ch. 7, topic 5, p. 2 (Proposed Final Draft 1990))。

8)　Restatement (Third) of Trusts, *supra* note 6, §90 comment f.

9)　Restatement (Third) of Trusts, *supra* note 6, §90 (b). もっとも、分散投資義務は、すでに第 2 次リステイトメントにおいても認められており、第 3 次リステイトメントで新たに課されたわけではない(Restatement (Second) of Trusts §228)。しかし、第 3 次リステイトメントは、本文に述べるように、現代ポートフォリオ理論に基づく分散投資を求めているため、マーケットリスク以外のリスクを完全に消去するような分散投資を行うことが要請されている。

10)　Restatement (Third) of Trusts, *supra* note 6, §90 comment f.

11)　Restatement (Third) of Trusts, *supra* note 6, §90 comment b.

12)　Restatement (Third) of Trusts, *supra* note 6, §90 comment f.

①期待収益が同じである場合には、リスクと費用が最低になるように注意を尽くさなければならない。

②個々の投資または投資行動だけを取り出してそれ自体が合理的な投資であるかどうかを判断するのではなく、当該信託のポートフォリオ全体に対して与える影響の予測に着目して判断しなければならない（④参照）。

③分散投資をしなければならない（ただし、⑤参照）。

④パッシブな投資戦略をとる場合には、市場リスクを高めることにより効率的な分散ポートフォリオの期待収益を高めることを目指す。その際、市場リスクを高めることによりもたらされる資産価額のボラティリティおよび一定の年度・期間におけるポートフォリオの実際のボラティリティが高まるリスクを当該信託が許容し得るかどうかという観点から判断する必要がある。

⑤分散ポートフォリオの原則からの乖離が正当化される場合があり得る。具体的には、特殊な事情や機会の存在、受益者の特殊なリスク、受託者の専門的投資能力、委託者の特別な目的などから判断される。

(2) 思慮ある投資家の準則と現代ポートフォリオ理論

思慮ある投資家の準則とは、受託者には適切なリスク管理を行う義務があり、その基本は健全な投資の分散を行うというものである。「配慮を用いる」義務とは、リスクを回避することではなく、思慮深くリスクを管理することであるとされる[13]。リスクとは、期待収益のボラティリティを意味し、受託者に求められるリスク管理とは、「特定の信託のリスク許容度すなわちボラティリティに関する許容度に配慮すること」である。リスク許容度は、主として、①当該信託の定期的な分配要件、および、②必要または適切と考えられる不定期の分配の組合せによって決定され、それらは、信託条項と受益者のニーズによって定まる。リスクと収益は密接に関連しているため、受託者は、自己の管理運用する信託の目的、収益分配要件その他の事情に鑑み、適切なリスク許容度を決定しなければならない[14]。受託者は、当該信託の投資計画のニーズおよび現実的な目的から正当化できない費用を負担してはならない[15]。とくに民事信託に

---

13) Restatement (Third) of Trusts, *supra* note 6, §90 comment e.

14) Restatement (Third) of Trusts, *supra* note 6, §90 comment e (1).

第7章　資産運用業者のフィデューシャリー・デューティーとスチュワードシップ責任　　267

おいては、受託者の公平義務に基づき、現時点の収入と将来の期待収益のバランスをとらなければならない。さらに受託者は、合理的な投資家であれば他人に委託する場合には、委託できるばかりではなく、委託しなければならない[16]。

　受託者のリスク管理義務を理解するためには、分散可能なリスクと、分散不能な市場リスクとを区別する必要がある。この区別は、リスクレベルの目標設定と信託ポートフォリオの分散の双方に係る信認義務を考察するに際し有益である。分散可能なリスクとは、適切なポートフォリオを組成することにより減少させることができるリスクをいい、このリスクに対しプレミアムは支払われない。「配慮を用いる」義務とは、通常は、分散可能リスクを最小化するか、または少なくともそれを削減するために合理的な注意および技能を尽くすことを意味する。ポートフォリオを組成し、マイナスの相関関係をもつ証券等を組み入れることにより、当該ポートフォリオの平均期待収益を減じることなく、ボラティリティだけを減少させることができる。ポートフォリオの期待収益は、個々の資産の期待収益の加重平均にほかならないが、分散投資によって、期待収益を変化させることなく、スペシフィックリスクもしくはユニークリスクと呼ばれるボラティリティだけを減少させることができるのである。このことが、受託者は基本的な義務として分散投資義務を負うことの理論的な根拠になっている[17]。

　これに対し、市場リスクに関しては、どのレベルの期待収益を追求すべきかに応じて、どの程度のリスクをとることが適切であるかが個別具体的に判断され、受託者の主観的判断によるところが大きい。受託者は、当該信託の目的および当該信託と受益者に係る諸般の事情を注意深く検討することにより、市場リスクの許容度について決定すべきであるとされる[18]。資本市場における投資対象の資産価格は、収益と市場価格の変動により構成される将来収益の予測に

---

15)　Restatement (Third) of Trusts, *supra* note 6, §90 (c) (3).

16)　Restatement (Third) of Trusts, *supra* note 6, §90 (c) (2) and comment j.

17)　なお、単一の種類の資産に集中的に投資しても、信託の目的、信託条項、債務その他の諸事情に鑑み、当該信託の目標に合致するように配慮義務と公平義務が尽くされている限り、つねに分散投資要件に反して義務違反が認められるわけではない（Restatement (Third) of Trusts, *supra* note 6, §90 comment g）。

18)　もっとも、アクティブな運用戦略を排除するものではないことが明言されている（Restatement (Third) of Trusts, *supra* note 6, §90 comment e）。

268　Ⅱ　米国における資産運用業者のスチュワードシップ責任

基づいて決定される。そこでは、平均収益のみならず、平均からの乖離すなわち「分散」についても評価される。投資家は一般にリスク回避的なので、リスクの増加に対しては報酬の追加的な支払を求めることなる。第3次リステイトメントは、リスクと報酬のトレードオフについても受託者は注意を払わなければならないとし、リスクの許容度と範囲に応じて合理的に報酬について判断することを求めている[19]。

　もっとも、前述したようにここで分散可能なリスクには、市場リスクは含まれず、投資家は一般にリスク回避的であるという前提の下、当該リスクに対しては、プレミアムが支払われることになる。安全資産と危険資産とをどのように組み合わせるのが望ましいかは投資家の選好に依存し、投資家によって異なる。ところが、危険資産のミックスは、投資家のリスクと収益に関する選好とは独立に、客観的に決定される。この危険資産のミックスを市場ポートフォリオという。市場ポートフォリオにより、分散可能なリスクを制御することが理論的に可能になるのである。

　上述した現代ポートフォリオ理論の前提にあるのは、効率的資本市場仮説である。効率的資本市場仮説によれば、市場価格は投資家が投資戦略を構築するために必要なすべての利用可能な情報を反映している[20]。リスクと期待収益を反映する仕組みとしての市場価格の信頼性が、現代ポートフォリオ理論の前提になっており、同理論によれば、パッシブな投資戦略が合理的な戦略となる。思慮ある投資家の準則は、同仮説が支持されるという前提に基本的に立脚しているのである[21]。

（3）思慮ある投資家の準則の下でのスチュワードシップ活動

　以下では、投資した財産が議決権などの権利を有する株式等であった場合、受託者は、思慮ある投資家の準則の下で、議決権をはじめとする株主権の行使についてどのような行為規範に基づいて行動すべきであると考えられるかにつ

---

19)　RESTATEMENT (THIRD) OF TRUSTS, *supra* note 6, § 90 comment g.

20)　Eugene F. Fama, *Efficient Capital Markets: A Review of Theory and Empirical Work*, 25 J. FIN. 383, 384 (1970).

21)　RESTATEMENT (THIRD) OF TRUSTS, *supra* note 6, § 90 comment e–I; reporter's notes on comments e–h.

いて検討する。

　思慮ある投資家の準則は、(2)に述べたようにポートフォリオの組成とリスク管理を基本とする。思慮ある投資家の準則は、現代ポートフォリオ理論に整合的な規律として、かつ、効率的資本市場仮説を前提として、定立された。受託者がポートフォリオを組成して分散投資義務を実践する場合には、その行動は主として銘柄の選定および入替え等になり、「ウォール・ストリート・ルール」が前提となる。すなわち、ポートフォリオに組み入れた個別の株式について議決権を行使したり、経営者と対話したりするなどスチュワードシップ活動に熱心に取り組むことは、コスト倒れになる可能性があり、専ら受益者の利益を図るべき受託者の義務に抵触するおそれがあると考えられる。

　第1に、信託法第3次リステイトメントは、分散投資自体がコスト倒れになるという議論に配慮している。信託法第3次リステイトメント90条(c)(3)は、受託者に対し「金額が合理的であり、かつ、受託者の投資責任(88条)にとって妥当である費用のみを支出する義務」を課している。Reporter's Note において、分散投資には取引費用が高くなり、かえって受託者義務にもとる結果になるとの批判があると述べた上で、それに対しては投資信託などの集団投資スキームの開発と発展により克服されるであろうと回答している。ましてやスチュワードシップ活動が合理的かつ妥当な支出といえるかどうかは明確でなく、受託者のスチュワードシップ活動を制限する方向に働いてきたと考えられる。

　第2に、信託法第3次リステイトメントにおいて、信託財産に株式が含まれている場合、当該株式の議決権をはじめとする株主権行使やそれに係るスチュワードシップ活動について言及がないのは、受託者の法的義務に抵触し得るためであると推測される。分散投資である以上、ポートフォリオに組み入れた個別の株式銘柄については、影響力を行使し得るほどの持株比率に達しないのが通常であるし、むしろ、受託者の一般的な義務である「専ら受益者の利益のために」行為すべきフィデューシャリー・デューティーに反するおそれがあるからである。

　第3に、もっとも、スチュワードシップ活動に取り組むことによってポートフォリオ全体の価値が増加する場合には、そのような戦略をとることが受益者の最善の利益に資するとして、受託者の義務になることは認められている[22]。

また、明らかにコーポレートガバナンスが劣っている証拠があるのに機関投資家がそれについて何ら対策を講じない場合には注意義務に違反するとされる[23]。

新たな思慮ある投資家の準則の下で、米国ではエクイティとりわけ株式に対する投資が拡大し、それらがポートフォリオの重要な割合を占めるようになったとされる。たとえば、ある実証研究によれば、思慮ある投資家の準則の適用により、信託財産に占める株式の割合が、3%から10%ほど増加したとされる[24]。さらに、パッシブ運用が増加したとされるが、しかし同じくらい重要であると思われるのは、米国では、アクティブ運用をする投資ファンドの数は決して少なくないことである[25]。このことは、いわゆる株主アクティビズムが経済効率性という観点からも最終投資家の利益に資する可能性を示唆するとともに、すべての投資がパッシブ運用になるとは予測できないことを示唆していると考えられる。III1に述べるように、近時は、米国においても、ソフトロー上の規範に基づきスチュワードシップ活動が活発に行われるようになっており、思慮ある投資家の準則との関係をどのように整理するかが大きな論点となる。

---

22) Richard H. Koppes & Maureen L. Reilly, *An Ounce of Prevention: Meeting the Fiduciary Duty to Monitor an Index Fund Through Relationship Investing*, 20 J. CORP. L. 3, 413, pp. 429-431 (1995).

23) なお、英国における Myners 卿の報告書も、株主アクティビズムを採用することがファンドの受益者の最善の経済的利益に資する場合には、議論の余地はあるが、アクティブ戦略をとることがフィデューシャリーの法的義務であると述べていた。UK, Chancellor of the Exchequer, Institutional Investment in the United Kingdom: A Review by Paul Myners, section 5. 89-5. 93, pp. 92-93 (2001). http://uksif. org/wp-content/uploads/2012/12/MYNERS-P. -2001. -Institutional-Investment-in-the-United-Kingdom-A-Review. pdf

24) Max M. Schanzenbach & Robert H. Sitkoff, *Did Reform of Prudent Trust Investment Laws Change Trust Portfolio Allocation?*, 50 J. L. & ECON. 681, 682 (2007), Discussion Paper No. 971, 09/2018, Harvard Law School Cambridge, MA 02138. https://ssrn. com/abstract=868761

25) Brian J. Bushee, Mary Ellen Carter & Joseph J. Gerakos, *Institutional Investor Preferences for Corporate Governance Mechanisms*, J. MANAGEMENT ACCOUNTING RESEARCH, Volume 26, Issue 2, p. 123 (2014). 純粋なパッシブ運用をしている投資ファンドは、20% にすぎないとされ、インデックス等を用い分散に留意しながらも大半の投資ファンドはアクティブ運用であるとする研究がある(Scott Vincent, *Is Portfolio Theory Harming Your Portfolio?*, 6 JOURNAL OF APPLIED RESEARCH IN ACCOUNTING & FINANCE 1, 2, pp. 3 and 5 (2011))。

2 監督法上のスチュワードシップ責任

(1) 概観

米国の資産運用業者のスチュワードシップ行動に係る監督法上の規制に目を向けると、ポートフォリオに組み入れた投資先企業を積極的にコントロールすることまで資産運用業者に求めるものではなく、より消極的なものであると総括されている[26]。思慮ある投資家の準則の考え方の基本にある投資の分散およびリスクの抑制に鑑みるならば、純粋な投資事業以外の活動を制限するという法規制が米国の監督法の基本である。しかし、若干の例外がある。以下に述べる ERISA 上のフィデューシャリー、登録投資会社および登録投資顧問業者については、それとはやや方向を異にする業規制が存在する。

(2) ERISA におけるフィデューシャリー

（イ）ERISA におけるフィデューシャリー(資産運用業者等)の義務

米国では、1974 年に従業員の私的退職年金の運営に関する最低限の基準を定める ERISA(Employee Retirement Income Security Act：従業員退職所得保障法)が制定された。ERISA は、フィデューシャリーを広範に定義しており、①退職年金プランについて、プランの運用に関して何らかの裁量的権限もしくは裁量的支配を行使するか、または、資産の運用もしくは処分に関し何らかの権限もしくは支配を行使する者、②プランの金銭もしくはその他の財産に関し直接・間接に手数料その他の対価を得て助言を行い、または、そうする権限もしくは責任を有する者、③プランの運営について何らかの裁量的権限または裁量的責任を有する者はフィデューシャリーとされる[27]。その上で、ERISA は、フィデューシャリーに対し、(i)専らプラン参加者およびプラン受益者の利益のためにプランに係る利益をそれらの者に提供し、かつ、プランの運営にとって合

---

26) 米国におけるフィデューシャリーとしての金融機関のスチュワードシップ活動に係る監督法上の規制については、投資会社法と投資顧問業法を中心に概観した別稿を参照いただくと幸いである（神作裕之「日本版スチュワードシップ・コードの規範性について」黒沼悦郎・藤田友敬編『江頭憲治郎先生古稀記念 企業法の進路』(有斐閣、2017)1034–1041 頁）。

27) Section 3(21)(A) of the Employee Retirement Income Security Act (ERISA) of 1974.

理的な支出だけを支弁する義務を遂行しなければならず、(ii)同様の性格と目的をもった企業の行為において思慮ある者が同様の状況の下で行為する際に用いる注意、技量、思慮深さおよび慎重さをもって義務を遂行し、(iii)大きな損失を被るリスクを最小化するためにプランの投資を分散し、かつ、(iv)プランについて規定する書面や証書に従って義務を遂行しなければならない[28]。

なお、2016年4月のERISA労働省規則改正により、従業員退職年金基金と個人退職勘定(IRA：Individual Retirement Account)についてフィデューシャリーの定義が拡大され[29]、現代ポートフォリオ理論に立脚した「思慮ある投資家のルール(prudent investor rule)」が投資顧問業者に対しても適用されることになるはずであった[30]。この改正は、8,000万人に達するベビーブーマー世代が退職期を迎え、企業年金から個人退職勘定に大規模なロールオーバーが生じることから、個人退職勘定の加入者に対して投資助言を行う者に顧客の最善の利益を追求する義務を課そうとするものであった[31]。しかし、この規則は、金融商品・サービスの推奨・販売・勧誘に係るルールであって、本章の対象とする資産運用業者のフィデューシャリー・デューティーに関するものではない。それに加え、労働省の上記規則改正の適法性をめぐって訴訟が提起され、無効判決が下され、上記規則は失効した[32]。このように、2016年のERISA改正規則は、資産運用業に関するものではなく、主として推奨・販売・勧誘規制に関わるものであり、かつ、現時点において失効しているため、同規則については本章では扱わない。

---

28) Section 404(a)(1) of the ERISA.

29) Section 3(21)(A)(ii) of the ERISA; Department of Labor (DOL), Employee Benefits Security Administration (EBSA), "Definition of the Term 'Fiduciary'; Conflict of Interest Rule–Retirement Investment Advice; Best Interest Contract Exemption, Final rule," 81 Federal Register, April 8, 2016.

30) Schanzenbach & Sitkoff, *supra* note 24, p. 28. もっとも、信託法第3次リステイトメントには、思慮ある投資家の原則として、ポートフォリオに組み入れた株式等について議決権行使等のエンゲージメントをすることが民事法上のフィデューシャリー・デューティーから導かれるとの記述はないことについては、1(1)参照。

31) John J. Topoleski & Gary Shorter, Department of Labor's 2016 Fiduciary Rule: Background and Issues, Congressional Research Service 7–5700, pp. 14–18 (2017).

32) Chamber of Commerce of the USA, et al. vs US Department of Labor, U. S. Court of Appeals 5th Cir., March 15, 2018, No. 17–10238.

（ロ）株主エンゲージメントに係る義務

米国労働省は、1988年にプラン・フィデューシャリー（fiduciary)[33]の義務には、従業員退職年金基金が保有する株式等の議決権行使や株主権行使が含まれるとの解釈通知を発出した（「エイボン・レター」)[34]。エイボン・レターの内容は、その後の書簡の内容などと共に米国労働省の1994年の解釈通知においてまとめられ、その後も繰り返し確認され明確化されている[35]。

2007年に米国労働省は、議決権行使のコストがそれにより見込まれる経済的利益を超過する場合には、フィデューシャリー・デューティーに基づいて議決権を行使しない義務を負うとの解釈を示し、エイボン・レターに若干の軌道修正を加えた[36]。しかし、2007年の米国労働省の意見によって、年金基金の保有する株式の議決権行使に関する実務に大きな変更が生じることはなかったと評価されている[37]。すなわち、エイボン・レター以降、米国の従業員退職年金においては、ERISA上の規制を遵守するために、議決権行使助言会社を利用して議決権を行使する実務が定着したとされる[38]。

米国労働省から発出された2016年の解釈通知においては、株主エンゲージ

---

33) 2009年に制定されたドッド・フランク法913条により、SECは、ブローカー・ディーラーや投資顧問業者に対する現在の規制の有効性を検証するとともに、その問題点や既存の規制との重複等について検証し提言を行うことを求められた。SECは、フィデューシャリーである投資顧問業者とブローカー・ディーラーの違いに留意しつつ、基本的に同じレベルの職業的能力および職業倫理に係る基準を定めることを勧告した。SECは、ベスト・インタレスト規則（レギュレーションBI）を、2019年6月5日に制定した。SEC, 17 CFR Part 240, Release No. 34-86031; File No. S7-07-18 RIN: 3235-AM 35, Regulation Best Interest: The Broker-Dealer Standard of Conduct. https://www.sec.gov/rules/final/2019/34-86031.pdf

34) Letter from the Department of Labor to Helmut Fandl, Chairman of the Retirement Board of Avon Products, Inc., February 23, 1988; 29 CFR 2509.08-2 – Interpretive bulletin relating to the exercise of shareholder rights and written statements of investment policy, including proxy voting policies or guidelines.

35) 1994年の解釈通達第2号は、2008年の解釈通達第2号に置き換えられ、さらに2016年の解釈通達第1号に置き換えられた。Interpretive Bulletin 2016-01 (IB 2016-01), 81 FR 95879 (Dec. 29, 2016); 29 CFR §2509.2016-01.

36) DOL, Advisory Opinion No. 2007-07 A (December 21, 2007).

37) John C. Coates Ⅳ, *Thirty years of evolution in the roles of institutional investors in corporate governance*, in Jennifer G. Hill & Randall S. Thomas (eds.), Research Handbook on Shareholder Power, p. 88 (Edward Elgar, 2015).

38) Leo E. Strine, Jr., *Can We Do Better by Ordinary Investors? A Pragmatic Reaction to the Dueling Ideological Mythologists of Corporate Law*, 114 Colum. L. Rev. 449, 484 (2014).

メントに関して次のような記載がなされている。すなわち、「プランが所有する株式の発行会社の経営に対して監視するか、または影響を与える意図をもつ活動を見込んだ投資方針は、責任あるフィデューシャリーが、プラン単独で行うにせよ他の株主とともに行うにせよ、そのような監視やコミュニケーションによって、それに伴うコストを考慮しても投資先企業の価値が高まる可能性が高いと合理的に期待されると判断するときは、そのような監視やコミュニケーションを行うことは、ERISA上のフィデューシャリーとしての義務と整合的である。」同解釈通知は、積極的な監視やコミュニケーションの対象として、①取締役会のメンバーの独立性と専門性、②取締役会が経営陣を監視するという自らの責任を全うするために必要な十分な情報を確保しているかどうか、③取締役会の構成、④経営陣の報酬、⑤会社の意思決定の透明性と説明責任、⑥株主への対応、⑦企業買収に係る会社の方針、⑧ガバナンスの構造と実態、⑨資本政策、⑩気候変動への対応と持続可能性に係る計画を含む長期的な事業計画の性格、⑪従業員の犯罪責任を回避し法令遵守を確保するためのガバナンスとコンプライアンスの方針・実態、⑫会社の従業員の能力を発展させるトレーニングのための投資や多様性・雇用機会の均等など従業員に関する事項、⑬株主価値に影響を与える環境的または社会的な要因、⑭会社の業績を測るその他の財務上または非財務上の基準など、多様な事項を挙げている[39]。

　米国労働省の2018年の実務支援通知においては、株主のエンゲージメント活動について以下の記述がなされている。プラン・フィデューシャリーは、年金資産を投資運用する際にフィデューシャリーとして思慮深く行動する義務を履行するためには、伝統的かつ慣行的な議決権代理行使をすべきであるという態度を労働省は長年にわたって取ってきた。多くの場合において、議決権代理行使およびその他の株主エンゲージメントは一般にERISA 402条(c)(3)、403条(a)(2)および3条(38)の規定により責任あるプラン・フィデューシャリーとして指定された投資運用業者によって行われるために、個々の年金プランによる基金の重大な支出には当たらないのが通例である。投資運用業者は、議決権行使助言会社を含むコンサルタントを用いて議決権や株主権行使のためのリサ

---

39)　81 FR 95884 (Dec. 29, 2016).

ーチに係る個別のプランのコストを減少させている。他方、同実務支援通知は、年金プランが多くの投資先の１つにすぎない公開会社の取締役会や経営陣と直接交渉するために巨額の費用を日常的にかけることは、個々の年金プランの投資者にとって適切なことであるというシグナルを送る意図を有していないと述べる。同様に、指定投資運用業者を含むプラン・フィデューシャリーが、基金の主張を世間に知らしめ、メディアに向けて発信し、株主総会決議のためにキャンペーンを郵送し、臨時株主総会を招集し、環境問題や社会問題に関して委任状勧誘合戦を行ったりそれを積極的に支持したりするために多額の費用を日常的に支出することもまた、適切な行動であるというシグナルを送る意図はないと述べる[40]。

（ハ）ESG 投資に係る義務

近時、ERISA のプラン・フィデューシャリーのフィデューシャリー・デューティーとの関係で大きな論点になっているのは、いわゆる ESG（環境、社会、ガバナンス）投資である。米国労働省の解釈通知は、従業員退職年金のプラン・フィデューシャリーは、付随的な社会政策的な目標を促進するために投資リターンを犠牲にしたり追加的な投資リスクを負担したりする投資手法をとることは許されないとし、この点については 1994 年の解釈通知以来、繰り返し一貫した立場をとっている[41]。

実務は、環境問題や社会問題などに配慮することに対して、2008 年に発出された米国労働省の解釈通知の影響もあって慎重であった[42]。というのは、同通知は、議決権行使のコストがそれにより見込まれる経済的な利益を超過する場合には信認義務に基づいて議決権を行使してはならないとの解釈を示しており、また、プラン・フィデューシャリーが従業員退職年金プランの経済的利益以外の要素に基づいて投資決定を行い、その後当該投資判断について紛争が生

---

40) DOL, Field Assistance Bulletin No. 2018-01, pp. 4-5.

41) 1994 年の解釈通知第 1 号は 2008 年の解釈通知第 1 号さらに 2015 年の解釈通知第 1 号によって置き換えられている。DOL, Interpretive Bulletin 2015-01（IB 2015-01）, 80 FR 65135（Oct. 26, 2015）; 29 CFR §2509.2015-01.

42) DOL, Interpretive Bulletin Relating to Investing in Economically Targeted Investments Administration, 29 CFR §2509.08-1.

じたときは、当該決定に際して行われた経済分析に基づくならば当該投資はその他の投資対象と同等の価値を有していたであろうことを示す書証を提出しない限り、当該フィデューシャリーは ERISA 上のフィデューシャリー・デューティーを遵守したことを証明することはほとんどできないであろうと述べていたからである[43]。

労働省は、2015 年解釈通知第 1 号の序文において次のように述べ、ESG 要素を考慮した投資のハードルを引き下げた[44]。すなわち、「環境、社会およびガバナンス(ESG)の要素から導かれるものも含む専ら経済的考慮に基づいてフィデューシャリーが思慮深く検討した結果、ある投資が適切であると判断したのであれば、当該フィデューシャリーは、当該投資が促進し得る付随的な利益について何ら考慮することなく当該投資を行うことができる。」労働省は、すべてのフィデューシャリーは、投資リターンを犠牲にしたり、付随的な社会政策的目標を促進するための手段としてプラン投資を利用して付加的な投資リスクをとったりしてはならないと警鐘を鳴らした。しかし、専ら経済的考慮に基づいてフィデューシャリーが思慮深く検討した結果、適切であると判断したのであれば、そのような ESG 投資をすることは、他の投資対象のリスクとリターンのプロファイルを評価するために関連する様々な経済的要因を考慮する場合と同様に、思慮ある投資家の準則に反するものではないと解すべきであるとしたのである。もっとも、ESG 要素に配分されるウェイトは、その他の関連する経済的要素と比較して、内在するリスクとリターンの相関レベルに応じた適切なものでなければならない。

労働省は、さらに、2016 年解釈通知第 1 号を発出し、ERISA 上のフィデューシャリーは、付随的な目的として社会政策的目標を促進するために、より大きな投資リスクを引き受けたり投資収益を犠牲にしたりすることは許されないとの立場を改めて示しつつ、ESG 要素を投資の評価に際して用いることや、ESG に関連する手法、評価もしくは分析を投資のリスクまたはリターンを評価するにあたって統合することを投資方針において定めることができる旨を明

---

43) DOL, Interpretive Bulletin Relating to Investing in Economically Targeted Investments, 73 FR 61735–61736 (Oct. 17, 2008).

44) DOL, Interpretive Bulletin 2015–01; 29 CFR § 2509. 2015–01.

らかにした[45]。2016年解釈通知第1号によれば、企業年金の受託者もまた、受託者責任との関係に照らし、投資方針や議決権行使の決定に際しESGの要素を考慮することができる。

　もっとも、当該解釈に対する質問への回答として、労働省は、2018年4月に実務支援通知を発し、投資先企業の経営陣にとってある要素が当該会社の事業計画の一部として管理する必要のある重大な事業リスクまたは事業機会であって、かつ、投資の専門家であれば一般に受け入れられた投資理論に基づくのであれば、付随的なESG要素を経済的考慮要素として取り扱う場合があり得ることを認めた。そのような場合には、ESG要素は、考慮するに値する経済的要因であり、投資リターンとリスクのプロファイルを評価するために考慮に値するその他の経済的要因とともに思慮深いフィデューシャリーによって考慮されるべき要因であるとする。他方、フィデューシャリーは、意思決定をする際に特定の投資選択に関し経済的要因としてあまりにも安易にESG要素を取り扱ってはならないとの考え方を示した。ERISA上のフィデューシャリーとしては、つねに退職給付を提供するプランの経済的利益を第一に考えなければならず、その際、当該プランの予想運用資産と投資目的に合致した適切な投資レベルに基づくリターンとリスクに対して重大な影響を有する経済的要因であるかどうかに焦点を当てなければならないと警鐘を鳴らしている[46]。

（3）ミューチュアル・ファンドに関するルール

（イ）スチュワードシップに係る義務

　登録投資会社は、投資会社法およびSEC規則に基づいて、議決権行使方針の策定と行使結果の開示を義務付けられている[47]。すなわち、登録投資会社のファンド・マネージャーは、ファンドに組み入れた株式について、当該登録投資会社の株主・持分権者のために、ファンドのポートフォリオに組み入れた株

45）　DOL, Interpretive Bulletin 2016-01 (IB 2016-01), 81 FR 95879 (Dec. 29, 2016); 29 CFR § 2509.2016-01.

46）　DOL, Field Assistance Bulletin, No.2018-01, p.3.

47）　Final Rule: Disclosure of Proxy Voting Policies and Proxy Voting Records by Registered Management Investment Companies Securities and Exchange Commission, 17 CFR Parts 239, 249, 270, and 274, Release Nos. 33-8188, 34-47304, IC-25922; File No. S7-36-02, RIN 3235-AI64.

式の議決権を行使するものとされる。登録投資会社は、自己の株主・持分権者のベスト・インタレストに適うように行動するフィデューシャリー・デューティーを課されており、投資先会社の議決権もフィデューシャリー・デューティーに則って行使しなければならない。

（ロ）スチュワードシップ活動の開示義務

さらに、2003年 SEC 規則により、登録投資会社は、議決権行使方針の策定と行使結果の開示を義務付けられることになった[48]。すなわち投資ファンドは、フォーム N-Q にポートフォリオに組み入れた保有銘柄を記載し、第1四半期および第3四半期の終了後60日以内に同フォームを提出しなければならない[49]。これらの情報は、SEC の EDGAR と呼ばれる電子情報開示システムにより開示されるほか[50]、民間の情報ベンダーによっても提供されている。

登録投資会社は、①議決権代理行使の方針と手続、および②フォーム N-PX を用いて過去12カ月間の議決権代理行使の記録を年1回 SEC に届け出なければならない。議決権代理行使記録は、登録投資会社の株主・持分権者に対しても開示しなければならない。議決権代理行使記録についていえば、過去12カ月間に開催されたポートフォリオに組み入れた証券に係るすべての議題ごとに、登録投資会社が有する議決権について、次の事項を記録しなければならないとされる。①ポートフォリオに組み入れた証券の発行者の名前、②当該証券の証券コード、③CUSIP コード、④株主総会の会日、⑤議題・議案の要旨、⑥発行者提案か株主提案かの別、⑦届出者による当該事案に係る議決権行使の有無、⑧議決権行使の結果(賛成、反対、棄権の別)、⑨会社提案に賛成したかどうか、である[51]。

SEC 規則に基づくこれらの開示義務は、登録投資会社がその株主・持分権者に対して負っているフィデューシャリー・デューティーを具体化し、詳細に

---

48) 17 CFR 270.30b1-4.
49) 17 CFR 270.30b1-5, 17 CFR 274.130. ただし、フォーム N-5 により登録された小規模投資会社については、適用が除外されている。
50) https://www.sec.gov/edgar/searchedgar/n-px.htm
51) OMB Number: 3235-0582. https://www.sec.gov/about/forms/formn-px.pdf#search='Form+NPX+Edgar+system+SEC'

ルール化したものであるといえよう。しかしながら、顧客に対する直接開示のみならず一般的な開示義務が課されている点に特徴がある。この開示によって、登録投資会社が、投資先企業のガバナンス上の問題点について経営者寄りの態度をとらないという「ソフトな株主アクティビズム」を通じて、ポートフォリオに組み入れた投資先企業と利益相反関係を生じさせる事業上の結び付きをもつ傾向が抑制されたと積極的に評価されている[52]。なお、登録投資会社は、ポートフォリオに組み入れた全株式について議決権代理行使の結果を開示すべき義務を負う唯一の株主であって、登録投資会社以外の金融機関に対してはこのような義務は課されていない。2003 年 SEC 規則は、議決権代理行使の方針・行使結果の開示義務を定めた理由として、つぎの 3 点を挙げている[53]。

第 1 に、2003 年に SEC 規則が改正されたのは、ミューチュアル・ファンドが米国株式市場においてプレゼンスを高める中で[54]、投資会社による委任状に基づく議決権の代理行使がファンドの投資価値を最大化するに際し重要な役割を担っているという認識に基づく。フィデューシャリー・デューティーは、①注意義務、②忠実義務、③自己執行義務および④分別管理義務に大別されるが、この説明は、議決権代理行使の方針・行使結果の開示義務が、注意義務から導かれ得ることを示唆している。

第 2 に、ところが、議決権行使方針・行使結果の開示義務は、注意義務のみならず忠実義務にも関連し得ることが指摘されている。すなわち、改正理由においては、ミューチュアル・ファンドの議決権代理行使に着目することは、潜在的な利益相反を明るみに出し、自己の株主・持分権者のベスト・インタレストに合致しない議決権行使を抑制する効果があると述べられているからである。

第 3 に、ファンドによる議決権行使の透明性の向上を求めることは、ファンドがそのポートフォリオに組み込んでいる投資先企業のガバナンスにより積極的に関与することを可能にし、そのことは当該ファンドの持分権者のみならず

---

52) Coates, *supra* note 37, p. 88.
53) SEC, Final Rule, *supra* note 47.
54) 2018 年末の時点で、登録投資会社は、米国の株式会社の発行済株式総数の 30% を保有している。Investment Company Institute(ICI), Investment Company Fact Book 2019, p. 37. ミューチュアル・ファンドが 1990 年代から大幅に増加している原因の 1 つは、確定給付年金から確定拠出年金または個人退職勘定へのシフトが進んでいることによる。

投資家全体の利益につながることが指摘されている。2003 年の SEC 規則改正は、議決権行使に基づき企業価値が増加し得るという考え方に支えられており、米国のコーポレートガバナンスに対する登録投資会社の関与により投資家一般の利益を促進するという政策に基づいているのである。この発想は、成長戦略の一環としての性質をもつ日本版スチュワードシップ・コードの考え方と共通しており、興味深い[55]。

(4) 投資顧問業者のスチュワードシップ責任

1940 年投資顧問業法に基づき、投資顧問業者には、スチュワードシップ活動に関して、つぎのような法的義務が課されている。第 1 に、顧客のベスト・

---

55) 日本版スチュワードシップ・コードは、機関投資家による株式保有割合が相当程度に達する中で議決権行使をはじめとするエンゲージメントが適切に行われることによりコーポレートガバナンスの向上をめざし企業価値の増大に資するという成長戦略の一環として 2014 年に策定された。機関投資家によるエンゲージメントが実際には必ずしも十分に機能していないのではないかという問題を解決するために国家が採り得る手段として、直接規制または間接規制を行うことのほか、非法的な規範であるコードによることが考えられる。スチュワードシップ・コードもコーポレートガバナンス・コードも、「日本再興戦略」および「日本再興戦略改訂 2014」によりその方向性を示され、策定の過程では金融庁が事務局または東京証券取引所と共同事務局として、深く関与した。以上の経緯は、国家の政策手段としてコードという形式のソフトローが選択されたことを示している。英国スチュワードシップ・コードが適正なコーポレートガバナンスを目指すものであるのに対し、日本版スチュワードシップ・コードは攻めのガバナンスを目指している点に特徴があるとする指摘について、Gen Goto, *The Logic and Limits of Stewardship Codes: The Case of Japan*, The University of Tokyo Business Law Working Paper Series, No. 2018-E-01. http://www.j.u-tokyo.ac.jp/en/wp-content/uploads/sites/10/2018/10/BLWPS2018E01.pdf#search=%27gen+goto+stewardship+tokyo%27 参照。

他方で、スチュワードシップ責任の考え方は、すでに 2009 年の金融審議会金融分科会の「我が国金融・資本市場の国際化に関するスタディグループ報告(平成 21 年 6 月 17 日)」に明記されていたが、そこでは機関投資家の「受託者責任」に基づき主張されていた(同報告 14 頁以下)。最近の金融行政文書において「フィデューシャリー・デューティー」という言葉が頻繁に使用されており、両者の関係が問題になる。スチュワードシップ・コードは金融機関の定義を置くことなくインベストメント・チェーンに組み込まれる関係者を広く包含しており、顧客に対し善管注意義務・忠実義務を負わない場合であってもスチュワードシップ責任を負い得る点において法的意味における「受託者責任」とは異なる。インベストメント・チェーンを構成するすべての当事者がスチュワードシップ責任を全うすることにより、完結した信頼を確保できると考えられる。それゆえ、インベストメント・チェーンの一部を構成するプレーヤーである以上は、法的にはフィデューシャリーないし受託者とはいえない場合であっても、法的拘束力のないスチュワードシップ責任に服することが望ましいと考えられる。他方、機関投資家がどのような運用方針の下に営業を行い、インベストメント・チェーンの中でどのような機能を営んでいるかによってスチュワードシップ活動や開示のあり方は異なり得る。スチュワードシップ・コードが「コンプライ・オア・エクスプレイン」の規範を採用している所以である。

インタレストに合致するように顧客の証券に係る議決権行使の合理的な方針と手続を定め、その際生じ得る顧客の利益と自己の利益との重要な対立にどのように対処するかを定めなければならない。第2に、顧客の証券の議決権をどのように行使するかを決定するためにどのようにして情報を取得するかを顧客に開示しなければならない。第3に、顧客の求めがあれば、議決権行使の方針と手続を説明し、またそのコピーを交付しなければならない[56]。議決権行使方針や行使について記録する義務等が課されているが、公衆に対する開示義務は課されていない。なお、議決権行使に係る顧客のベスト・インタレストについては、SEC により Staff Legal Bulletin が出されており、そこでは、顧客との間で議決権の行使をしない、経営者提案を支持する、議決権行使助言会社の助言に従う等の合意をすることができ、それに従えば顧客のベスト・インタレストに合致することになると述べられている[57]。

Ⅲ　米国の最近の動向——実務と理論

1　米国におけるスチュワードシップ・コードの策定と動向

　基本的には機関投資家のスチュワードシップ活動に消極的であった米国において、インベスター・スチュワードシップ・グループという民間組織が、Stewardship Framework for Institutional Investors というスチュワードシップ・コードと米国上場会社のためのコーポレートガバナンス原則を策定し、いずれも 2018 年 1 月 1 日から適用されている[58]。資産運用会社の世界トップスリーである BlackRock、Vanguard、State Street Global Advisors のほか、J. P. Morgan、さらには CalPERS や CalSTRS 等の資産保有者を含む影響力の大き

---

56)　17 CFR 275. 206(4)-6; 17 CFR 275. 204-2(c)(2).

57)　Division of Investment Management and Division of Corporation Finance, Securities and Exchange Commission, Proxy Voting: Proxy Voting Responsibilities of Investment Advisers and Availability of Exemptions from the Proxy Rules for Proxy Advisory Firms, Staff Legal Bulletin No. 20 (IM/CF), Answer to Question 2.

58)　Investor Stewardship Group, Stewardship Principles: Stewardship Framework for Institutional Investors. https://isgframework. org/stewardship-principles/

い機関投資家が、このスチュワードシップ・コードに従うことを表明している。

　米国のしかもパッシブな投資戦略を採用している機関投資家も、スチュワードシップ活動を重視するようになってきたのである[59]。これは、注目すべき動向である。パッシブな投資戦略は原理的にスチュワードシップ活動に矛盾し、その成果がフリーライドされてしまうという難点があるにもかかわらず、また、スチュワードシップ活動は取引費用を高めそれに比した便益を生まないという批判があるのにもかかわらず、なぜ、米国において、スチュワードシップ活動が急速にかつ大きなうねりとなって生じてきたのか。スチュワードシップ・コードの策定と採択の広がりの背景について、投資家と投資先企業の対話が加速度的に行われるようになり、その地歩を固めるために今が重要な時であるという認識があるという分析がなされている[60]。投資先企業の取締役会と経営者が株主に対しアカウンタブルであるとともに、機関投資家も投資家や受益者に対しアカウンタブルでなければならないということである。

　単に影響力の大きい機関投資家が民間主導のスチュワードシップ・コードを受諾することを表明したことだけではなく、同コードの適用前から既にスチュワードシップ活動が実践されてきていたことが、Morningstar が 2017 年 12 月に公表した調査結果によっても裏付けられる[61]。これは、野村アセットマネジメントおよび日興アセットマネジメントを含む日米欧の規模の大きい 12 のインデックス・ファンドの運用機関に対する調査をまとめたものである。さらに、同調査結果は、大変興味深い知見を含んでいる[62]。日米欧の 12 のインデックス・ファンドの運用機関は、スチュワードシップ活動に関わるチームの人員を

---

59)　大半の投資ファンドはプロの投資運用業者に運用を委託し、信託法上の受託者であるかどうかにかかわらず立法または契約によりフィデューシャリー・デューティーを負う。受託者の義務に関する法理は、フィデューシャリー・デューティーの中核であり淵源である。Ⅱ1 参照。

60)　Amanda White, Top US funds embrace stewardship code. https://www.top1000funds.com/analysis/2017/02/17/top–us–funds–embrace–stewardship–code/

61)　Morningstar, Passive Fund Providers Take an Active Approach to Investment Stewardship, December 2017, p. 15. http://www.morningstar.com/content/dam/marketing/shared/pdfs/Research/Morningstar–Passive–Active–Stewardship.pdf

62)　Morningstar, *supra* note 61, p.1 and 2. Charles Schwab アセットマネジメントを除く調査対象会社は、スチュワードシップ活動を強化する方針であるという。なお、Charles Schwab アセットマネジメントは、責任投資原則(Principles for Responsible Investment)に署名していない。その理由は、コストがかかり、それに見合う利益があることの確かな証拠がないためである(p. 15)。

拡張しており、Fidelity を除き、自ら議決権行使方針を策定しスチュワードシップ活動を行っている[63]。2016-2017 年における会社提案に対する賛否の割合は（括弧内は 2014-2015 年）、BlackRock が賛成 91％（92％）、反対 9％（8％）、Schwab は賛成 85％（84％）、反対 15％（16％）、Vanguard は賛成 94％（92％）、反対 6％（8％）である。ちなみに、野村アセットマネジメントは賛成 78％（87％）、反対 22％（13％）、日興アセットマネジメントは賛成 83％（91％）、反対 17％（9％）であった[64]。同調査は、議決権行使については、米系の金融機関は反対票を最後の手段として投じる傾向が強いのに対し、欧州系の金融機関は躊躇せず反対票を投じる傾向があると指摘している。とくに、スチュワードシップ活動に当たり、いわゆる ESG の要素を発展させることを目的とする傾向が強まっていることが指摘されている[65]。

　米国のパッシブな資産運用業者もスチュワードシップ活動を行うようになってきた背景には、第 1 に、責任投資を重視する最終投資家の要求が強まっている、第 2 に、会社経営に対してより強いコントロールを求める規制当局のプレッシャーが強まっている、および第 3 に、日本版スチュワードシップ・コードのように ESG 要素を重視するスチュワードシップ・コードを策定する国や地域が増加しているという事情があると考えられる。

2　分析

　II 1 に述べたアメリカ法律協会の信託法第 3 次リステイトメントが規定する思慮ある投資家の準則は、統一州法委員会全国会議の策定した思慮ある投資家に関する統一法および統一信託法典（Uniform Trust Code）とともに、現代ポートフォリオ理論に立脚しており、実務もまたそれにしたがって株式に対する投資を増やしてきた。このことは、米国の投資運用業の発展をもたらしてきたと評価できるが、その米国で、アクティブ運用をする投資ファンドが多いという事実は[66]、現代ポートフォリオ理論と異なり、実際には分散投資によって市場リ

---

63)　Morningstar, *supra* note 61, Exhibit 10, p. 19.
64)　Morningstar, *supra* note 61, Exhibit 8, p. 13.
65)　Morningstar, *supra* note 61, pp. 2-3.

284　Ⅲ　米国の最近の動向

スク以外のリスクを除去できるとは多くの投資家は考えていない可能性を示唆
する。ここから、現代ポートフォリオ理論と効率的資本市場仮説は実際には妥
当していないのではないかという疑念が惹起される。さらに、米国においても、
スチュワードシップ責任が、ソフトローのレベルではあるが、資産運用業者の
社会規範として急速に発展しつつあることが注目される。また、投資会社法や
ERISA においては、フィデューシャリーのスチュワードシップ活動に関連し
た開示義務やスチュワードシップ責任が法定されている[67]。

　米国におけるこのような動向は、どのように評価できるであろうか。第 1 に、
米国の思慮ある投資家の準則は現代ポートフォリオ理論に立脚するものである
が、当該理論は、投資に関する経済理論であって、いわゆるエージェンシー問
題に対処するものではないという点である。すなわち、現代ポートフォリオ理
論における投資家は、エージェンシー問題のない投資家であると考えられる。
エージェンシー問題は、フィデューシャリー法においては重要な課題である[68]。
というのは、フィデューシャリーは、かりにスチュワードシップ活動によって
運用財産の価値が増加してもそれに与れるわけではなく、かつ、もしかりに思
慮ある投資家の準則に違反することになれば法的責任が生じ得るからである[69]。
とくに信託法第 3 次リステイトメント 90 条(c)(3)の規定との関係で、むしろ、
スチュワードシップ活動がかりに受益者にとって有益であってもその努力をし
ないおそれが生じ得る。というのは、第 3 次リステイトメント 90 条(c)(3)が
「金額が合理的であり、かつ、受託者の投資責任(88 条)にとって妥当である費
用のみを支出する義務」を課しているところ、スチュワードシップ活動に係る

---

66)　前掲注 25)に引用した文献参照。

67)　Ⅱ 2 参照。前掲注 26)も参照。

68)　信託におけるエージェンシー問題については、Robert H. Sitkoff, *An Agency Costs Theory of Trust Law*, 89 CORNELL L. REV. 621 (2004) とくに 640 頁以下に詳しい。

69)　Jeffrey N. Gordon, *The Puzzling Persistence of the Constrained Prudent Man Rule*, 62 N. Y. U. L. REV. 52, pp. 83–84(1987). なお、信託におけるエージェンシー問題という観点から、第 3 次リステイトメントにおける思慮ある投資家の準則は株式等への投資を行わないというエージェンシー問題を解決したことを評価しつつも、リーガルリスト方式や信託法第 2 次リステイトメントにおけるかつての思慮ある投資家の準則には過度のマーケットリスクをとるというエージェンシーコストを低減させる意義があったと再評価する研究もある(Stewart E. Sterk, *Rethinking Trust Law Reform: How Prudent is Modern Prudent Investor Doctrine*, 95 CORNELL L. REV. 851 (2010), pp. 883–885)。

第 7 章　資産運用業者のフィデューシャリー・デューティーとスチュワードシップ責任　　285

支出が合理的かつ妥当な支出といえるかどうかは明確でないため、フィデュー
シャリーのスチュワードシップ活動を制限する方向に働くと考えられるからで
ある。フィデューシャリーと投資家の利益が最終的に一致しないため、また、
前述したような費用の支出に係るフィデューシャリー法上の規範により、フィ
デューシャリーのスチュワードシップ活動が抑制される傾向があったが、その
ことがエージェンシー問題の解決に資していたかどうかは、疑いが残る。とい
うのは、実証研究の結果は分かれてはいるものの、アクティブ運用のファンド
がパッシブ運用のファンドよりもすぐれたパフォーマンスを上げているとする
研究が多数存在し、研究者の中にも現代ポートフォリオ理論の有効性に疑いを
向ける者がいることは、そのような疑いが少なくとも現実の一部である可能性
を示唆する[70]。

　第 2 に、米国においては、アクティブ投資をする投資ファンドが多く、かつ、
近年は、欧州の金融機関に比べ消極的であるといわれてきた米国の金融機関が
スチュワードシップ活動を推進するソフトローに自己拘束され、スチュワード
シップ活動を積極的に展開する方向に急速に進みつつあることである。このこ
とは、現代ポートフォリオ理論および効率的資本市場仮説が実際には常に妥当
しているわけではない可能性を示唆するとともに、フィデューシャリー・デュー
ティーを負うプロの投資家たちは、スチュワードシップ活動が投資家の中長
期的な利益に合致し得ることに気づいてきている可能性がある[71]。

---

70)　Marcin Kacperczyk, Clemens Sialm & Lu Zheng, *On the Industry Concentration of Actively Managed Equity Mutual Funds*, 60 J. Fin. 4, 1983 (2005); Eugene F. Fama & Kenneth R. French, *The Capital Asset Pricing Model: Theory and Evidence*, 18 J. Economic Perspective 3, 25, p. 44 (2004).

71)　良いコーポレートガバナンスを有している会社の株価は、すでにそのことを織り込んで割高に
なっているという研究もある(Lucian A. Bebchuk, Alma Cohen & Charles C. Y. Wang, *Learning and the Disappearing Association Between Governance and Returns*, 108 J. Financial Economics 2, 323 (2013))。他方、会社の経営陣もまた、良いコーポレートガバナンスを有していると株
主から評価されることが株主の支持を失うリスクを減少させると信じているとされる(Bryce C. Tingle, *What is Corporate Governance? Can We Measure it? Can Investment Fiduciaries Rely on it?*, 43 Queen's L. J. 2, 223, pp. 259-260 (2018))。

286　Ⅲ　米国の最近の動向

3　スチュワードシップ活動に影響を与える法制度

(1)　大量保有報告制度

　スチュワードシップ活動と連続しておりその延長線にあるとも理解し得る活動は、ヘッジファンド等によるいわゆる株主アクティビズムとりわけ役員の交替や経営戦略に関する提案やそれに関する対話である。米国では、ウルフパック戦術というヘッジファンドの戦略により、リード・アクティビストが対象会社の株式を買い進め、他の複数のヘッジファンドはグループを構成することなく秘密裏に大量保有報告義務の生じない数の株式を買い集め、大量保有報告の提出が閾値をこえた日から 10 日とされていることを利用してその間にさらにリード・アクティビストともども多数の株式を買集めることが行われる。その結果、そのような追加の買集めに係る情報が市場価格に反映する前に相当程度の対象会社の株式が買い集められるのである。米国では、10 日間の猶予期間を短縮するべきかどうかが、立法論として大きな争点になっている。この論点は、ヘッジファンドや短期主義的なアクティビストが中長期的な企業価値を損なうおそれが高いかどうかという論点に深く結びついている[72]。日本の特例報告制度に相当する Schedule 13D の提出前 20 日と提出後を比較し、ヘッジファンドが 7-8% の超過収益を上げているという実証研究もあり、その取引手法や中長期的な企業価値への影響については不明な点はあるけれども、それらの活動の中に企業価値を増加させるという観点から肯定的に評価すべきものが含

---

[72]　ウルフパック戦術により、配当増額の要求などにより研究開発費等が抑制され中長期的な企業価値の増加が阻害されているとする主張がある(John C. Coffee, Jr. & Darius Palia, *The Wolf at the Door: The Impact of Hedge Fund Activism on Corporate Governance*, 41 J. Corp. L. 3, 544, pp. 28-29 (2016))。10 日間の猶予に代えて取得等から 24 時間の間にアップデートされた大量保有報告に係る情報をフォームに従って開示させるべきであるとする主張や(Lipton, Rosen & Katz, Petition for Rulemaking Under Section 13 of the Securities and Exchange Act of 1934, p. 2 (March 7, 2011))、当該経済的保有とそれに対し当該株主が有する利益に係るアップデートされた完全な情報を 24 時間から 48 時間の間に開示する義務を課すべきであるとする主張がある(Strine, *supra* note 38, pp. 495-496)。これに対し、外部の大量保有株主によって大きな利益がもたらされること、開示期間を短縮すると外部の大量保有株主が容易に誕生するわけではないこと、そもそもヘッジファンドが開示期間の短縮に反対していること等から、猶予期間の見直しに消極的な見解も有力である(Lucian A. Bebchuk & Robert J. Jackson, Jr., *The Law and Economics of Blockholder Disclosure*, 2 Harv. Bus. L. Rev. 39, p. 53 (2015))。

第 7 章　資産運用業者のフィデューシャリー・デューティーとスチュワードシップ責任　　287

まれ得ることは否定できないであろう。

(2) フェア・ディスクロージャー・ルール

　米国においても、スチュワードシップ責任の遂行に際し、フェア・ディスクロージャー・ルールが法的障害になり得ることが懸念されている。フェア・ディスクロージャー・ルールによれば、発行者または発行者のために行動する者が、発行者またはそれが発行する証券に関する未公表の重要情報をブローカー・ディーラーや投資顧問業者など所定の者に開示するときは、意図的な開示の場合には同時に、意図せざる開示の場合には迅速に、所定の方法によって当該情報を公表しなければならない[73]。しかし、未公開情報について守秘義務契約を明示的に締結している者に対する開示は同ルールの適用除外であり[74]、守秘義務契約を締結し、かつ、当該未公開情報が公表されるまではそれに基づいた取引を行わないことにより、フェア・ディスクロージャー・ルールに違反することなく実効的なエンゲージメントをすることが考えられると指摘されている[75]。

(3) 共同集中保有（Common Concentrated Ownership）と
　競争制限禁止法

　現在米国では、複数の機関投資家が競業企業の重要な持分を共同して保有することにより反競争法的な効果が生じ、価格を上昇させ生産性を低下させているという共同集中保有の問題が活発に論じられている[76]。とくにそのような証拠や因果関係が実際にあるかどうかが研究されている[77]。そのメカニズムにつ

---

73)　17 CFR §243.100 (a).
74)　17 CFR §243.100 (b)(2)(ii).
75)　Robert C. Pozen, *The Role of Institutional Investors in Curbing Corporate Short-Termism*, Financial Analysts Journal, September/October 2015, p. 11.
76)　José Azar, Martin C. Schmalz & Isabel Tecu, *Anticompetitive Effects of Common Ownership* (May 10, 2018). Journal of Finance, 73(4), 2018. Available at SSRN: https://ssrn.com/abstract=2427345. or http://dx.doi.org/10.2139/ssrn.2427345
77)　Patrick J. Dennis, Kristopher Gerardi & Carola Schenone, *Common Ownership Does Not Have Anti-Competitive Effects in the Airline Industry* (February 5, 2018). Available at SSRN: https://ssrn.com/abstract=3063465

いても様々な可能性が議論されている。たとえば、パッシブな共同保有者は、投資先企業に対して積極的な競争を強いないという内容のカルテルを形成する可能性がある。また、機関投資家が取締役会における報酬決定のメカニズムに影響を与え、経営者が攻撃的にならず「静かな生活」を享受するような報酬体系を取締役会が採用するメカニズムがあるとされる。さらに、機関投資家がより端的に競争に関する政策について投資先企業の経営陣と対話し、当該企業の戦略目標に働きかけるメカニズムも考えられる。水平的な株式保有に対し、クレイトン法やシャーマン法の適用が可能かどうかという法解釈論も活発である[78]。

共同集中保有と競争制限的効果についての議論は流動的であるが、機関投資家のスチュワードシップ活動に影響を与え得る論点であることを指摘しておく。

おわりに

現代ポートフォリオ理論に基づく思慮ある投資家の準則に照らして、スチュワードシップ活動やESG要素を重視した投資方針の策定と投資の実行は、資産運用業者のフィデューシャリー・デューティーに違反するおそれがあるという論点がある。しかし、米国法の動向は、一定の法的制約を課しつつも、スチュワードシップ活動やESG投資を広く認めていく方向にあると考えられる。法的意味におけるフィデューシャリーとしての厳格な義務とりわけ思慮ある投資家の準則の下で、スチュワードシップ活動やESG要素を考慮した投資は、どのようにして許容され、また、どのような場合にそれを行うことが義務になるのであろうか。この問題に対しては、米国の議論を参考にすると、理論的には、大別して4つのアプローチがあると考えられる。

第1は、思慮ある投資家の準則が、もともと信託法の受託者責任から発しており、スチュワードシップ活動やESG投資が専ら受益者の利益を図る受託者の義務すなわち忠実義務の系譜で議論されてきたのに対し、米国では忠実義務

---

78) Einer R. Elhauge, *New Evidence, Proofs, and Legal Theories on Horizontal Shareholding* (January 4, 2018). Available at SSRN: https://ssrn. com/abstract=3096812 or http://dx. doi. org/10. 2139/ssrn. 3096812

とは異なる義務であると理解されている注意義務の問題として扱おうとするものである。米国労働省の近時の考え方やSchanzenbachとSitkoffらの議論は、そのような方向性を示していると考えられる。すなわち、具体的には、リスク調整後リターンを追求するESG投資は、資産運用業者がそのようなESG投資プログラムがリスク調整後リターンの向上によって直接的に投資家の利益に資すると誠実に信じ、かつ、そのようなプログラムを採用する唯一の目的が前述した直接的な利益の獲得を目指すものである場合には、フィデューシャリー・デューティーに違反しないが、そのようなプログラムを採用することを義務付けられるものではない。これに対し、社会的・倫理的な目的あるいは第三者の利益を図るESG投資は、フィデューシャリー・デューティーに違反すると一般的には考えるべきである、と主張する[79]。

　第2は、現代ポートフォリオ理論に則って、または、当該理論が妥当しないという観点からのアプローチである。すなわち、効率的資本市場仮説が実際の資本市場には妥当せず、市場が効率的でないとすれば、ESG投資等により超過収益を得られるはずであり、ESG投資によるアクティブ運用がプラスの超過収益を生ぜしめる。他方、効率的資本市場仮説が実際の資本市場に妥当しているとしても、ESG投資は、市場全体(あるいは市場平均)のリターン(すなわちβ)の底上げにつながり、投資収益を向上させるという議論が可能である[80]。

　第3に、現代ポートフォリオ理論は、資産運用業者と顧客とのニージェンシー問題を捨象しているため、ESG投資等がなされない可能性があり、広義の利益相反の問題として忠実義務の系譜で検討すべきであるというアプローチが考えられる。ヘッジファンドによる株主アクティビズムと資産運用業者のスチュワードシップ活動を比較して、資産運用業者の場合には顧客すなわち実質的・最終的投資家との間に深刻なエージェンシー問題があるとして、資産運用業者のスチュワードシップ活動には限界があると指摘する見解がある[81]。このことを裏返して言えば、スチュワードシップ活動に係るソフトロー上の規範付けは、資産運用業者と最終投資家とのエージェンシー問題を緩和ないし解決す

---

79)　前掲注24)に掲げたSchanzenbach & Sitkoffの論文参照。

80)　湯山智教「ESG投資のパフォーマンス評価を巡る現状と課題」資本市場リサーチみずほ証券株式会社・日本投資環境研究所2019年冬季第50号(特別号)(2019)91-93頁。

るための努力にほかならない[82]。

　第4に、第3の考え方をさらに発展させ、仮に、資産運用業者が自己の計算で同様の投資を行っていたならば、あるいは最終投資家が自己の計算で投資を行っていたと仮定するならば、スチュワードシップ活動やESGを行っていたかどうか、行っていたとしたらどの程度行っていたか、という観点から正当化する余地がある。

81）　Lucian A. Bebchuk, Alma Cohen & Scott Hirst, *The Agency Problems of Institutional Investors* (June 1, 2017). JOURNAL OF ECONOMIC PERSPECTIVES, Vol. 31, pp. 89–112 (Summer 2017). Available at SSRN: https://ssrn. com/abstract=2982617 or http://dx. doi. org/10. 2139/ssrn. 2982617

82）　Bebchuk, Cohen & Hirst, *supra* note 81, p. 108.

Appendix　米国判例の調査結果

2000年から2017年末までを対象期間とし、米国の法律事務所などが利用する判例検索システムから「financial institution」と「fiduciary duty」をキーワードとする検索(588件を抽出)を行い、金融機関が訴訟当事者となっていて、判決文でフィデューシャリー・デューティー(FD)に関し、何らかの判断を行っているもの260件を抽出した。

抽出された判決の内容を「事件の概要」「フィデューシャリー・デューティーに係る論点」「当該論点に対する裁判所の判断」から分析した結果を以下のように整理した。

※FD違反とされた事例	44件	16.9%
明確にFD違反とまでは言えなかった事例	14件	5.4%
利益相反があったとされた事例	14件	5.4%
ERISA事案(年金関係の事案)	11件	4.2%
クラス・アクション事案	14件	5.4%
抽出合計	260件	―

上記のうち、※FD違反事例の内訳は以下のとおり。

銀行等金融機関のFD違反事例	21件	47%
うち融資取引(特別な事情あり)	(11件)	
うち預金取引(特別な事情あり)	(3件)	
うちその他銀行業務(特別な事情あり)	(3件)	
うちフィデューシャリー業務	(4件)	
破綻した金融機関の取締役のFD違反事例	5件	11%
証券仲介に係るFD違反事例	6件	14%
うち助言行為ありの事例	(3件)	
うち販売勧誘の事例(特別な事情あり)	(3件)	
運用関係のFD違反事例	5件	11%
ERISA関係のFD違反事例	2件	5%
M&Aコンサルティングに関するFD違反事例	2件	5%
その他	3件	7%
不動産ブローカーによる融資仲介事案	(1件)	
支配株主対少数株主の事案	(1件)	
企業買収における取締役の利益相反事案	(1件)	
計	44件	100%

上記から、米国金融機関に係るFDについて、以下の特徴が見てとれる。

292　Appendix

○融資取引、預金取引等に関しては、特段の事情がない限り、信認関係はないという原則が厳格に適用されている。したがって、この領域で FD 違反とされる事例は必ずしも多くない。（FD を問いながら、実質的判断を示さず門前払いとなった事例が半分以上を占める）
○金融機関の取締役・役員に対し、経営が破綻した責任を追及する中で FD 違反を問う事件では FD 違反と認定されるケースが比較的多い。
○フィデューシャリー業務や助言・運用業務など、元々フィデューシャリーとされている者に対する事例は 21 件であるが、フィデューシャリーとされている者の周辺で関与する者に対して信認関係ありとする特別な事情があったという、FD 違反を認定する事例が 23 件あった。
○金融機関に対して、金融商品販売における FD 違反を問う事例は少ない。

個別の参考事例として、セキュリティ・レンディング、M＆A コンサルティング、ERISA 領域での販売勧誘から、それぞれ以下の判決事案およびその概要を記す。

①　セキュリティ・レンディング（フィデューシャリー業務）で FD 違反が問題となった事案（AFTRA Retirement Fund v. JPMorgan Chase Bank[1]）
　　セキュリティ・レンディング取引を委託していた年金受託者（原告）が、委託先の金融機関〈被告〉を訴えた訴訟。セキュリティ・レンディング取引（フィデューシャリー業務）を受託した JP モルガンは、預かった証券をシグマ・ファイナンスに貸し付けていたが、同時に自己勘定でもシグマ社とレポ取引を行っていた。リーマン・ショックに伴いシグマ・ファイナンスが経営危機となった際、レポ取引をしていた部門は債権回収をしたが、厳格な情報隔壁が敷かれていたため、セキュリティ・レンディングをしていた部門は情報を入手するのが遅れ、その間にシグマ・ファイナンスが破綻してしまった。そこで、原告らが被告を相手取り、信認義務違反に基づく損害賠償を訴えたもの。裁判所は、情報隔壁の有効性を認める法廷意見を示したものの、具体的判断は示さず、和解となった。

②　M＆A のコンサルティング業務に関し、FD 違反の幇助が認定された事案（RBC Capital Markets, LLC v. Jervis[2]）
　　自社の売却を考えていた Rural 社の元株主（被上告人）が、同社の M＆A 助言会社に就任した RBC（上告人）を訴えた訴訟。RBC は、Rural 社を買収しようとしていた別の

---

1)　806 F. Supp. 2d 662 (S. D. N. Y. 2011).
2)　129 A. 3d 816 (Del. 2015).

会社の買収資金のファイナンスも行っていたが、その事実を Rural 社の取締役に伝えず、株主に説明する売却の議案書にもその事実の記載がなかった。また、RBC は M&A が成立するように企業価値の評価に関し買主に有利になるよう操作していた。デラウェア州最高裁は、Rural 社取締役の FD 違反を認定し、RBC はそれを幇助したとして賠償責任を認めた。

③　確定拠出年金(DC)プランのトラスティーとなっていた金融機関の利益相反事項開示違反が問題となった事案(Braden v. Wal–Mart Stores, Inc.[3])
確定拠出年金(DC)プランの加入者(原告)がプランの受託者と金融機関を相手(被告)に訴えたクラス・アクション。ウォルマートの DC プランでトラスティーを務めるメリルリンチは、同プランでメリルリンチの投信を買うと、利益をシェアする仕組み(レベニューシェアリングと呼ばれている)になっていたが、プランは、加入者が投信を選定する際にそのことを考慮できるよう適切に情報開示していなかったため、原告らが FD 違反であるとして訴えたもの。ERISA では、販売手数料の高いリテールのクラスシェアで販売されている投信の 12b–1 手数料が取られているという事実を示せば訴えることは可能とされていた。本件では、投信のクラスシェアは投信選定に使われる情報であり開示すべき重要な情報であるとされ、投信とトラスティーの間でのレベニューシェアリングは開示を義務づけられていないものの、全体の状況を踏まえると利益相反の可能性もあることから開示すべき情報であると判断された。すなわち、第 8 巡回区上訴裁判所は、原告の訴えを却下した第一審判決を覆し、被告ら(トラスティーで運用機関でもあったメリルリンチは上訴審で被告に追加された)の FD 違反を認めた。その後の差戻審で和解が成立し、ウォルマートが 350 万ドル、メリルリンチが 1,000 万ドルを支払ったと報道されている。

---

3)　588 F. 3d 585 (8th Cir. 2009).

索　引

あ 行

悪意の帰責　189, 191, 193–197, 200, 218
インサイダー取引　8, 19–21, 30, 34–40
インベストメント・チェーン　155, 231, 233, 234, 264, 280
ヴァルターマン（Raimund Waltermann）　188, 189
ウォール・ストリート・ルール　263, 269
ウォール上の被用者　226
エイボン・レター　50, 273
エクイティ上の救済　120, 122
エンゲージメント　263, 273, 274, 287

か 行

会社法　44, 63, 64, 79, 81, 114, 131, 141, 263
過失による善意　173, 175, 176, 178, 198
カナーリス（Claus–Wilhelm Canaris）　189–192, 194
看板理論　5, 6, 33, 38, 67, 89, 242, 244
「機関」概念　184
銀証分離　14, 255, 256
金融機関再建整備法　148
金融行政　69, 229, 280
金融コングロマリット　24, 27, 28
金融消費者保護　71, 72
金融制度調査会専門委員会報告　152, 160
金融庁　69–74, 89, 93, 98, 150, 155, 161, 229, 261
クラス・アクション　55, 60, 61, 64, 116, 129, 135, 291
グラス・スティーガル法　5, 7, 14–18, 24, 25, 40, 112, 254–256
グラム・リーチ・ブライリー法　8, 17, 27, 40, 70, 74, 91, 112, 256, 258
兼営法　73–76, 148
現代ポートフォリオ理論　57, 265, 268,

269, 272, 283–285, 288, 289
兼務規制　76, 83
行為規制　76
コーポレートガバナンス　53, 81, 261–263, 270, 280, 281
顧客本位の業務運営　89, 155, 229, 258, 259, 261
顧客本位の業務運営に関する原則　89, 98, 155, 170, 229, 261
国法銀行　4, 11–18, 69, 73, 75, 114, 137, 158, 159, 161–164, 255
個人退職勘定　18, 42, 52, 89, 235, 272

さ 行

サーベンス・オクスリー法　8, 40, 52, 53
債権の準占有者　174
シーヴィー（Warren A. Seavey）　205, 206, 212, 218
自己保護措置　183, 184, 198
シットコフ（Robert H. Sitkoff）　22, 57, 113, 141, 144, 270, 272, 284, 289
従業員退職年金基金　272, 273
守秘義務　190, 206, 210, 216, 223, 287
証券業　15–22, 24–29, 69, 70, 72, 74, 77, 80, 81, 84, 86, 89, 92, 93, 106, 119, 148, 152, 240, 254, 256
（米国）証券取引所法　5, 30, 33, 35, 72, 74, 77, 84, 89, 136, 160, 238, 239, 241, 244, 250, 255–258
証券取引所法規則10b–5　136, 137, 242, 244
（米国）証券法　5, 15, 18, 25, 30, 33, 35, 79, 136, 238, 239, 241, 242, 244, 257, 258
情報隔壁/information barrier　20, 21, 26, 27, 37–39, 65, 76, 83–85, 130, 131, 138, 140, 151, 157, 177, 194, 210, 211, 216, 226
情報取得者の背信行為　223
思慮ある投資家の準則　22, 57, 264–266, 268–271, 283, 284, 288
シルケン（Eberhard Schilken）　187,

188, 217

信託　14, 16, 44, 64, 73, 100, 111–114,
　125, 147, 149, 150, 157, 164, 261, 264, 266,
　267

信託業法　73, 74, 85, 148, 150, 152, 161

信託兼営銀行　3, 10, 76, 80, 83, 85, 91,
　93, 95, 147

信託部門　4, 6, 7, 14, 16, 17, 19–21, 23,
　29, 83, 84, 149, 152, 158–161, 177, 210, 211

信託分離行政　147, 149, 150, 152

信託法　14, 17, 44, 63, 64, 79, 114, 141,
　148, 152, 161, 176, 264, 282

スチュワードシップ・コード　261, 262,
　280–283

ソフトロー　231, 261, 262, 270, 284, 285

た 行

「代理」概念　184, 201, 202

代理法　62, 63, 121, 125, 201

大量保有報告制度　286

タオピッツ(Jochen Taupitz)　193–197,
　218

チャイニーズ・ウォール ⇒ 情報隔壁

注意義務　53, 64, 122, 129–131, 142, 176,
　207, 225, 232, 237, 242, 251–254, 279, 289

忠実義務　58, 63, 86, 133, 138, 140, 141,
　150, 156, 157, 167, 169, 237, 244, 251, 279,
　288

通貨監督官ハンドブック ⇒ 利益相反ハン
　ドブック

適合性原則　5, 6, 244, 254

投資会社　5, 18, 41, 44, 71, 76, 78, 79, 81–
　83, 85, 87–89, 92, 96, 101, 116, 131, 234,
　235, 258, 271, 277, 280

投資銀行業務　7, 8, 14–16, 18, 24, 25, 29

投資顧問業　6, 18, 70, 74, 75, 81, 85, 86,
　92, 93, 96, 141, 144, 163, 271, 280, 287

投資顧問法　5, 78, 86, 112, 136, 137

投資商品販売　66, 90

投資助言(顧問)業者　236, 239, 240, 243

独立取締役　8, 40, 45, 48–54, 56, 82, 262

ドッド・フランク法　9, 29, 42, 66, 71,
　247–250, 259, 273

な 行

認識帰属　178, 201–210, 212, 214–216,
　218, 219

は 行

パットマン委員会　19

ハント委員会　19, 20

ファンド・ガバナンス　8, 9, 54, 56

フィデューシャリー業務　4, 17, 73–75,
　80, 84, 95, 99, 114, 130, 138, 162, 163, 292

フィデューシャリー・ルール　9, 29, 42,
　43, 67, 77, 78, 89, 90, 98, 106, 137, 139

フェア・ディスクロージャー・ルール
　287

フランケル(Tamar Frankel)　140, 144

プルーデント・インベスター・ルール ⇒
　思慮ある投資家の準則

ブローカー・ディーラー　5, 30, 66–68,
　70, 74, 77, 80, 84, 86, 88, 90, 98, 100, 231,
　238–247, 249–254, 256–259

分散投資義務　265, 267

ペコラ委員会　15

ベスト・インタレスト・ルール ⇒ レギュ
　レーション BI(Regulation Best Interest)

ま 行

ミューチュアル・ファンド　18, 21, 22,
　28, 46, 47, 53, 113, 116, 166, 234, 235, 239,
　245, 254, 277, 279

メディクス(Dieter Medicus)　191–193,
　195, 196, 200

メリルリンチルール　246, 247

や 行

401(k)　9, 22, 52, 55, 89, 115, 116

ら 行

ラムザイヤー(J. Mark Ramseyer)　144

利益相反管理(体制)　27, 152, 156, 158,
　159, 161, 169

利益相反ハンドブック(通貨監督官ハンド
　ブック，OCC のハンドブック)　27,
　76, 77, 80, 84, 86, 96, 137, 164, 165

索　引　297

リステイトメント
　　契約法第 2 次——　　123
　　信託法第 3 次——　　63, 132, 264, 268,
　　　269, 283, 284
　　代理法第 3 次——　　63, 125, 178, 201,
　　　206-215
　　不法行為法第 3 次——　　121
利得吐出し　　127, 128, 131, 132, 134
リヒャルディ（Reinhard Richardi）　　186-
188
ルールベース/プリンシプルベース
230, 231
レギュレーション 9　　17, 20, 21, 27, 76,
80, 86, 114, 159, 161
レギュレーション BI（Regulation Best In-
terest）　　9, 30, 43, 66, 67, 78, 90, 98,
106, 139, 252-254, 258, 259, 273
レギュレーション R（Regulation R）
74, 257

レベニューシェアリング　　247, 293
連邦準備法　　4, 10, 13, 14
（米国）労働省 ⇒ DOL

アルファベット

DOL　　9, 29, 42, 43, 67, 77, 78, 89, 90, 98,
137, 139, 251, 272-276, 289
ERISA　　9, 112, 115, 137, 168 251, 271-
277, 284, 291
ESG 投資　　56, 262, 275, 276, 288, 289
FDIC 信託検査マニュアル　　77, 80, 166,
167
FINRA　　61, 72, 77, 83, 86, 89, 239, 243,
244, 254, 258
FRB　　15, 17, 18, 21, 73, 86, 255
network arrangement　　256-258
OCC　　17-19, 21, 27, 70, 73, 80, 84, 86,
95, 96, 114, 137, 164, 255, 258

神作裕之(かんさく　ひろゆき)
1962 年生．東京大学大学院法学政治学研究科教授(商法)．

三菱 UFJ 信託銀行フィデューシャリー・デューティー研究会

加毛 明(かも　あきら)
1981 年生．東京大学大学院法学政治学研究科教授(民法)．

小出 篤(こいで　あつし)
1975 年生．学習院大学法学部法学科教授(商法)．

溜箭将之(たまるや　まさゆき)
1977 年生．立教大学法学部教授(英米法)．

松尾直彦(まつお　なおひこ)
1963 年生．松尾国際法律事務所，弁護士．

友松義信(ともまつ　よしのぶ)
1958 年生．三菱 UFJ 信託銀行経営企画部部付部長，
三菱 UFJ 信託銀行信託博物館事務局長．

佐藤令康(さとう　のりやす)
1970 年生．三菱 UFJ 信託銀行経営企画部業務企画室上級調
査役．

フィデューシャリー・デューティーと利益相反

2019 年 7 月 24 日　第 1 刷発行

編　者　神作裕之

発行者　岡本　厚

発行所　株式会社 岩波書店
　　　　〒101-8002 東京都千代田区一ツ橋 2-5-5
　　　　電話案内 03-5210-4000
　　　　https://www.iwanami.co.jp/

印刷・製本　法令印刷

© Hiroyuki Kansaku 2019
ISBN 978-4-00-061350-7　Printed in Japan

金 融 法 講 義 新版	神 田 秀 樹 神 作 裕 之 編著 みずほフィナンシャルグループ	A5判632頁 本体3900円
会 社 法 入 門 新版	神 田 秀 樹	岩 波 新 書 本体 840 円
人間の学としての民法学 1構造編：規範の基層と上層	大 村 敦 志	A5判208頁 本体2400円
人間の学としての民法学 2歴史編：文明化から社会問題へ	大 村 敦 志	A5判216頁 本体2400円
民法の基礎から学ぶ 民法改正	山 本 敬 三	A5判184頁 本体1200円
民 事 訴 訟 法 新版	長 谷 部 由 起 子	A5判504頁 本体3400円

──岩波書店刊──

定価は表示価格に消費税が加算されます
2019 年 7 月現在